A DECADÊNCIA TRIBUTÁRIO-PREVIDENCIÁRIA

Análise no contexto da Justiça do Trabalho

FABRÍCIO LOPES OLIVEIRA

A DECADÊNCIA TRIBUTÁRIO-PREVIDENCIÁRIA

Análise no contexto da Justiça do Trabalho

EDITORA
LTr
SÃO PAULO

Dados Internacionais de Catalogação na Publicação (CIP)
(Câmara Brasileira do Livro, SP, Brasil)

Oliveira, Fabrício Lopes
A decadência tributário-previdenciária : análise no contexto da justiça do trabalho / Fabrício Lopes Oliveira. — São Paulo : LTr, 2010.

Bibliografia.
ISBN 978-85-361-1496-5

1. Contribuições sociais 2. Custeio da seguridade social 3. Decadência (Direito) 4. Direito do trabalho — Brasil 5. Justiça do trabalho — Brasil 6. Tributos — Brasil I. Título.

10-07423 CDU-347.998:331:368.4(81)

Índice para catálogo sistemático:

1. Brasil : Decadência tributário-previdenciária : Justiça do trabalho 347.998:331:368.4(81)

Produção Gráfica e Editoração Eletrônica: **Peter Fritz Strotbek**
Design de Capa: **Fabio Giglio**
Impressão: **Assahi Gráfica e Editora**

LTr

EDITORA LTDA.

Rua Jaguaribe, 571 – CEP 01224-001 – Fone (11) 2167-1101
São Paulo, SP – Brasil – www.ltr.com.br

LTr 4076.7 **Julho, 2010**

Às Marianas de minha vida.

Merecem agradecimentos algumas pessoas.

Dra. Ivani Contini Bramante, por haver conferido o start *e estimulado a dedicação à carreira acadêmica.*

Corina Pissato, Izabela e Mariana, família bacana que me proporciona equilíbrio.

Meu orientador, Miguel Horvath Jr., fator de relevo para a conclusão de meu mestrado.

Meus pais e, por fim, à minha avó materna, Mariana Dibos dos Santos, pelo amor que me dedicou por toda a vida.

SUMÁRIO

APRESENTAÇÃO

Este livro encerra a dissertação que defendi no mestrado realizado na Pontifícia Universidade Católica de São Paulo, restando o texto original atualizado e adaptado em virtude não apenas da evolução pertinente à temática estudada mas, também, às observações realizadas pelos membros da banca examinadora.

Com o intuito de justificar o título e o objeto de estudo, alguns esclarecimentos restam necessários.

Com o advento da EC n. 20/98, diversas alterações foram implementadas ao texto constitucional. Dentre as mais problemáticas, fatalmente a inserção do § 3º à antiga redação do art. 114 da CF ocupa lugar de destaque. O dispositivo fora responsável pelo elastecimento da competência material da justiça obreira. Viabilizou-se a execução de ofício das contribuições sociais previstas no inciso I *a* e II do art. 195 da CF. Com a EC n. 45/04, a nova redação do art. 114 da CF terminou deslocando o parágrafo mencionado para o atual inciso VIII. Com a novel competência, toda uma gama extensa de questões tributárias tormentosas, diariamente enfrentadas pela Justiça Federal comum, passaram a ser conhecidas pela Justiça Federal especializada do Trabalho.

Dentre os dilemas transferidos, restou o enfrentamento da questão afeita à decadência do direito de lançar as contribuições sociais que migraram para sua esfera competencial.

O enfrentamento do tema determina a abordagem de dispositivos pertinentes à legislação tributária envoltos em meio a intensas divergências interpretativas. Adotando certa tendência cartesiana, procurou-se ao presente estudo pensar a questão central passo a passo. Pensar a questão partindo de cada um dos seus elementos componentes.

Ponderando a legislação pertinente restou evidenciado que, ao cerne do estudo apontava-se potencial lacuna normativa, ou ainda, uma crise quanto à interpretação do silêncio normativo. Necessário tornou-se verificar se haveria realmente lacuna a ser colmatada ou se se tratava apenas de uma crise interpretativa, uma divergência quanto à interpretação dos dispositivos pertinentes. O aprofundamento teórico acerca dos institutos jurídicos da integração e interpretação foi realizado na primeira parte deste livro, com base em estudos elaborados acerca da obra *Introdução ao Estudo do Direito* do Prof. *Tércio Sampaio Ferraz Jr.*, *Teoria Pura do Direito* de *Hans Kelsen*, sem embargo de considerações pontuais abstraídas dos ensinamentos do Prof. *Paulo de Barros Carvalho*. As crises na comunicação entre o legislador, emissor da mensagem "norma" e os sujeitos passivos tributários, receptores da mesma mensagem, foram objeto de análise. Foi abordada exatamente a dificuldade de se estabelecer uma teoria do direito absolutamente distante de qualquer subjetivismo. Essa abordagem tomou a primeira parte deste livro e se justifica diante da necessidade de definir um caminho, diante da vários proporcionados pela normatização lacônica.

Na segunda parte foram focadas as linhas gerais relativas ao custeio da seguridade social. Partiu-se da *classificação geral dos tributos*, passando pelas contribuições sociais voltadas ao custeio da seguridade social e sua natureza jurídica. Identificadas as contribuições cuja execução restou viabilizada à Justiça do trabalho, passou-se a esclarecer *alguns pontos fundamentais pertinentes ao ramo tributário da ciência do direito tais como:* conceito de fato gerador, obrigação tributária, lançamento tributário, crédito tributário etc.

Na terceira parte, pondera-se exatamente a decadência do direito de lançar, enquanto hipótese de exclusão do crédito tributário. Abordam-se desde aspectos básicos como conceito de decadência e elementos que a diferenciam da prescrição, até o ponto fulcral do presente estudo, a saber: a decadência a ser concebida para os créditos tributários a serem constituídos à justiça obreira. Encerra-se a obra com ponderação de cunho nitidamente zetético, de prisma inclusive axiológico e sociológico, em meio à qual são buscadas as consequências das opções interpretativas a serem implementadas.

Pretende-se mesmo uma abordagem didática, uma abordagem que talvez não tenha o mérito de deter o *status* de relevante colaboração ao direito tributário enquanto ramo independente da ciência do direito, mas, que tenha, sim, o objetivo de clarear a questão especificamente no que concerne às atribuições transferidas à justiça obreira. Embora, tecnicamente, o cerne da matéria seja o mesmo, o enfoque pode ser adaptado para ser mais bem compreendido pelos profissionais que atuam diuturnamente aos embates juslaborais. É o que se pretende.

PREFÁCIO

A decadência no Direito Previdênciário, de autoria de *Fabrício Lopes Oliveira* é resultado final do desafio enfrentado no curso de mestrado.

Esta obra corresponde à dissertação de mestrado, apresentada à Pontifícia Universidade Católica de São Paulo e prima pela cientificidade, didática e conteúdo revelados.

O trabalho científico é de relevada importância para a Justiça do Trabalho, diante da ampliação da sua competência, que passou a incluir a execução das contribuições sociais elencadas no art. 114, inciso VIII da Constituição Federal.

O autor aborda, com muita propriedade, acerca da Hermenêutica, até que ponto os juízes estão vinculados à aplicação da lei, se essa vinculação admite temperamentos, classificação dos tributos, dentre outros temas relevantes.

Foi dada especial atenção à teoria da interpretação, que ganha novos contornos na moderna sistemática jurídica.

O ponto central da obra é a decadência do direito de lançamento, enquanto hipótese de exclusão do crédito tributário, matéria que vem sendo objeto de julgamento com frequência em diversos julgados na Justiça do Trabalho.

Quanto à classificação dos tributos, o autor explica a teoria da "tetrapartição", adotada pelo Supremo Tribunal Federal em alguns julgados, que considera como espécies tributárias os impostos, as taxas, as contribuições de melhoria e as contribuições especiais. Dentre estas, estão as subespécies: contribuições sociais, contribuições de intervenção no domínio econômico, contribuições corporativas e contribuições sociais gerais. As contribuições sociais, por sua vez, subdividem-se em contribuições para o custeio da seguridade social, outras contribuições sociais e contribuições sociais gerais. Tais distinções são de grande importância para definir o alcance da ampliação da competência da Justiça do Trabalho.

A discussão acerca da natureza jurídica das contribuições sociais também foi desenvolvida, já que tal definição faz incidir os princípios e regras especiais constitucionalmente estabelecidos. Reconhecida a sua natureza tributária (entendimento partilhado pela maioria dos doutrinadores), aplicáveis, a título de exemplo, os regramentos do art. 146 da Constituição Federal, assim como as normas de decadência e prescrição aplicáveis aos tributos. Caso seja considerada a sua natureza previdenciária (tese defendida pela corrente minoritária), incidirão normas atinentes a este ramo específico do Direito.

O autor filia-se à corrente que defende a natureza tributária das contribuições sociais e faz pertinente explanação acerca da legislação aplicável, do custeio da seguridade social e quanto à competência para a cobrança judicial das mencionadas contribuições.

Em suma, o mundo jurídico está sendo brindado com uma obra de muita importância teórica e prática.

Registre-se que convidada a prefaciar, faço-o com a maior satisfação, pois a obra se afirma por si, pois de valiosa contribuição para o mundo acadêmico.

Ivani Contini Bramante
Desembargadora Federal
do Trabalho da 2ª Região.

PARTE I

REFLEXÕES SOBRE O PROCESSO DE INTERPRETAÇÃO

Capítulo 1

Breve Ponderação Jusfilosófica Acerca da Interpretação como Investigação Zetética

1.1. Introdução do capítulo relativo à zetética

O presente capítulo objetiva ponderar o fenômeno da "Interpretação como uma investigação zetética"[1] — tema que, aparentemente, em análise apriorística e descuidada, poderia ser tido como meramente acadêmico, destituído de qualquer repercussão prática. Contudo, curiosamente, as repercussões pragmáticas restam intensas.

Em meio a tempos de insegurança e, faz-se referência ao conceito sob dimensão tão lata quanto possível, abarcando tanto a insegurança jurídica quanto à incolumidade física, a liberdade ambulatorial etc., é muito compreensível que *portos seguros* sejam valorizados. A Lei, o ordenamento jurídico, embora enfrente crises pontuais, ainda permanece como um nítido porto seguro. Mantendo *status* similar, segue o *poder judiciário*, tendo em vista que aplica a Lei aos casos concretos.

Sustentar em tempos hodiernos certa liberdade ao exercício da jurisdição, de forma desvinculada da *Lei*, parece um desatino. Para ponderar um tanto melhor, necessário certo ajuste fino ao pensamento. Afinal, necessário que se pondere um tanto acerca da medida da desvinculação referida. A desvinculação absoluta, definitivamente, resta inconcebível. Contudo, a questão razoável a ser examinada aponta no sentido de limites, de questionar até que ponto o julgador está vinculado à norma.[2]

Questões relevantes devem ser respondidas ou, ao menos, ponderadas. Estariam os juízes, hoje, vinculados a aplicar as Lei[3] em seus julgados? Se estão, essa vinculação é absoluta ou relativa? Admite temperamentos? O que é a interpretação, o que representa em meio a essas arguições acerca da vinculação? Seria a interpretação uma ciência? Poder-se-ia isolar interpretações falsas de verdadeiras?

---

(1) O referido tema foi objeto de estudo ao crédito referente à Teoria Geral do Direito ministrado de forma extremamente enriquecedora pelo Prof. Cláudio Di Cicco, em 2004, no Curso de Mestrado da PUC/SP.

(2) Tal discussão traz em seu cerne as triviais críticas ao positivismo. Afinal, restringir-se-ia o direito à norma?

(3) O termo "Lei" foi utilizado em sentido *latu*.

Essas são algumas questões a que se pretende menos responder do que repensar.

Conforme já apontado é interessante que se frise, o presente capítulo norteou-se efetivamente pela obra *Introdução ao estudo do direito*, escrita por *Tércio Sampaio Ferraz Jr.* Inevitáveis restaram breves incursões à *Teoria pura do direito*, de *Hans Kelsen*(4).

Em linhas gerais, é o que cabia a uma apresentação salientar com o objetivo de motivar a dedicação de alguns minutos à leitura das digressões que seguem.

1.2. As inevitáveis crises quanto à interpretação do direito

Por vezes, iniciar a exposição de um instituto jurídico torna-se mais tranquila utilizando-se o prosaico método da problematização. Nesse sentido, razoável se faz lembrar a história de um advogado conhecido do interior de São Paulo, que pode ser tratado por José.

José, solteiro, advogado, passava o dia em meio à labuta jurídica. Acordava cedo, rumava ao escritório, procedia atendimento a clientes pela manhã e, à tarde, tomava o rumo do fórum.

Curiosamente, não conseguia organizar bem sua casa. Não tinha muito tempo talvez. Chegava tarde e saía cedo. Enfim, o fato é que a casa era desprovida de essencial organização. Houve por bem contratar uma empregada doméstica. Imaginou que talvez não fosse muito dispendioso. Contudo, ao somar ao salário mínimo que pretendia pagar, as contribuições sociais, refeição e a condução, desistiu. Optou por uma diarista. Típica trabalhadora eventual.

Utilizou-se dos serviços da diarista, usual e prosaicamente conhecida como *faxineira*, até que não mais precisasse dela em virtude de seu casamento. Curiosamente, diante da dispensa dos serviços, ingressou a diarista com uma reclamação trabalhista em meio à qual, dentre outros pedidos, havia pleito no sentido da declaração do vínculo de emprego.

Pessoa de boa-fé, seguro de que o conceito de diarista implicava eventualidade e que tal característica excluiria, em tese, o vínculo de emprego, não ousou sequer ponderar qualquer proposta de acordo.

Na instrução do feito, prestou depoimento de forma tranquila. Não omitiu uma linha acerca dos detalhes da relação jurídica havida. Mencionou inclusive com certa

(4) Hans Kelsen nasceu em Praga no ano de 1881. Lecionou na Universidade de Viena antes e depois da queda da dupla monarquia (Austro-Húngara), desde 1917 até 1930. Depois dirigiu-se a Colônia, onde permaneceu até 1933, quando, com o advento do governo nacional-socialista na Alemanha foi expulso da universidade. Foi então para Genebra e dali para os Estado Unidos, onde lecionou nas universidade de Harvard e Berkeley (Califórnia) desde 1940. Morreu em 19 de abril de 1973, depois de ter se aposentado como professor em 1952. A escola positivista do direito, a partir dos postulados de Kelsen, deixou um legado de célebres juristas como Robert Walter, na Áustria; Norberto Bobbio, na Itália; Ulrich Klug, na Alemanha; Roberto José Vernengo, na Argentina; Fuller, nos Estados Unidos. (MOREIRA, Felipe Kern. *A ciência do direito em Hans Kelsen:* abordagem filosófico-crítica. Disponível em: <http://www.ambito-juridico.com.br/aj/fil0006.htm> Acesso em: 29 mar. 2006.

ênfase o fato de que a trabalhadora desenvolvia suas atividades apenas às segundas-feiras. Contou toda a verdade, se é que esse conceito existe em partes. Passou a aguardar a sentença ansiosamente.

Publicada a decisão, qual não foi surpresa do indivíduo quando deparou com a procedência do pedido. Ficou decepcionado. Recurso interposto, foi o advogado recorrente premiado com o acórdão que segue:

> TRIBUNAL: 9ª Região ACÓRDÃO N. 04352 DECISÃO: 9.2.2001 TIPO: RO N. 5.912 ANO: 2000 NÚMERO ÚNICO PROC: RO – REDATOR DESIGNADO Exmo. Juiz ARION MA. **EMENTA** TRT – 2001-02-09 DOMÉSTICO — **DIARISTA.** O trabalho de natureza contínua, referido no art. 1ª da Lei n. 5.859/72, não é aquele prestado em todos os dias da semana, mesmo porque o doméstico também tem assegurado o repouso semanal remunerado (art. 7º, XV e parágrafo único, da CF/88). Assim, *basta para configurar este pressuposto do vínculo de emprego de doméstico o trabalho não **eventual,** prestado de forma continuada, ainda que intermitente. Portanto, o chamado **diarista,** que labora um ou mais dias da semana, presta serviço de natureza não **eventual,** contínua.* TRT-PR-RO-5912/2000-PR-AC 04352/2001-2000, ACÓRDÃO – Relator: Exmo. Juiz Arion Mazurkevic — DJPr. TRT-09-02-2001[(5)]. (grifo nosso)

Pretendendo consolar-lhe, não faltou quem lhe relembrasse quão imprevisíveis restavam as decisões judiciais.

A narrativa evidencia que, definitivamente, *a aplicação do direito não é uma ciência exata.* A busca e obtenção do substrato das normas positivadas não encerra processo hermético, estanque, exato. Em linhas gerais, o objetivo do presente capítulo é exatamente ponderar essas variações, enfim, essas inexatidões ínsitas ao processo interpretativo. A ponderação proposta fora realizada sob influência preponderante do pensamento do professor *Tércio Sampaio Ferraz Jr.* acerca da interpretação como uma investigação zetética. A essência do referido pensamento foi abstraída da terceira edição da obra *Introdução ao estudo do direito.* Técnica, decisão e dominação, editado pela Atlas.

---

(5) Observe-se ainda a decisão seguinte: TRIBUNAL: 3ª Região. DECISÃO: 16.12.2002. TIPO: RO N.: 14.467 ANO: 2002 NÚMERO ÚNICO PROC: RO – 01126-2002-016-03-00. TURMA: Sexta Turma – DJMG DATA: 23-01-2003 PG: 15, Rel. Juiz Hegel de Brito Bóson. **EMENTA:** TRABALHO DOMÉSTICO X **DIARISTA** — TRABALHO DE NATUREZA CONTÍNUA. A Lei n. 5.859/72 adotou o conceito de trabalho doméstico como de natureza contínua, deixando de optar pela terminologia "não **eventual**" fixada pelo art. 3º, da CLT. Portanto, não pode ser tido como trabalho doméstico aquele prestado com descontinuidade e interrupção em relação a uma mesma fonte de trabalho. A figura da **diarista** está afastada do enquadramento jurídico da figura da doméstica. E, não se mostra definitivo para a caracterização da não eventualidade do labor doméstico o fato de o trabalhador ter prestado durante vários anos serviços a um mesmo tomador, mas apenas em um ou dois dias da semana. **O trabalho da faxineira conhecida como diarista, laborando de uma até três vezes por semana, sem rigor no comparecimento para execução de seu trabalho, não é empregada pelo regime doméstico, nem pela CLT.** Realmente, há aparente preenchimento dos requisitos da relação de emprego no trabalho de **diarista,** contudo, sabe-se que, na praxe, que estas gozam de certa autonomia, de flexibilidade de horário, de inexistência de subordinação e de exclusividade. A evolução dos tempos, pelo costume, evidencia que o trabalho das lavadeiras, faxineiras e cozinheiras **diaristas,** percebem até mesmo valor diferenciado e tem obrigação apenas de realizar o determinado trabalho a que se propõem, sem qualquer subordinação jurídica.

1.3. Quanto à zetética e à dogmática

A título de preâmbulo, interessante resta assimilar e aplicar um tanto os ensinamentos racionalistas de *René Descartes* ao *Discurso sobre o método*, de *René Descartes.*[6] O referido autor, incomodado com a grande quantidade de preceitos que a lógica lhe impunha, ponderou no sentido de simplificá-los e escreveu:

> "(...) assim, em vez desse grande número de preceitos de que a lógica é composta, acreditei que me bastariam os quatro seguintes, contanto que tomasse a firme e constante resolução de não deixar uma única vez de observá-los. O primeiro era o de nunca aceitar coisa alguma como verdadeira sem que a conhecesse evidentemente como tal; ou seja, evitar cuidadosamente a precipitação e a prevenção, e não incluir em meus juízos nada além daquilo que se apresentasse tão clara e distintamente ao meu espírito, que eu não tivesse nenhuma ocasião de pô-lo em dúvida.
>
> O segundo, dividir cada uma das dificuldades que examinasse em tantas parcelas quantas fosse possível e necessário para melhor resolvê-las.
>
> O terceiro, conduzir por ordem meus pensamentos, começando pelos objetos mais simples e mais fáceis de conhecer, para subir pouco a pouco, como por degraus, até o conhecimento dos mais compostos; e supondo certa ordem, mesmo entre aqueles que não se precedem naturalmente uma aos outros.
>
> E, o último, fazer em tudo enumerações tão completas e revisões tão gerais, que eu tivesse certeza de nada omitir."

Destarte, *ab initi,* de rigor a conceituação de zetética e dogmática.

A princípio, não resta equivocado considerar que ambos constituem métodos de análise, de abordagem das mais diversas problemáticas. Enfoques diferentes pelos quais pode-se nortear uma determinada análise, estudo.

Com o intuito de representar de forma clara esses métodos distintos de investigação científica, *Tércio Sampaio*[7] contou curiosa anedota atribuída a Sócrates. Observe-se:

> "Sócrates estava sentado à porta de sua casa. Nesse momento, passa um homem correndo e atrás dele vem um grupo de soldados. Um dos soldados então grita: agarre esse sujeito, ele é um ladrão! Ao que responde Sócrates: *que você entende por 'ladrão'?* Notam-se aqui dois enfoques: o soldado que parte da premissa de que o significado de ladrão é uma questão já definida, uma 'solução' já dada, sendo seu problema agarrá-lo; e o de Sócrates, para quem a premissa é duvidosa e merece um questionamento prévio. Os dois enfoques estão relacionados, mas as consequências são diferentes. Um, ao partir de uma solução já dada e pressuposta, está preocupado com um problema de ação, de como agir. Outro, ao partir de uma interrogação, está preocupado com um problema especulativo, de questionamento global e progressivamente infinito de premissas.

---

(6) DESCARTES, René. *Discurso sobre o método*. Trad. Maria Ermantina Galvão. 2. ed. São Paulo: Martins Fontes, 2001.

(7) *Introdução ao estudo do direito*, p. 40.

Temos, portanto, duas possibilidades de proceder a investigação de um problema: ou acentuando o aspecto pergunta, ou acentuando o aspecto resposta. Se o aspecto pergunta é acentuado, os conceitos básicos, as premissas, os princípios ficam abertos a dúvida. Isto é, aqueles elementos que constituem a base para organização de um sistema de enunciados que, como teoria, explica um fenômeno, conservam seu caráter hipotético e problemático, não perdem sua qualidade de tentativa, permanecendo abertos à crítica. Esses elementos servem, pois, de um lado, para delimitar o horizonte dos problemas e serem tematizados, mas, ao mesmo tempo, ampliam esse horizonte, ao trazerem essa problematicidade para dentro deles mesmo. No segundo aspecto, ao contrário, determinados elementos são, de antemão, subtraídos à dúvida, predominando o lado resposta. Isto é, postos fora de questionamento, mantidos como soluções não atacáveis, eles são, pelo menos temporariamente, assumidos como insubstituíveis, como postos de modo absoluto eles dominam assim, as demais respostas, de tal modo que estas, mesmo quando postas em dúvida em relação aos problemas, não põe em perigo as premissas de que partem; ao contrário, devem ser ajeitadas a elas de maneira aceitável.

No primeiro caso, usando uma terminologia de Viehweg, temos um enfoque zetético, no segundo um enfoque dogmático. Zetética vem do grego *zetein,* que significa perquirir, dogmática vem de *dokein,* que significa ensinar, doutrinar. Embora entre ambas não haja uma linha divisória radical (toda investigação acentua mais um enfoque que outro, mas sempre tem os dois), sua diferença é importante. O enfoque dogmático releva o ato de opinar e ressalva algumas das opiniões. O zetético, ao contrário, desintegra, dissolve as opiniões, pondo-as em dúvida. Questões zetéticas têm uma função especulativa explícita e são infinitas. Questões dogmáticas têm uma função diretiva explícita e são finitas. Nas primeiras, o problema tematizado é configurado como um ser (que é algo?). Nas segundas, a situação nelas captada configura-se como um dever ser (como deve ser algo?) Por isso, o enfoque zetético visa saber o que é uma coisa. Já o enfoque dogmático preocupa-se em possibilitar uma decisão e orientar uma ação."

Na dogmática tem-se como regra básica o princípio da *inegabilidade das premissas.* Parte necessariamente de algumas premissas postas e, curiosamente, deve-se chegar a algum lugar, a uma conclusão. Deve-se partir de premissas preestabelecidas e prover uma resposta à dada consulta formulada. Enfim, deve-se resolver o problema submetido à análise.

Na *zetética* tudo é diferente. Não se parte de nada necessariamente. Pode-se até partir, contudo, tal não é essencial. A resposta já não é essencial pois, *prepondera o aspecto pergunta* da análise. Em meio a uma análise eminentemente zetética, pode-se esgotar as ponderações com menos respostas e mais questionamentos do que os que se tinha antes de iniciar o estudo. Não há o compromisso no sentido de resolver problema algum. Questiona-se, pondera-se, questiona-se novamente e, assim sucessivamente.

Para o direito, evidentemente, prepondera a análise dogmática. O motivo é óbvio. Em uma análise bem restrita, o direito tem a função precípua de regular as relações sociais, bem como as relações entre as pessoas e o Estado em seu sentido mais lato. Regular implica definir, responder. Não é possível questionar eternamente diante do exercício do direito de ação por parte de um jurisdicionado. A jurisdição, afinal, é um poder, mas é também um dever de dizer o direito.[8] Enquanto dever, necessário relembrar ainda o princípio da indeclinabilidade da jurisdição contido ao art. 126 do CPC pátrio. Vedação expressa ao pronunciamento do *non liquet*. Eventual lacuna tem tratamento conferido pelo art. 4º da LICC.

De forma bastante interessante, Prof. *Tércio* comenta que, na sua obra *Introdução ao estudo do direito* concentrar-se-á a visão dogmática, mas que o método de estudo da visão dogmática, este sim poderá ser zetético. Explica ainda que opta por concentrar esforços na visão dogmática também porque é o ângulo tomado pelas Faculdades de Direito no Ensino Jurídico. Talvez seja interessante também repensar o porquê do afastamento das questões zetéticas e a ausência em alguns currículos da filosofia do direito; contudo, lamentavelmente, tal ponderação escaparia dos limites temáticos propostos.[9]

A análise parece fria, mas o Direito é encarado pelo estudioso citado como uma tecnologia. Uma matemática voltada a resolver contendas. O juiz seria o matemático, o responsável por resolver problemas — curiosamente, ainda que os problemas não tenham solução diante das normas. Nesse sentido, observe-se mais uma vez Prof. *Tércio*[10]:

> "(...) a ciência dogmática cumpre as funções típicas de uma tecnologia. Sendo um pensamento conceitual, vinculado ao direito posto, a dogmática pode instrumentalizar-se a serviço da ação sobre a sociedade.
>
> (...) um pensamento tecnológico é, sobretudo, um pensamento fechado à problematização de seus pressupostos — suas premissas e conceitos básicos têm de ser tomados de modo não problemático — a fim de cumprir sua função: criar condições para a ação. No caso da ciência do dogmática, criar condições para a decidibilidade de conflitos juridicamente definidos.
>
> (...) Ao contrário das teorias zetéticas, as dogmáticas, preocupadas com a decidibilidade de conflitos, não cuidando de ser logicamente rigorosas no uso de seus conceitos e definições, pois para elas o importante não é a relação com os

---

(8) Vicente Greco Filho define jurisdição conforme segue: "Resumidamente, poder-se-ia deixar como estabelecido que jurisdição é o poder, função e atividade de aplicar o direito a um fato concreto, pelos órgãos públicos destinados a tal, obtendo-se a justa composição da lide. Este conceito engloba a definição de Chiovenda e a de Carnellutti, que tantas vezes foram consideradas como antagônicas, mas que na verdade se completam." (GRECO FILHO, Vicente. *Direito processual civil brasileiro.* São Paulo: Saraiva, 1999. p. 167). Antonio C. A. Cintra, Ada P. Grinover e Cândido R. Dinamarco esclarecem quanto ao instituto da jurisdição o quanto segue: "... é uma das funções do Estado, mediante a qual este se substitui aos titulares dos interesses em conflito para, imparcialmente, buscar a pacificação do conflito que os envolve, com justiça. Essa pacificação é feita mediante a atuação da vontade do direito objetivo que rege o caso apresentando em concreto para ser solucionado; e o estado desempenha essa função sempre mediante o processo, seja expressando imperativamente o preceito (através de uma sentença de mérito), seja realizando no mundo das coisas o que o preceito estabelece (através da execução forçada)." (CINTRA, Antonio Carlos Araújo e outros. *Teoria geral do processo.* 15. ed. São Paulo: Malheiros, 1999. p. 129).

(9) Cf. *op. cit.*, p. 51.

(10) *Op. cit.*, p. 85.

fenômenos da realidade (descrever os fenômenos), mas sim fazer um corte na realidade, isolando os problemas que são relevantes para a tomada de decisão e desviando a atenção dos demais."

Considere-se o quadro abaixo, no sentido de ilustrar as diferenças apontadas:

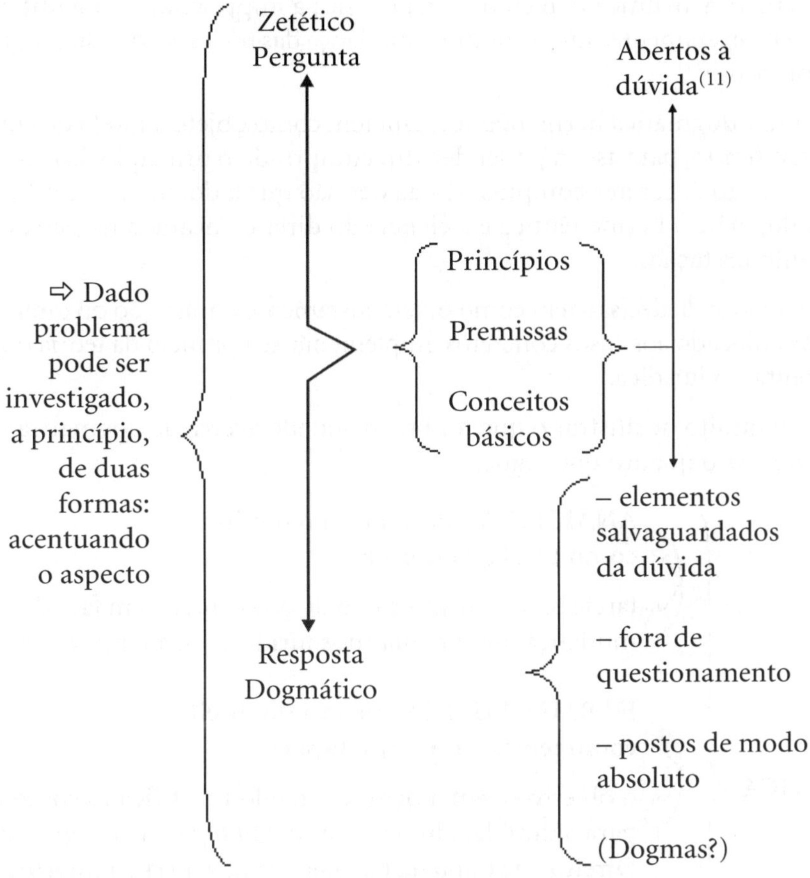

Implementada a exposição dos conceitos básicos supra delineados, necessário se faz proceder uma análise mais aprofundada acerca da obra do Prof. *Tércio* para, logo após, abordar a questão da interpretação.

1.4. Acerca da dogmática

É fato que, embora pretendam alguns fazer crer que a relação entre Ciência dogmática, direito e a sociedade termina por envolver certezas, a verdade é que tal não procede. *A Dogmática jurídica lida mesmo é com a incerteza nas relações.* A atuação do direito é

(11) Aqueles elementos que constituem a base para organização de um sistema de enunciados que, como teoria, explica um fenômeno, conservam seu caráter HIPOTÉTICO e PROBLEMÁTICO... não perdem sua qualidade de tentativa, permanecendo abertos à crítica. Delimitam (do ponto de vista temático), mas ampliam... trazem a problematicidade para dentro deles mesmos.

exigida em momentos de crise justamente quanto à certeza inerente a este. Contudo, a inegabilidade dos pontos de partida não resolve todos os problemas, porque a norma não prevê, não regula todas as possibilidades. Nesse sentido, o autor tripartiu a noção de dogmática em três veios, a saber: a dogmática analítica, a hermenêutica e a da decisão.

A dogmática analítica tem como tarefa básica a imprescindível identificação do que é o Direito exatamente, ante a contínua mudança das normas nos sistemas jurídicos contemporâneos.(12)

Quanto a dogmática hermenêutica, esta tem como objeto a tarefa de entender o direito identificado, para assim poder decidir, cumprindo o princípio da proibição do *non liquet*(13), isto é, caráter compulsório da decisão que a dogmática jurídica impõe ao juiz. A dogmática hermenêutica é a ciência do direito encarada na perspectiva da teoria da interpretação.

A dogmática da decisão tem como objeto justamente a aplicação do direito identificado e decodificado aos casos concretos. Implementa-se por meio da teoria dogmática da argumentação jurídica.

Com o intuito de ilustrar o que fora mencionado acerca da dogmática jurídica, confeccionou-se o quadro que segue:

DOGMÁTICA

- **ANALÍTICA (ou ciência do direito como teoria da norma)**
  - tarefa básica identificação do que é direito em face da contínua mudança das normas nos jurídicos contemporâneas.
- **HERMENÊUTICA (ciência do direito como teoria da interpretação)**
  - o objetivo é entender o conteúdo identificado como direito, para assim decidir e afastar o *non liquet.* É a ciência do Direito encarada na perspectiva da teoria da interpretação.
- **DA DECISÃO (teoria dogmática da argumentação jurídica)**
  - processos deliberativos que levam à aplicação do direito.

Importa o presente estudo, por evidente, algo sobre a dogmática analítica na medida em que esta define a fonte adequada do direto a ser utilizada. Contudo, prepondera a relevância da dogmática hermenêutica. É exatamente sobre esta que se dará o debruçar preambular.

---

(12) LAFER, Celso. Prefácio à obra *Introdução ao estudo do direito,* de Tércio Sampaio Ferraz Jr. 3. ed. São Paulo: Atlas, 2001. p. 17.

(13) Também concebido como princípio da indeclinabilidade da jurisdição.

1.5. Dogmática hermenêutica ou a ciência do direito como a Teoria da Interpretação

As normas usam palavras para se materializar.

O uso dessas palavras dá-se, conforme Prof. *Tércio*[14], sob dois aspectos, a saber: o semasiológico (técnico) e o onomasiológico (baseado no usual, corrente).

O legislador utiliza as palavras por meio de ambos os critérios. Não há padrão. Tal termina confundindo o operador do direito.[15] Esclarece Prof. *Tércio*[16] a respeito:

> "A determinação do sentido das normas, o correto entendimento do significado dos seus textos e intenções, tendo em vista a decidibilidade de conflitos constitui a tarefa da dogmática hermenêutica."[17]

Revela-se ao texto o norte, o objetivo da dogmática hermenêutica. Conforme dantes salientado, a ideia é extrair de determinados texto legislativos seu significado.

Prof. *Tércio* salienta ainda que a finalidade é "... prática...", "(...) que se distingue dos demais objetivos das ciências humanas".[18] O objetivo não é conhecer por conhecer, como o faz o historiador, o objetivo é conhecer com vistas à decidibilidade. O objetivo é prover resposta. Trata-se de Dogmática hermenêutica. Dogmática tende a resposta. As partes necessitam de definição quanto a eventual crise de certeza que venha a se instalar.

Para identificação do direito, utiliza-se um conceito fundamental: a validade. É preciso conhecer a norma jurídica, ponto de partida do saber dogmático.

> "(...) a determinação do sentido básico envolve dificuldades que não se resolvem apenas com a invocação da norma reconhecida como válida. Faz mister, então, encontrar regras para a determinação do sentido das palavras ou signos linguísticos."[19]

O autor[20] parte para uma incursão eminente linguística.

> "Significar é apontar para algo ou estar em lugar de algo. Signo é, pois, um ente que se caracteriza por sua mediatidade, aponta para algo distinto de si mesmo.
>
> (...)
>
> Signos linguísticos têm por base sons ou fonemas.
>
> (...)

---

(14) *Introdução ao estudo do direito*, p. 251.

(15) Curiosamente, qualquer exigência do ponto de vista da formação é exigida daqueles que hão de ocupar posições tão relevantes na sociedade, como de legislador.

(16) *Introdução ao estudo do direito*, p. 252.

(17) *Idem*.

(18) *Idem*.

(19) Utilizou como exemplo a liberdade de laborar a todo cidadão.

(20) *Introdução ao estudo do direito*, p. 253.

Fonema é um som que em determinado contexto se distingue.

(...)

A junção dos fonemas é base, em português, para um signo; o signo não se confunde com a base fonética, embora seja necessário sempre que haja uma base material;"

Os signos se diferenciariam em naturais e artificiais. Enquanto os primeiros derivam da natureza, os demais constituem produto do saber humano. Estes últimos signos linguísticos, os artificiais são chamados de símbolos. "Signos linguísticos, com base fonética, são símbolos".

Então, em suma, palavras são símbolos linguísticos artificiais, formados por signos que representam fonemas.

Prosseguindo a análise, pondera o autor(21):

"'Multa, prazo, Sr. Freitas, pagar são símbolos'. Esclarece posteriormente que a expressão *Freitas* designa algo e, é concebida por nome. As demais, não encerram em si significado algum."

A palavra multa, *v. g.*, fica vazia sem complemento. Necessário esclarecer que multa; de quanto; em função de que fato etc. Esses complementos são chamados pelo autor de *predicadores.*

"(...) conjunto individualizadores de predicadores chamam-se descrições."(22)

Lembrando que símbolos isolados, como regra, nada significam, o autor trabalha a palavra *mesa* em suas mais diversas acepções justamente com o intuito de demonstrar a necessidade dos complementos, das descrições. Curiosamente, a palavra *banco* serviria tranquilamente ao desiderato(23).

Justamente em razão da descrição que alguns símbolos exigem, não é muito razoável ponderar-se sobre a essência das coisas. Não é muito sábio ponderar sobre a essência da mesa, conforme sustenta Prof. *Tércio*(24). Sua essência depende do uso. Em verdade, *mesa* é um símbolo que poderia ser atribuído ao que se resolveu chamar de panela, torrada ou sapato.

Para que os símbolos efetivamente funcionem, atinjam seu objetivo, que é, a princípio, a comunicação, eles necessitam tomar parte de uma ação humana. Falar, escrever, cantar etc.

O autor(25) opta por utilizar o exemplo da fala no momento em que pretende definir o que é afinal o processo de interpretação. Observe-se:

"(...) que devemos entender por interpretação? Dissemos que a fala se refere ao uso atual da língua. Falar é dar a entender alguma coisa a alguém mediante símbolos

---

(21) *Idem.*

(22) FERRAZ JR., Tércio Sampaio. *Introdução ao estudo do direito*. 3. ed. São Paulo: Atlas, 2001. p. 254.

(23) A palavra banco designa, além da óbvia instituição financeira, um assento sem encosto e com pés ou ainda, um assento, colocado em carros, com encosto e sem pés. Curioso, não?

(24) *Introdução ao estudo do direito*, p. 254.

(25) *Ibidem*, p. 256.

linguísticos. A fala, portanto, é um fenômeno comunicativo. Exige um emissor, um receptor e a troca de mensagens. Até o discurso solitário e monológico pressupõe o auditório universal e presumido de todos e qualquer um, ao qual nos dirigimos, por exemplo, quando escrevemos um texto ou quando articulamos, em silêncio, no discurso, ao pensar. Sem o receptor, portanto, não há fala. Além disso, exige-se que o receptor entenda a mensagem, isto é, seja capaz de repeti-la."

Por isso a fala é um modo comunicativo especial que envolve mensagens complexas, distinguindo-se a mensagem que emanamos — relato — e a mensagem que emana de nós — cometimento. O relato, por exemplo, 'sente-se!', é sempre acompanhado de um cometimento — a ordem para sentar-se que, na escrita, se expressa pelo ponto de exclamação. Ora, exigindo a fala a ocorrência do entendimento, este nem sempre corresponde à mensagem emanada. Ou seja, quem envia a mensagem comunica um complexo simbólico que é selecionado pelo ouvinte. Este escolhe, por assim dizer, do complexo, algumas possibilidades que não coincidem necessariamente com a seletividade do emissor.

(...)

Podemos chamar essa seletividade de interpretação. Interpretar, portanto, é selecionar possibilidades comunicativas da complexidade discursiva."

Percebe-se a ocorrência de duas seleções. O emissor pode falar, emitir uma mesma mensagem por mais de um conjunto de símbolos. Escolhe um deles. Esse conjunto de símbolos escolhido, por sua vez, encerra significado equívoco, o que leva o receptor a ter de realizar uma escolha dentre as opções. Por vezes essas seleções sucessivas terminam por afastar ambos, emissor e receptor da real mensagem que se pretendia transmitir. Distanciam-se da realidade diante da liberdade irrestrita de escolha das possibilidades. Em razão disso, necessários restam códigos, normas a nortear a seleção das possibilidades, sob pena da fala não se implementar. Contudo, relembra Prof. *Tércio*[(26)]:

"(...) Os códigos, porém, são, de novo, discursos que precisam igualmente ser interpretados. Temos, assim, códigos sobre códigos, o que torna a fala ainda mais complexa. É nesse universo de complexidade, pois, que se coloca o problema da interpretação jurídica."

Diante da colocação acima, diante do problema da interpretação, Prof. *Tércio* confere indício relevante acerca de seu posicionamento filosófico. Descontente com a incerteza dos códigos sobre códigos, intenta desenvolver e impor regras linguísticas no sentido de buscar o real sentido de eventual mensagem equívoca. É interessante que tal indício seja guardado no espírito do leitor com o intuito de, ao final do estudo, intentar-se — inclusive ponderar — a posição filosófica tomada pelo autor. Observe-se a tendência mencionada:

"Ora, diante dessas observações, é possível, pois, dizer que, para interpretar, temos de decodificar os símbolos *no seu uso*, e isso significa conhecer-lhes as regras de

(26) FERRAZ JR., Tércio Sampaio. *Introdução ao estudo do direito*. 3. ed. São Paulo: Atlas, 2001. p. 256.

controle de denotação e conotação (regras semânticas), de controle das combinatórias possíveis (regras sintáticas) e de controle das funções (regras pragmáticas)."[27]

Parece evidente do trecho transcrito a intenção de teorizar a interpretação.

Prof. *Tércio* lembra que, interpretar é um tanto mais complexo do que tão somente decodificar textos. Em verdade, interpretar é aplicar regras sobre regras, que só não tendem ao infinito porque o fim é o arbítrio do intérprete. Pois bem. Esclarece[28] ainda que: "Isso caracteriza a interpretação dogmática e, ao mesmo tempo, constitui seu problema teórico, isto é, a dificuldade básica para teorização dogmática sobre a interpretação."

A princípio causaria certa surpresa o capítulo final da obra *Teoria pura do direito* de *Hans Kelsen*. Após passar longas páginas intentando tornar o direito matemático, despido de qualquer traço de subjetivismo, independente de qualquer elemento metafísico, enfim, uma ciência em termos positivistas, *Kelsen*, reconhece as dificuldades que se impõem à extirpação do subjetivismo do interpretativo e permite alguma flexibilização.

Comentando a referida surpresa, Prof. *Tércio*[29], de certo modo, parece descortinar certa tendência ao positivismo jurídico e ao neopositivismo filosófico. Observe-se a colocação:

> "Ao final de seu volume dedicado à Teoria Pura do Direito (1960), depois de ter enfrentado o problema de como estabelecer os parâmetros para uma ciência do direito enquanto teoria sistemática das normas, *encontramos uma explanação sobre a interpretação jurídica que, no entanto, nos frustra, porque não fornece nenhuma base para a hermenêutica dogmática.*"

A frustração do Prof. parece revelar seu posicionamento filosófico. Fica clara a implícita intenção de intentar a produção de método de interpretação fechado. Dogmatizado, enfim tomado, norteado pela dogmática.

Tornando a *Kelsen*, necessário relembrar que *este prevê duas espécies de interpretação, a saber: a realizada por órgão competente para dizer o direito e a doutrinária.* A primeira vincularia a conduta das partes envolvidas ao feito, enquanto a segunda não geraria qualquer vinculação, seria mero ato de conhecimento.

Interpretação ⇨ Classificação segundo o intérprete {
- Por órgão competente (autêntica)
- Doutrinária

(27) *Ibidem*, p. 257.

(28) *Idem*.

(29) *Idem*.

É curioso notar como a interpretação realizada pelo órgão define o sentido da norma. Define com base no poder, na competência. Define em virtude da necessidade de decidir e, como fundo, resta sempre um raciocínio doutrinário, algo de argumentação, pois, afinal, ainda que o poder venha da competência, algum fundamento há que ser conferido à decisão. Há a necessidade de convencer o auditório. Após o convencimento do auditório, surge o que o Prof. *Tércio* chama de *aceitação geral.*

A interpretação realizada pela doutrina, por sua vez, não define. Aponta caminhos. Não vincula. Sugere. Não tem autoridade efetiva. Em razão de tal ausência, difícil resta a *aceitação geral.*

Indignado com a dificuldade encontrada pela interpretação doutrinária, Prof. *Tércio*[30] questiona: "O que ocorre, então, quando a interpretação é mero ato de conhecimento? Não seria possível descobrir-lhe um fundamento, por exemplo, a verdade, que lhe permitisse adquirir a qualidade de obter aquela aceitação geral?"

Intentando responder ao questionamento supra, o autor menciona *Kelsen* e comenta[31]:

> "De princípio, *Kelsen* diz-nos que os conteúdos normativos, objetivo de uma interpretação doutrinária, são, por sua natureza linguística, plurívocos. Por isso trazem a nota da equivocidade... É isso, justamente, que exige uma vontade competente para que se fixe um sentido dentre os possíveis."

Afastando o foco apenas um tanto da questão formulada pelo Prof. *Tércio*, vale a pena observar os escritos de *Kelsen* quanto ao presente tema.

Kelsen[32] leciona que as normas de escalão superior mantêm certa relação de vinculação ou de determinação em relação às normas de escalão inferior. Haveria necessariamente certa adequação das inferiores às superiores. *Contudo, aponta que tal vinculação não seria absoluta.* Observe-se:

> "Esta determinação nunca é, porém, completa. A norma do escalão superior não pode veicular em todas as direções (sob todos os aspectos) o acto através do qual é aplicada. *Tem sempre de ficar uma margem, ora maior, ora menor, de livre apreciação, de tal forma que a norma do escalão superior tem sempre, em relação ao acto de produção normativa ou de execução que a aplica, o caráter de um quadro ou moldura a preencher por este acto.* Mesmo uma ordem o mais pormenorizada possível tem de deixar àquele que cumpre ou executa uma pluralidade de determinações a fazer."

A figura da norma enquanto moldura parece bem adequada. Em seu seio caberiam as diversas possibilidades de interpretação.

---

(30) *Ibidem*, p. 258.

(31) *Idem*.

(32) KELSEN, Hans. *Teoria pura do direito*. 6. ed. Coimbra: Armênio Amado, 1984. p. 464.

Kelsen[33] comenta ainda que essa relativa indeterminação pode dar-se de forma intencional ou não intencional. As intencionais são aquelas que, de forma deliberada, terminam complementadas por outros atos (ex.: as normas penais em branco, o rol de substâncias que caracterizam dada atividade como insalubre etc.). *Por outro lado, as não intencionais derivam da plurivocidade das palavras.*

Constitui esse um detalhe de suma importância. O critério adotado pela norma para se transmitir é a língua. A norma é formada, como regra, por palavras. Nesse sentido, observe-se ainda *Kelsen*[34] referindo-se à indeterminação não intencional:

> "Aqui temos em primeira linha a pluralidade de significações de uma palavra ou de uma sequência de palavras em que a norma se exprime: o sentido verbal da norma não é unívoco, o órgão que tem de aplicar a norma encontra-se perante várias significações possíveis[35]."

É preciso certo cuidado para não confundir as espécies de interpretação, conforme já delineado. Muito rico revelou-se ensinamento elaborado por *Kelsen*[36], ao analisar a *interpretação por órgão competente*, conforme segue:

> "Em todos esses casos de indeterminação, intencional ou não, do escalão inferior, oferecem-se várias possibilidades à aplicação jurídica.
>
> (...)
>
> O Direito a aplicar a forma, em todas essas hipóteses, uma moldura dentro da qual existem várias possibilidades de aplicação, pelo que é conforme o Direito todo o acto que mantenha dentro desse quadro ou moldura, que preencha essa moldura em qualquer sentido possível.
>
> Se por 'interpretação' se entende a fixação por via cognoscitiva do sentido do objecto a interpretar, *o resultado de uma interpretação jurídica somente pode ser fixação da moldura que representa o direito a interpretar e, consequentemente, o conhecimento das várias possibilidades que dentro dessa moldura existem*[37]. Sendo assim, a interpretação de uma lei não deve necessariamente conduzir a uma única solução como sendo a única correcta, mas possivelmente a várias soluções que — na medida em que apenas sejam aferidas pela Lei a aplicar — têm igual valor, se bem que apenas uma delas se torne direito positivo no acto do órgão aplicador do direito — no acto do Tribunal, especialmente. Dizer que uma sentença judicial é fundada na Lei, não significa, na verdade, senão que ela se contém

(33) *Op. cit.*, p. 465.

(34) *Idem.*

(35) Kelsen centrou suas análises na interpretação elaborada pelo órgão competente para dizer o direito e, no final do capítulo, ponderou a interpretação doutrinária.

(36) *Op. cit.*, p. 466.

(37) Coerente o pensamento.

dentro da moldura ou quadro que a Lei representa — não significa que ela é a norma individual, mas apenas que é uma das normas individuais que podem ser produzidas dentro da moldura da norma geral."

E, logo em seguida à exposição de seu posicionamento no sentido da norma enquanto moldura, comenta a tese dos neopositivistas filosóficos, que exigem da interpretação uma certeza que talvez ela não possa fornecer. Comenta o autor:

"A jurisprudência tradicional crê, no entanto, ser lícito esperar da interpretação não só a determinação da moldura para o acto jurídico a pôr, mas ainda o preenchimento de uma outra e mais ampla função — e tem tendência para ver precisamente nesta outra função a sua principal tarefa. A interpretação deveria desenvolver um método que tornasse possível preencher ajustadamente a moldura fixada. A teoria usual da interpretação quer fazer crer que a Lei, aplicada ao caso concreto, poderia fornecer, em todas as hipóteses, apenas uma única solução correcta (ajustada) *e que a 'justeza' (correção) jurídico-positiva desta decisão é fundada na própria Lei.* Configura o processo desta interpretação como se tratasse tão somente de um acto intelectual de clarificação e de compreensão, como se órgão aplicador do direito apenas tivesse que pôr em acção o seu entendimento (razão), *mas não a sua vontade*, e como se, através de uma pura actividade de intelecção, pudesse realizar-se, entre as possibilidades que se apresentam, uma escolha que correspondesse ao Direito Positivo, uma escolha correcta (justa) no sentido do direito positivo."

Especificamente com relação à interpretação doutrinária, não vinculante, realizada sem compromisso com a decidibilidade, comenta *Kelsen*[38]:

"A interpretação jurídico-científica tem de evitar com o máximo cuidado, a ficção de que uma norma jurídica apenas permite, sempre e em todos os casos, uma só interpretação: a interpretação 'correta'. *Isto é uma ficção de que se serve a jurisprudência tradicional para consolidar o ideal de segurança jurídica. Em vista da plurissignificação das maioria das normas jurídicas, este ideal somente é realizável aproximadamente.*

(...) nenhuma vantagem política pode justificar que se faça uso desta ficção numa exposição científica do Direito positivo, proclamando como única correcta, de um ponto de vista científico objetivo, é mais desejável que uma outra, igualmente possível do ponto de vista lógico. *Neste caso, com efeito, apresenta-se falsamente como uma verdade científica aquilo que é tão somente um juízo de valor político.*"

Prof. *Tércio* parece que caminha em sentido oposto a Kelsen quanto ao tema em questão. Enquanto *Kelsen*, coerentemente assume a limitação de sua teoria, Prof. *Tércio* confessa sua frustração e insiste tentando teorizar a interpretação por métodos

(38) *Op. cit.*, p. 472.

filológicos. *Tércio Sampaio* vem desde o início de sua obra trabalhando o conceito de direito como uma tecnologia. Tecnologia confere a ideia de algo essencialmente objetivo, que se restringe a zero ou um. Considerando que, do ponto de vista filosófico, neopositivista, o subjetivismo, o arbítrio, tomariam do direito seu caráter científico. Talvez daí o posicionamento do Prof. *Tércio* no sentido de insistir na teorização, na dogmatização da interpretação.

Ainda no sentido de captar elementos que confirmem a tendência retro mencionada, necessário considerar questão levantada pelo Prof. *Tércio*[39] e transcrever sua resposta. Observe-se:

> "*Ora, por que não dizer que, agindo com método e conforme procedimentos racionais, não pode o doutrinador chegar a uma interpretação verdadeira?*
>
> *Kelsen* responde que essa hipótese é irrealizável porque, se admitida, estaria criando uma ilusão, a ficção da univocidade das palavras da norma. Entendemos: para o autor, cumpre à ciência jurídica conhecer o direito, descrevendo-o com rigor. Exige-se, pois, método, obediência a cânones formais e materiais. A ciência, assim, é um saber rigoroso e que, por isso, caminha numa bitola bem determinada e impõe-se limites. Ora, se o objeto de hermenêutica são conteúdos normativos essencialmente plurívocos, se o legislador, porque age por vontade e não por razão, sempre abre múltiplas possibilidades de sentido para os conteúdos que estabelece, então à ciência jurídica cabe descrever esse fenômeno em seus devidos limites. Isto é, apenas mostrar a plurivocidade. *Querer, por artifícios dito metódicos, ir além dessa demonstração, tentar descobrir uma univocidade que não existe, é falsear o resultado e ultrapassar as fronteiras da ciência.*
>
> *A interpretação doutrinária é ciência até o ponto em que denuncia a equivocidade resultante da plurivocidade. Daí para a frente, o que se faz realmente é política, é tentativa de persuadir alguém de que esta e não aquela é a melhor saída, a mais favorável, dentro de um contexto ideológico, para uma estrutura de poder. Tudo o que existe, portanto, quando a interpretação doutrinária se apresenta como verdadeira porque descobre o sentido 'unívoco' do conteúdo normativo, é, no máximo, uma proposta política que se esconde sob a capa de uma pretensa cientificidade.*
>
> (...)
>
> *Com isso, Kelsen frustra um dos objetivos fundamentais do saber dogmático, desde que ele foi configurado como um conhecimento racional do direito. Ainda que lhe atribuamos um caráter de tecnologia, de saber tecnológico, sua produção teórica fica sem fundamento, aparecendo como mero arbítrio. Não teria, pois, realmente, nenhum valor racional procurar um fundamento teórico para a atividade metódica da doutrina, quando esta busca e atinge o sentido unívoco das palavras da Lei? Seria um contrassenso falar em verdade hermenêutica?*

---

(39) FERRAZ JR., Tércio Sampaio. *Introdução ao estudo do direito*. 3. ed. São Paulo: Atlas, 2001. p. 258.

Enfrentar essa questão constitui o que chamaríamos, então, de o desafio kelseniano." (grifo nosso)

Trilhando caminho nitidamente aproximado ao ditado por *Kelsen*, leciona Prof. *Paulo de Barros Carvalho*[40] ao justificar sua opção por uma interpretação sistemática do art. 146 da CF:

"(...) a interpretação no Direito Tributário, fizemos questão de assinalar que se tratava de um ato de vontade e de um ato de conhecimento, e que, como ato de conhecimento, não caberia à Ciência do Direito dizer qual é o sentido mais justo ou correto de uma regra jurídica, limitando-se a indicar as interpretações possíveis, o que atende bem ao seu cunho de atividade meramente descritiva de um fenômeno.

A advertência, que é típica e estilisticamente kelseniana, nos parece carregada de uma verdade forte e, por inteiro, procedente. Julgamos, no entanto, fosse interessante para os efeitos desse curso, acrescentar uma meditação crítica acerca das teorias interpretativas do art. 146 da Constituição Federal, em voga na dogmática brasileira. E, ao compreendê-la, manifestamos positivamente nossa inclinação em favor da tese sistemática. Ora, como à Ciência do Direito não compete decidir qual delas seja a correta, o assunto permanece aberto, entregue ao criterioso juízo de cada leitor, que se sentirá livre não só para opinar entre as duas propostas, como para levantar e sugerir novas alternativas hermenêuticas que o satisfaçam. As formulações teoréticas são portadoras de maior ou de menor potencialidade de explicação dos fenômenos que descrevem, forjando o conhecimento no espírito de quem as conhece. *E a ciência jurídica, narrando o sistema empírico do Direito positivo, que aparece, inexoravelmente, como um corpo de linguagem, sempre foi espaço fecundo para o surgimento de múltiplas teorias, quantas vezes agrupadas em torno de um único tema, despertando a dúvida na mente do estudioso, que se vê impelido a escolher uma, afastando as demais. A eleição é fruto da ideologia, pois o direito antes de tudo, é um objeto cultural, região ôntica em que os entes são sempre valiosos, positiva ou negativamente.*" (grifo nosso)

O empirismo revela que o ser humano é limitado. Inclusive a capacidade de previsão do homem, sua imaginação, é limitada. Contudo, os fatos não o são. As condutas realizáveis pelos ser humano encerram possibilidades inimagináveis. É o imponderável. Algumas décadas atrás talvez não se imaginasse a clonagem ou a manipulação genética, por exemplo. Hoje isso é fato. Legisla-se sobre o tema; contudo, a ciência evolui e, com isso, novas condutas surgem, possibilidades evidenciam-se. Impossível prever todas as possibilidades, portanto.

Admitindo a limitação do ser humano legislador, bem como o problema de se teorizar a interpretação, *Herbert Hart*[41] leciona:

---

(40) CARVALHO, Paulo de Barros. *Curso de direito tributário*. 7. ed. São Paulo: Saraiva, 1995. p. 141.

(41) HART, Herbert L. A. *O conceito de direito*. Trad. A. Ribeiro Mendes. Fundação Calouste Gulbenkian. 3. ed. 2001. p. 139.

"Boa parte da teoria do direito deste século tem-se caracterizado pela tomada de consciência progressiva (e, algumas vezes, pelo exagero) do importante facto de que a distinção entre as incertezas da comunicação por exemplos dotados de autoridade (precedente) e as certezas de comunicação através da linguagem geral dotada de autoridade (legislação) *é de longe menos firme do que sugere este contraste ingênuo.* Mesmo quando são usadas regras gerais formuladas verbalmente, podem, em casos particulares concretos, surgir incertezas quanto à forma de comportamento exigido por elas. Situações de facto particulares não esperam por nós já separadas umas das outras, e com etiquetas apostas como casos de aplicação da regra geral, cuja aplicação está em causa; nem a regra em si mesma pode avançar e reclamar os seus próprios casos de aplicação. *Em todos os campos de experiência, e não só no das regras, há um limite inerente à natureza da linguagem, quanto à orientação que a linguagem geral pode oferecer.* Haverá na verdade casos simples que estão sempre a ocorrer em contextos semelhantes, aos quais as expressões gerais são claramente aplicáveis (se existir algo qualificável como um veículo, um automóvel é-o certamente) mas haverá também casos em que não é claro se se aplicam ou não (a expressão veículo usada aqui inclui bicicletas, aviões e patins?) Estes últimos são situações de facto, continuamente lançadas pela natureza ou pela invenção humana, que possuem apenas alguns dos aspectos dos casos simples, mas a que faltam outros. *Os cânones de ´interpretação´ não podem eliminar as incertezas, embora possam diminuí-las; porque estes cânones são eles próprios regras gerais sobre o uso da linguagem e utilizam termos gerais que, eles próprios, exigem interpretação. Eles, tal, como outras regras, não podem fornecer a sua própria interpretação.*"

As ilações produzidas e as lições consideradas no presente capítulo apontam, sem dúvida, para uma limitação quanto aos regramentos que tomam a essência da hermenêutica enquanto técnica, ciência da interpretação. As normas são formuladas por palavras que, infelizmente, não detêm significados unívocos. Tal fato evidencia que há um limite a que a técnica, desprovida de subjetivismo, pode levar o aplicador da Lei. Esse limite aponta justamente para a identificação das possibilidades interpretativas. A opção basear-se-á na formação cultural, filosófica, religiosa do aplicador da norma. Eis o ponto. Era exatamente o que se pretendia demonstrar. A inexistência da interpretação correta e a necessidade de escolher entre as hipóteses interpretativas possíveis. Mais ainda, demonstrar o quão fundamental resta a construção dos argumentos que justificam, que fundamentam a opção realizada. Oportunamente, no presente estudo, tais argumentos serão considerados.

Seguem noções tributárias propedêuticas, necessárias ao deslinde do presente estudo.

PARTE II

DAS CONTRIBUIÇÕES SOCIAIS E TRIBUTOS *LATO SENSU*

CAPÍTULO 1

CLASSIFICAÇÃO GERAL DOS TRIBUTOS

1.1. A busca pela sistematização das informações

Em última análise, neste livro são buscadas respostas, respostas concretas com vistas ao que Prof. *Tércio Sampaio* nomeia de decidibilidade dos conflitos. O caminho em busca das referidas respostas tem início com a identificação do direito aplicável, nomeado, conforme ponderado na primeira parte, como dogmática analítica. Fundamental resta a identificação das premissas, das quais a análise partirá.

Leciona Prof. *Tércio* Sampaio[42]:

> "A dogmática prepara, pois, a decisão, cria para ela condições razoáveis, de tal modo que ela não apareça como puro arbítrio, mas decorra de argumentos plausíveis. O jurista, assim, capta o direito num procedimento de incidência, ou seja, na imputação de normas a situações sociais atuais ou potencialmente conflitivas. Entre a norma e a situação conflitiva há, pois, um procedimento. A relação entre a norma e a situação é mediata. Este conjunto — normas, procedimento situação — compõe o fenômeno da aplicação. Aplica-se o direito, por um procedimento, à realidade social."

E complementa de forma incisiva[43]:

> "O fenômeno da aplicação exige do jurista, inicialmente, uma identificação do que seja o direito a ser aplicado."

No sentido de identificar o direito aplicável, deve-se, a princípio, buscar o critério comum para solução das problemáticas abstratamente consideradas.

Esse critério há de ser, para ele, o ponto de partida inegável, isto é, a premissa de seu pensar dogmático. Essa premissa é, pra ele, o direito, algo que ele toma como um dado objetivo. Onde buscá-lo? Numa ideia de justiça? Numa ideia de razoabilidade? Em critérios prefixados pelo poder público?

(42) FERRAZ JR., Tércio Sampaio. *Op. cit.*, p. 92.

(43) *Idem*.

Vivendo numa sociedade juridicamente organizada, o jurista sabe que há critérios gerais, direitos comuns, configurados em normas chamadas leis, estabelecidas conforme a Constituição do país.(44)

Encontrada a norma aplicável, observa-se que sua essência é tomada por diversos outros questionamentos. Seu conteúdo é tomado por palavras, expressões, institutos que exigem uma definição conceitual.

Para resolver suas questões, o jurista, com o objetivo de identificar o direito, vale-se de diferenciações e ligações.

É preciso, *verbi gratia*, em meio ao conjunto de exações contempladas na CF de 1988, diferenciar contribuições de impostos e taxas e estabelecer ainda as ligações existentes entre as diversas espécies de contribuições.

Leciona ainda Prof. *Tércio*(45) que:

"Feitas essas diferenciações é preciso proceder às ligações, para que o todo decomposto não se perca de vista. As definições, as classificações devem ser reduzidas a um sistema.

(...)

A elaboração de um sistema resulta, pois, de diferenciações e ligações."

Buscando exatamente diferenciar e ligar institutos nos termos propostos pelo Prof. *Tércio*, demonstra-se certa tendência no presente estudo, no sentido de sistematizar as informações, a criar quadros científicos que terminam por organizar as tendências, os argumentos, enfim, as informações necessárias para viabilizar a chamada decidibilidade.

Procedendo síntese do abordado, termina Prof. *Tércio*(46):

"Em suma, ao distinguir, definir, classificar, sistematizar, a ciência dogmática está às voltas com a identificação do direito, tendo em vista a decidibilidade dos conflitos. Estudar a ciência jurídica é aprender a elaborar esses sistemas, é dominar-lhe os princípios de construção, é saber distinguir para depois integrar de forma coerente."

Acrescendo valor ainda aos esforços intelectuais despendidos na sistematização das informações inerentes às classificações, leciona *Wladimir Novaes Martinez*, citando *Orlando Gomes*(47):

"Com razão *Orlando Gomes*: 'Todo instituto jurídico tem no sistema seu lugar próprio. Encontrá-lo, é determinar-lhe a natureza. A localização (*sedes materiae*) ajuda a compreensão das regras agrupadas'."

---

(44) *Idem*.

(45) *Op. cit.*, p. 95.

(46) *Op. cit.*, p. 96.

(47) MARTINEZ, Wladimir Novaes. *Noções de direito previdenciário*. Tomo I. São Paulo: LTr, 1997. p. 271.

Partindo dos ideais supra, passa-se a abordar a classificação geral dos tributos na ordem constitucional hodierna. Mais uma vez, a ideia é destingir para integrar.

1.2. Classificação dos tributos quanto à espécie

A doutrina, de há muito, tem divergido quanto às espécies tributárias assimiladas pelo ordenamento pátrio. Pontuando a divergência mencionada, *Ricardo Alexandre*(48) leciona:

> "A controvérsia sobre a classificação dos tributos em espécie fez com que surgissem quatro principais correntes a respeito do assunto: a primeira, dualista, bipartida ou bipartite, que afirma serem espécies tributárias somente os impostos e as taxas; a segunda, a tripartida, tricotômica ou tripartite, que divide os tributos em impostos, taxas e contribuições de melhoria; a terceira, a pentapartida ou quinquiopartida, que a estes acrescenta os empréstimos compulsórios e as contribuições especiais previstas nos art. 149 e 149 — A da Constituição Federal *e a última, a quadripartida, tetrapartida ou tetrapartite, que simplesmente junta todas as contribuições num só grupo, de forma que os tributos seriam impostos, taxas, contribuições e empréstimos compulsórios.*"

Considerando o fato de que, sob uma perspectiva kelseniana, as normas jurídicas buscam fundamento de validade naquelas que as antecedem hierarquicamente, de rigor se mostra uma abordagem preambular da temática a ser desenvolvida. Compartilhando de ideia similar, *Nicolau Konkel Junior*(49), inspirado em *Geraldo Ataliba*, aduz:

> "(...) seguindo lição de *Geraldo Ataliba, todo e qualquer estudo no campo jurídico deve começar pelo que diz a Constituição.* Aliás, é este o ponto de partida de qualquer trabalho que se pretenda jurídico." (grifo nosso)

Ponderando a opção do legislador constituinte, *Ricardo Alexandre*(50) aponta:

> "A Constituição Federal, no seu art. 145, dispõe que a União, os Estados e o Distrito Federal poderão instituir impostos, taxas e contribuições de melhoria. Da mesma forma, o Código Tributário Nacional — CTN prescreve, em seu art. 5º, que os tributos são impostos, taxas e contribuições de melhoria.
>
> Tudo faz parecer que o ordenamento jurídico brasileiro adotou uma concepção tripartite das figuras tributárias, deixando de lado as demais classificações.
>
> Ao se deparar com o tema o Supremo Tribunal Federal tem adotado a teoria da pentapartição."

A pentapartição não se circunscreveu apenas ao decisório do STF, antes, terminou representando reflexo de corrente que inclusive já existia.(51)

---

(48) ALEXANDRE, Ricardo. *Direito tributário esquematizado.* São Paulo: Método, 2007. p. 39.

(49) KONKEL JR., Nicolau. *Contribuições sociais.* Doutrina e jurisprudência. São Paulo: Quartier Latin, 2005. p. 126.

(50) *Op. cit.*, p. 40.

(51) Por todos, Hugo de Brito Machado. Considere-se: "O tributo, como conceituado no art. 3º do CTN, é um gênero, do qual o art. 5º do mesmo código indica como espécies os impostos, as taxas e as contribuições de melhoria.

A classificação pentapartida adotada pelo STF tomou parte do voto do relator ao acórdão que julgou o RE n. 138.284-8/CE. Em linhas gerais, foram apontadas cinco espécies tributárias, a saber: impostos, taxas, contribuições de melhoria, empréstimo compulsório e contribuições especiais.

As contribuições ditas especiais foram desmembradas em quatro subespécies, a saber: contribuições sociais, contribuições de intervenção no domínio econômico (CIDE), contribuições corporativas, contribuição para o custeio do serviço de iluminação pública.

Considere-se o quadro que segue:

- Tributos
  - Impostos
  - Taxas
  - Contribuições de melhoria
  - Empréstimo compulsório
  - Contribuições especiais
    - Contribuições sociais
    - Contribuições de intervenção no domínio econômico
    - Contribuições corporativas
    - Contribuições sociais gerais

As contribuições sociais, por sua vez, também se dividem em subespécies, a saber: contribuições para o custeio da seguridade social, outras contribuições sociais e contribuições sociais gerais. Embora um tanto amplas, levando em conta os critérios adotados pelo STF, intentar-se-á defini-las adequadamente.

O art. 217 do CTN, com redação que lhe deu o Decreto-lei n. 27, de 14.11.1966, estabeleceu que as disposições do código não excluem a incidência e exigibilidade de outras contribuições, que indica isto tornou evidente a existência de uma quarta espécie de tributo, integrada pelas contribuições sociais. Tal conclusão restou reforçada pelo art. 149 da Constituição Federal de 1988.

Finalmente, tendo em vista o art. 148 da vigente Constituição Federal, também os empréstimos compulsórios não podem deixar de ser considerados uma espécie de tributo. Há quem diga que são impostos, mas preferimos colocá-los como espécie distinta, o que é sem dúvida mais conveniente, pelo menos para efeitos didáticos. Do ponto de vista de uma Teoria Geral do Direito, o empréstimo compulsório na verdade não é tributo. Ele não é receita, do ponto de vista econômico. Não transfere recursos do setor privado para o setor público. Os recursos arrecadados a título de empréstimo compulsório não se integram no patrimônio público, como ocorreria se de tributo se tratasse. Mas no direito positivo brasileiro o empréstimo compulsório passou a ser tratado como tributo, por força de expressa disposição da Constituição Federal de 1967 (art. 21 § 2º, inc. II), que talvez tenha tido o propósito de contornar a jurisprudência do Supremo Tribunal Federal em sentido contrário. Na vigente constituição figura no capítulo do Sistema Tributário, o que parece indicar que o constituinte de 1988 também lhe atribuiu a natureza de tributo. Temos, portanto, em nosso sistema tributário, *cinco espécies de tributo*, a saber: os impostos, as taxas, as contribuições de melhoria, as contribuições sociais e os empréstimos compulsórios. As contribuições sociais, que se subdividem contribuições de intervenção no domínio econômico e contribuições do interesse de categorias profissionais ou econômicas, e contribuições de seguridade social." (MACHADO, Hugo de Brito. *Curso de direito tributário*. 20. ed. São Paulo: Saraiva, 2002. p. 63).

Intentando esclarecer um tanto mais a classificação adotada pelo STF, *Ricardo Alexandre*(52) aponta as linhas gerais afeitas a cada subespécie das contribuições sociais.

A primeira subespécie corresponde às contribuições sociais destinadas ao custeio da seguridade social. A Seguridade Social tem suas definidas ao art. 194 da CF e as diretrizes gerais pertinentes ao custeio da seguridade restam delineadas no art. 195 do mesmo diploma.

A subespécie denominada "outras contribuições sociais" é representada, basicamente, pelas contribuições residuais previstas no § 4º do art. 195 da CF.

A terceira e última corresponde às "contribuições sociais gerais", destinadas a outras atuações da União na área social, como o salário-educação, por exemplo, e as contribuições para Serviços Sociais Autônomos previstos ao art. 240, previstos nos arts. 212, § 5º e 240 da CF respectivamente.

Interessam ao presente estudo apenas as contribuições sociais destinadas ao custeio da seguridade social e, mesmo diante dessa subespécie, verificar-se-á que importarão algumas determinadas dentro desse plexo de exações.

A doutrina desenvolveu diversas outras classificações; contudo, a classificação sob a perspectiva constitucional toma a necessária introdução do presente estudo porque a adequação das contribuições sociais ao conceito de tributo atrai todo o regime tributário composto pelo sistema pátrio.

Útil ainda ao presente estudo rememorar um tanto a classificação dos tributos quanto à hipótese de incidência. Muito útil os ensinamentos alinhados pelo mestre *Geraldo Ataliba*, quanto à classificação mencionada. Considere-se(53):

> "(...) são tributos (1) vinculados aqueles cuja hipótese de incidência consiste na descrição de uma atuação estatal (ou uma consequência desta). Neste caso, a Lei põe uma atuação estatal no aspecto material da h. i.
>
> São tributos (2) não vinculados aqueles cuja h. i. consiste na descrição de um fato qualquer que não seja atuação estatal. Isto é, a Lei põe, como aspecto material da h. i, um fato qualquer não consistente em atividade estatal."

Restava ainda ao autor alocar as diversas exações agasalhadas pela Constituição Federal em meio ao seu quadro classificatório. Nesse sentido complementa(54):

> "Tributos vinculados são as taxas e contribuições (especiais) e tributos não vinculados são os impostos."

Diferenciando taxas de contribuições, aponta o autor(55):

> "Assim, conforme a referibilidade (evitamos falar em 'relacionamento', para afastar o risco de se supor que se trate de relação jurídica) — ou modo de conexão entre o

(52) *Op. cit.*, p. 71.

(53) *Op. cit.*, p.131.

(54) *Op. cit.*, p. 132.

(55) *Op. cit.*, p. 146.

aspecto material e o pessoal — seja direta ou indireta, teremos taxa ou contribuição. Em outras palavras: segundo a atuação estatal, posta no núcleo da h. i., esteja referida direta ou indiretamente ao obrigado, poderemos discernir a taxa da contribuição".

Considere-se o quadro abaixo, confeccionado com o intuito de ilustrar o critério utilizado:

- Tributos
  - Vinculados — Impostos
  - Não vinculados
    - Taxas
    - Contribuições

Sacha Calmon Navarro Coelho[56] adota também a referida classificação.

Passadas, de forma breve, as classificações de tributos úteis ao presente estudo, intentar-se-á algumas ponderações específicas acerca das contribuições sociais dedicadas ao custeio da seguridade social.

(56) COELHO, Sacha Calmon Navarro. *Curso de direito tributário*. 8. ed. Rio de Janeiro: Forense, 2005. p. 475.

Capítulo 2

Reflexões Acerca da Natureza Jurídica das Contribuições Sociais Voltadas ao Custeio da Seguridade Social

2.1. Quanto ao conceito de seguridade social

Resta interessante, de forma introdutória, esclarecer um tanto acerca dos conceitos de contribuição, bem como de seguridade social.

Sob a perspectiva constitucional, a seguridade social é concebida como:

> Art. 194. A seguridade social compreende um conjunto integrado de ações de iniciativa dos Poderes Públicos e da sociedade, destinadas a assegurar os direitos relativos à saúde, à previdência e à assistência social.

Alfredo J. Ruprecht(57) contribui de forma interessante para a conceituação de seguridade social. Considere-se:

> "Genericamente falando, o objeto da seguridade social consiste em atender a determinadas necessidades dos integrantes da comunidade diante de situações que lhes tragam prejuízo, em geral, econômico. Alguns autores denominam-nas necessidades, todavia é mais correto classificá-las como contingências.
>
> Costuma-se dizer que foi Bolívar o primeiro a usar a denominação segurança social no Congresso de Angostura, em 1829. Evidentemente, não tinha o alcance que hoje lhe é dado. O mesmo se pode dizer da Declaração do I Congresso Nacional de Trabalhadores Italianos de 1892, ou do Decreto baixado em plena revolução russa (outubro de 1918), pois não tinha o sentido autêntico da seguridade social. Eram expressões de conteúdo político-social e não técnico-jurídico.
>
> (...)

(57) RUPRECHT, Alfredo J. *Direito da seguridade social.* Revisão técnica Wladimir Novaes Martinez. São Paulo: LTr, 1996. p. 37.

A expressão seguridade social foi — em seu conceito moderno — cunhada pela primeira vez nos Estados Unidos da América, em 1935, na Social Security Act que tratava de situações de desemprego, velhice e morte.

(...)

O conceito de seguridade social se dividiu em duas correntes fundamentais. Uma é a que considera como uma nova denominação de instituições já existentes (mutualidades, seguros) e outra, uma instituição nova que, embora utilize alguns dos elementos anteriores, os transformou completamente.

Esta última é a conceituação correta e situa a seguridade social em sua concepção moderna.

(...)

Por outro lado, há duas correntes na doutrina moderna: os que conferem um amplo campo à seguridade social e os que tem um critério mais restrito.

Estes últimos estimam que a seguridade social compreende, além dos seguros sociais, a assistência social. Seus defensores divergem em alguns aspectos, mas coincidem fundamentalmente em dois: não confundir a política de seguridade social com quase ou toda a política social e esclarecer seu conteúdo com relação às necessidades sociais que devem ser protegidas.

(...)

O conceito amplo é assim claramente exposto por Garcia Oviedo: 'A seguridade social o cria, defende e fomenta. É fundamentalmente um regime de plena garantia contra a indigência, flagelo da humanidade. Mas seus propósitos são mais ambiciosos. Propõe também melhorar a situação de todas as classes, embora preferentemente a dos mais necessitados. Não se limita à *cura advertendi mala futura,* mas estende sua atribuição à *cura promovendi salutem.* Invade todos os domínios da vida, sobretudo da economia, e abrange pobres e ricos; visa a sociedade, não o indivíduo; sua obra é mais do que jurídica, econômica e social; pertence mais à política do que ao direito.'

(...)

Consideramos que a seguridade social é um instrumento protetor, preventivo e assistencial, cujo objetivo é amparar os membros da sociedade de qualquer contingência social, seja esta material ou espiritual."

Considerando elementos exarados pelo Prof. *Wagner Balera*(58), resta possível afirmar que:

"(...) o Sistema Nacional de Seguridade Social, do ponto de vista sistemático, visa a implementação do ideal estágio de bem estar e da justiça sociais. Para

(58) BALERA, Wagner. *Sistema de seguridade social.* São Paulo: LTr, 2000. p. 11.

construção desta estrutura, o legislador adotou técnicas de seguro social (previdência social) e de seguro privado (previdência complementar)."

Esclarece *Miguel Horvath Jr.*(59) acerca do tema o quanto segue:

> "A seguridade social como política social é método de economia coletiva. Sendo método de economia coletiva a comunidade é chamada a fazer um pacto técnico-econômico onde a solidariedade social é o fiel da balança. A solidariedade social consiste na contribuição da maioria em benefício da minoria. A previdência social, enquanto parte integrante da seguridade social, atua como instrumento de redistribuição da riqueza nacional utilizado e cumprido pelo legislador ao fixar os riscos e a dimensão da necessidade social básica."

Em que pese as laboriosas definições acima, fato é que o conceito de seguridade deve ser dinâmico, jamais estático. Deve acompanhar a evolução das necessidades dos segurado, ao menos em tese. Nesse sentido, considere-se mais algumas ideias lançadas pelo Prof. *Balera*(60):

> "Ao conceito de seguridade social, tal como formulado pela doutrina clássica, a cada dia que passa, são acrescidos novos aportes.
>
> Tal flexibilidade conceitual se deve, é certo, ao próprio evoluir da questão social e da concepção de mundo globalizado que tem sido adotada nos tempos modernos."

Quanto à contribuição social, é de se observar o posicionamento de *Galla Vallejo* citado por *Carlos Alberto Pereira Castro* e *João Batista Lazzari*(61):

> "As contribuições sociais podem ser conceituadas como valores com que, a título de obrigações sociais, contribuem os filiados, e os que o Estado estabelece para manutenção e financiamento dos benefícios que outorga."

É sempre interessante frisar que, em linhas gerais, a Seguridade Social encerra plexo de atuações estatais dispersas aos espectros da SAÚDE, ASSISTÊNCIA e PREVIDÊNCIA SOCIAL.

2.2. Quanto à definição da natureza jurídica das contribuições sociais(62)

Da classificação realizada alhures, resta possível apreender o *status* de tributo conferido às contribuições sociais. Contudo, tal posicionamento, embora encerre corrente

---

(59) HORVATH JR., Miguel. *Direito previdenciário.* 5. ed. São Paulo: Quartier Latin, 2005. p. 86.

(60) Disponível em: <http://ultimainstancia.ig.com.br/colunas/ler_noticia.php?idNoticia=17636> Acesso em: 11 ago. 2005. O texto é interessante na medida em que demonstra além da evolução do ideal de seguridade social, mais ainda, o papel das entidades internacionais não apenas na formulação do conceito, mas na sua constante atualização.

(61) VALLEJO *apud* CATRO, Carlos A. Pereira e LAZZARI, João Batista. *Manual de direito previdenciário.* 4. ed. São Paulo: LTr, 2003. p. 192.

(62) Considerando a necessidade de manter certa pertinência e coerência entre os diversos capítulos e tópicos afeitos ao presente estudo, como regra, centralizar-se-á a análise, especificamente, nas contribuições sociais contidas no art. 195, I, *a* e II da CF. Tal tem o objetivo de evitar uma abordagem específica para cada uma das contribuições sociais constitucionalmente previstas.

majoritária, não é poupado de críticas por alguns. Há efetiva divergência doutrinária acerca do tema.[63] Nesse sentido, justifica-se perfunctória abordagem do tema.

Ponderar acerca da natureza jurídica de dado instituto em meio à ciência do direito tem como objetivo, como regra, *definir o regime jurídico a ser aplicado*. No que concerne às contribuições sociais, considerá-las espécie do gênero tributo, implicaria, em última análise, atrair toda gama de regramentos peculiares aos tributos em geral, dentre eles, o art. 145 e seguintes da CF. Mais ainda, é fundamental que se identifique a exata natureza do tributo, pois o trato conferido pelo sistema resta, frequentemente, distinto cada um deles.

Exatamente nesse sentido leciona *Geraldo Ataliba*[64]:

"Como, entretanto — conforme a espécie de tributo —, diversos são os regimes tributários, deverá o exegeta determinar qual a espécie diante da qual se encontra, a fim de lhe aplicar o regime jurídico correto e adequado, em face das normas constitucionais e à luz dos princípios que a Constituição prestigia ou adota.

Em outras palavras: não é suficiente reconhecer o tributo. Deve o intérprete determinar qual a espécie tributária ('natureza específica do tributo'), conforme diz o art. 4º do CTN, dado que a Constituição prescreve regimes diferentes, conforme a espécie. Tais regimes caracterizam-se por princípios e regras especiais, constitucionalmente estabelecidos."

Em sentido similar, *Wladimir Novaes Martinez*[65] obtempera:

"Indagação de grande interesse diz respeito à natureza da contribuição previdenciária. Se tida como modalidade tributária, o Direito Tributário será o ramo jurídico a ser consultado, valendo as regras tributárias constitucionais — exemplificativamente, a decadência e prescrição quinquenárias. Porém, se concebida como exação não tributária, a configuração é outra, e a submissão se dá ao direito previdenciário."

Pois bem. Tornando às contribuições que subsidiam a seguridade social é de se ressaltar o fato de que, embora constem da classificação geral de tributos dos mais renomados autores, há corrente *minoritária divergindo ainda da natureza tributária das*

(63) A divergência surge mesmo em termos doutrinários. Ainda assim, optou-se por abordá-la após tomar contato com algumas palavras incentivadoras de Wladimir Novaes Martinez. Considere-se: a opinião de estudiosos ou especialistas, manifestada em livros, teses, ensaios, artigos ou pareceres encomendados, pertence à doutrina, valiosa pelo encaminhamento de ideias e prestígio empretado ao trabalho pela reputação do autor. Não costuma ser tida como fonte formal vinculante, mas cada vez mais aceita diante da impossibilidade de cada juiz estudar profundamente a pendência sob julgamento. Geralmente, é perquirição, verdadeira monografia sobre a matéria e, então, presta-se como auxiliar na compreensão do fenômeno jurídico. Às vezes (caso da natureza jurídica da exação previdenciária, de sua decadência e prescrição, do rompimento do contrato de trabalho pela aposentação, da inclusão das horas extras na hipóteses de incidência do FGTS e outros mais), a doutrina fende-se em correntes majoritárias e minoritárias, e o consulente dispõe de maior arsenal de consulta (*Curso de direito previdenciário.* Tomo I. São Paulo: LTr, 1997. p. 47).

(64) ATALIBA, Geraldo. *Hipótese de incidência tributária.* 6. ed. São Paulo: Malheiros, 2004. p. 123.

(65) MARTINEZ, Wladimir Novaes. *Noções de direito previdenciário.* Tomo I. São Paulo: LTr, 1997 p. 59.

contribuições sociais. Nesse sentido, vale lembrar *Sérgio Pinto Martins*(66), que termina elencando sete diferentes correntes, cujo aprofundamento fugiria um tanto do objeto do presente estudo. De qualquer forma relembra o referido autor a teoria do prêmio de seguro, a teoria do salário diferido, a teoria do salário social, a teoria do salário atual, a teoria fiscal, a teoria parafiscal e da exação *sui generis*. Em que pese proceder à exposição de cada uma das teses mencionadas, termina entendendo adequada a natureza tributária.

Interessante ainda apontamento realizado por *Vittorio Cassone*(67), ao fazer referência à lição proferida pelo Ministro do STF, Ministro Moreira Alves, conforme segue:

> "O Ministro Moreira Alves, do STF, em sua conferência inaugural do 15º Simpósio Nacional de Direito Tributário, coordenado por Ives Gandra Martins e relatoria de Vittorio Cassone e Fátima Fernandes de Souza Garcia, disse que: 'Quando a Constituição de 88 diz, no art. 148, que a União-Estados-Distrito Federal-Municípios podem instituir *os seguintes tributos* (Impostos, Taxas e Contribuições de Melhoria), não implica afirmação nenhuma que não haja outras espécies tributárias, porque é certo que nem Empréstimos Compulsórios nem Contribuições Sociais podem ser instituídos por todas essas entidades que integram a federação, sendo os Empréstimos Compulsórios e as Contribuições Sociais figuras autônomas. Consequentemente, temos 5 espécies de TRIBUTOS: impostos, taxas, contribuições de melhoria, empréstimos compulsórios e contribuições sociais. Tal como o Min. Moreira Alves e como nós, Ives Gandra Martins de há muito vem defendendo a divisão quinquipartida dos tributos'."

Ainda nesse sentido, considere-se *Hugo de Brito Machado*(68), partindo da análise do art. 149 da CF:

> "Diante da vigente constituição, portanto, pode-se conceituar a contribuição social como espécie de tributo com finalidade constitucionalmente definida, intervenção no domínio econômico, interesses categoriais profissionais ou econômicos e seguridade social.
>
> É induvidosa, hoje, a natureza tributária dessas contribuições."

Em mais de uma oportunidade o STF já apreciara a matéria e terminou posicionando-se pela natureza tributária da exação sob comento. Nesse sentido, considere-se RE n. 217.251-1 MG, e, de uma forma absolutamente incisiva, RE n. 143.733-9, relatado pelo Ministro Moreira Alves, cujo voto leciona:

> "De fato, a par das três modalidades de tributos (os impostos, as taxas e as contribuições de melhoria) a que se refere o art. 145, para declarar que são competentes para instituí-los a União, os Estados, e Distrito Federal e os Municípios, os arts. 148 e 149 aludem a duas outras modalidades tributária, para cuja instituição só a União

(66) MARTINS, Sérgio Pinto. *Direito da seguridade social*. 21. ed. São Paulo: Atlas, 2004. p. 94.

(67) CASSONE, Vittorio. *Direito tributário*. 9. ed. São Paulo: Atlas, 1996. p. 60.

(68) MACHADO, Hugo de Brito. *Curso de direito tributário*. 20. ed. São Paulo: Saraiva, 2002. p. 358.

é competente: o empréstimo compulsório e as contribuições sociais, inclusive as de intervenção no domínio econômico e de interesse das categorias profissionais ou econômicas."

Em que pesem as decisões resultantes do controle difuso de constitucionalidade não produzirem efeitos *erga omnes* e vinculante, fato é que, nos estritos termos do art. 102 da CF, "Compete ao Supremo Tribunal Federal, precipuamente, a guarda da Constituição...". Dessa forma, relevantes restam os precedente mencionados no que respeita à interpretação dos dispositivos pertinentes à discussão ora travada.

Corroborando as ponderações acerca da natureza jurídica das contribuições sociais, considerem-se os esclarecimentos de *Kiyoshi Harada*(69):

"Muita controvérsia doutrinária existe acerca da natureza jurídica das contribuições sociais. Para alguns autores, elas teriam a natureza de imposto ou de taxa; para outros, seriam meros impostos com destinação específica; para outros, ainda, elas não teriam natureza tributária, apesar de sua compulsoriedade. Estes últimos classificam as exações compulsórias em tributárias e não tributárias.

Entendemos que a contribuição social é espécie tributária vinculada à atuação indireta do Estado. Tem como fato gerador uma atuação indireta do Poder Público mediatamente referida ao sujeito passivo da obrigação tributária."

E complementa(70):

"As contribuições sociais para o financiamento da seguridade social não se submetem ao princípio da anterioridade, mas ao da trimestralidade (art. 195 § 6º da CF). Porém, tal fato não tem a menor relevância jurídica para negar seu caráter tributário, pois os impostos federais, com exceção do imposto sobre a renda e do imposto territorial rural, não se submetem ao referido princípio tributário (§1º, do art. 150 da CF). Aliás, se não tivessem natureza tributária, nem precisaria a carta política excepcionar a aplicação de um princípio tributário.

A verdade é que essas contribuições são compulsórias e se enquadram perfeitamente na definição de tributo dada pelo art. 3º do CTN. Sua natureza jurídica específica resulta do fato gerador da respectiva obrigação, sendo irrelevante para qualificá-la a denominação e demais características formais adotadas pela Lei, assim como a destinação legal do produto de sua arrecadação (art. 4º do CTN).

Finalmente, cumpre examinar a questão da arrecadação da contribuição social pelo órgão da Administração direta da União que, no entender de alguns doutrinadores de peso, descaracterizaria a exação como tal, porque a vinculação de sua receita a um determinado órgão para atendimento de uma finalidade específica é da essência da contribuição social.

No nosso entender, o que importa não é quem arrecada, mas a destinação do produto de sua arrecadação. Nem se argumente com a autonomia do orçamento

(69) HARADA, Kiyoshi. *Direito financeiro e tributário.* 11. ed. São Paulo: Atlas, 2003. p. 317.

(70) *Op. cit.*, p. 328.

da seguridade social. O orçamento da seguridade social, juntamente com o orçamento de investimento das estatais e o orçamento fiscal da União, integra o orçamento anual (art. 165, 5º da CF), que é regido pelo princípio da unidade, de sorte que estes três orçamentos se estruturam uniformemente sobre a mesma orientação política, ajustando-se a um método único de formulação e articulando-se com o princípio da programação orçamentária."

Em linhas gerais, portanto, tomando o caminho da natureza tributária das contribuições sociais destinadas à seguridade social tem-se *Hugo de Brito Machado*(71), *Roque Antonio Carrazza*(72), *Sacha Calmon Navarro Coelho*(73), *Luciano Amaro*(74), dentre diversos outros.(75)

Selando o rol de doutrinadores já mencionados no sentido da natureza tributária das contribuições sociais, aduz o Prof. *Paulo de Barros Carvalho*(76):

"Não é de agora que advogamos a tese de que as chamadas *contribuições sociais* têm natureza tributária. Vimo-las sempre como figuras de impostos ou de taxas, em estrita consonância com o critério constitucional consubstanciado naquilo que nominamos de *tipologia tributária do Brasil.* Todo o suporte argumentativo calcava-se na orientação do sistema, visto e examinado na sua integridade estrutural. Assim, outra coisa não fez o legislador constituinte senão prescrever manifestamente que as contribuições sociais são entidades tributárias, subordinando-se em tudo e por tudo às linhas definitórias do regime constitucional peculiar dos tributos."

Discordando da natureza tributária, esclarece *Rui Barbosa Nogueira*(77) que:

"(...) as contribuições são tributos, salvo as destinadas ao custeio da assistência social que, por estarem reguladas pelo art. 195, inserto no capítulo II do título VIII, pertinente à Ordem Social, têm outra natureza."

E, no mesmo sentido, *Wladimir Novaes Martinez*(78) emenda:

"Em diversos momentos, a Constituição Federal de 1988 faz alusão a tributos e contribuições previdenciárias, quase sempre continuamente, em cada caso, convindo concluir pela oportunidade ou acidentalidade, isto é, quando a distinção é significativa ou não tem importância. Se tem pertinência esse rastreamento, em raros dispositivos, podendo, não diferenciou.

(...)

(71) MACHADO, Hugo de Brito. *Curso de direito tributário.* 20. ed. São Paulo: Saraiva, 2002. p. 358.

(72) CARRAZZA, Roque Antonio. *Curso de direito constitucional tributário.* 19. ed. São Paulo: Malheiros, 2003. p. 519.

(73) COELHO, Sacha Calmon Navarro. *Curso de direito tributário.* 8. ed. Rio de Janeiro: Forense, 2005. p. 486.

(74) AMARO, Luciano. *Direito tributário brasileiro.* 10. ed. São Paulo: Saraiva, 2004. p. 52 e ss.

(75) Pesquisa extensa acerca dos autores que compõem a corrente majoritária fora realizada por Wladimir Novaes Martinez. *Op. cit.*, p. 266.

(76) CARVALHO, Paulo de Barros. *Curso de direito tributário.* 7. ed. São Paulo: Saraiva, 1995. p. 35.

(77) NOGUEIRA, Rui Barbosa Nogueira. *Curso de direito tributário.* São Paulo: Saraiva, 1989. p. 128.

(78) *Op. cit.*, p. 252.

Um primeiro tributarista deu ênfase às distinções. *Valdir de Oliveira Rocha* assim se posicionou:

> "Se há tributo ou contribuição, contribuição é, portanto, coisa diversa de tributo. Fosse tributária qualquer contribuição, e não seria o caso de distingui-la. Poder-se-ia dizer que a Emenda incidiu em equívoco, alegando falta de sentido aos termos 'ou contribuição', com desprezo do que está constitucionalmente posto, mas, de minha parte, continuo a preferir a inteligência do que faz sentido à que não faz." (Natureza Jurídica das contribuições do art. 149 da Constituição. In: 3º Simpósio Nacional IOB de Direito Tributário. p. 15-18)

Ele não está sozinho. Aproximando-se da tese ora esposada, *Marçal Justem Filho* diz: "ao determinar a submissão das contribuições ao regime tributário (com determinadas restrições), a Constituição confirmou que inexiste identidade total e rigorosa entre as duas figuras. Se as contribuições apresentassem configurações precisamente idênticas aos demais tributos, não teriam sentido as regras dos arts. 149 e 154. Seriam suficientes as regras sobre tributos, sem necessidade de 'extensão' expressa às 'contribuições especiais', do regramento tributário. Logo, as contribuições especiais sujeitam-se ao regime tributário, mas com determinados temperamentos derivados de suas características." (*Cadernos de Pesquisas Tributárias*, p. 151)

Marcus Orione Gonçalves[(79)], professor integrante do departamento de Direito do Trabalho da Faculdade de Direito do Largo São Francisco, tem adotado posicionamento no sentido da natureza não tributária das exações sob análise, mais especificamente, adotando o ideal de salário social. Considere-se a conclusão de capítulo desenvolvido pelo referido autor, exatamente no sentido do estudo da natureza jurídica das contribuições para o custeio da seguridade social:

> "Em síntese, ainda, à contribuição previdenciária não pode ser atribuída natureza de tributo, pois, embora compulsória, é fração remuneratória devida ao trabalhador, socialmente diferida para momento ideal considerado pela Lei de Benefícios, com vistas à proteção advinda de fatores ou eventos futuros."

2.3. Legislação básica aplicável

Segue breve ponderação acerca dos textos legais cuja consideração resta essencial ao deslinde da problemática sob análise.

Levando em conta que as contribuições sociais constituem espécie do gênero tributo é de se concluir que se submetem estas às regras contidas ao capítulo I, do título VI da CF. Aplicáveis, portanto, nos termos da Constituição as regras pertinentes ao sistema tributário nacional. Pois bem. Vale aqui perfunctória ponderação sobre a extensão da expressão "legislação tributária", mormente no que diz respeito às contribuições sociais voltadas ao custeio da seguridade social.

---

(79) CORREIA, Marcus Orione Gonçalves; CORREIA, Érica Paula Barcha. *Curso de direito da seguridade social.* 2. ed. São Paulo: Saraiva, 2002. p. 93.

Esquadrinhar o conceito de legislação tributária implica, basicamente, ponderar as suas fontes. Nesses termos esclarece *Luciano Amaro*(80):

> "Fontes são os modos de expressão do direito. Nos sistemas de direito escrito, a fonte básica do direito é a lei, em sentido lato (abrangendo lei constitucional, as leis complementares, as leis ordinárias etc.).
>
> No direito tributário, centrado no princípio da legalidade, a lei exerce o papel de maior importância. Outros atos sem a estatura da lei podem atuar apenas em assuntos periféricos da tributação (como a aprovação de formulários de prestação de informações, de guias de recolhimento etc.)."

Sob a perspectiva Constitucional, relevante resta, *a priori*, o art. 149. O referido dispositivo prevê de forma genérica as contribuições sociais e atrai a aplicação do art. 140, III, bem como do art. 150 I e III. É de se observar ainda sob a perspectiva constitucional que as linhas gerais acerca das contribuições sociais destinadas ao custeio da seguridade social restam definidas no art. 195 da CF.

Além da CF relevante resta, ainda, o diploma normativo, que desempenha as funções mencionadas ao inciso III do seu art. 146. Trata-se do CTN, diploma responsável por enredar as normas gerais em matéria tributária. A recepção do referido texto resta relativamente tranquila à doutrina, havendo pontualmente alguma divergência. Nesse sentido, considere-se os ensinamentos do Prof. *Paulo de Barros Carvalho*(81):

> "O Código Tributário Nacional foi incorporado à ordem jurídica instaurada com a Constituição de 5 de outubro de 1988. Quanto mais não fosse, por efeito da manifestação explícita contida no § 5º do art. 34 do Ato das Disposições Constitucionais Transitórias, que assegura a validade sistêmica da legislação anterior, naquilo em que não for incompatível com o novo ordenamento. É tradicional princípio da recepção, meio pelo qual se evita intensa e árdua movimentação dos órgãos legislativos para o implemento de normas jurídicas que já se encontram prontas e acabadas, irradiando sua eficácia em termos de compatibilidade plena com o teor dos novos preceitos constitucionais. Porventura inexistisse a aplicabilidade de tal princípio e, certamente, o Poder Legislativo não faria outra coisa, durante muito tempo, senão reescrever no seu modo prescritivo regras já conhecidas, nos vários setores do convívio social. Este trabalho inócuo e repetitivo é afastado por obra daquela orientação que atende, sobretudo, a outro primado: o da economia legislativa.
>
> Ora, tratando-se do Código Tributário, formado pelo grupamento de centenas de dispositivos, nem todos seriam consonantes com as formulações básicas que passaram a constituir o fundamento da validade sintática e semântica das demais normas do direito positivo brasileiro. Cabe aqui interessante registro: a maior parte dos preceitos que se mostraram inconciliáveis figuram entre as prescrições

(80) AMARO, Luciano. *Direito tributário brasileiro.* 10. ed. São Paulo: Saraiva, 2004. p. 161.

(81) CARVALHO, Paulo de Barros. *Curso de direito tributário.* 7. ed., atual. São Paulo: Saraiva, 1995. p. 126.

do *Sistema Tributário Nacional (Livro 1º)*, e não no corpo das *Normas Gerais de Direito Tributário (Livro 2º)* ..."

Ainda partindo do texto Constitucional, especificamente do art. 195 da Constituição Federal, resta possível abstrair que o custeio deveria ser regulamentado em seus pormenores por intermédio de lei ordinária. Tal regulamentação se deu por meio da Lei n. 8.212/91. Eis mais um texto relevante a ser considerado.

Sob a perspectiva infralegal, resta interessante ainda mencionar o Decreto n. 3.048/99, texto responsável por regulamentar as Leis de custeio (Lei n. 8.212/91) e benefício (Lei n. 8.213/91).

Tomando como norte os objetivos do presente estudo, desnecessário se faz adentrar ao conjunto das demais normas infralegais, responsáveis pela viabilização concreta, a regulamentação pormenorizada da exação. Resta suficiente a ponderação dos textos mencionados para o presente estudo.

2.4. Linhas gerais acerca do custeio da seguridade social

Seguridade social, em linhas gerais, designa então o complexo de ações do Estado voltados a garantir a saúde, a assistência e a previdência social. É relevante ponderar, exatamente, a origem dos recursos que terminam por subsidiar o referido sistema. As diretrizes gerais acerca do custeio do referido conjunto de ações restam delineadas no *caput* e nos incisos do art. 195 da Constituição Federal. Considere-se:

> Art. 195. A seguridade social será financiada por toda a sociedade, de forma direta e indireta, *nos termos da lei*, mediante recursos provenientes dos orçamentos da União, dos Estados, do Distrito Federal e dos Municípios, e das seguintes contribuições sociais:
>
> (*) I – ~~dos empregadores, incidente sobre a folha de salários, o faturamento e o lucro;~~
>
> (*) Redação dada pela Emenda Constitucional n. 20, de 15.12.98:
>
> I – do empregador, da empresa e da entidade a ela equiparada na forma da lei, incidentes sobre:
>
> a) a folha de salários e demais rendimentos do trabalho pagos ou creditados, a qualquer título, à pessoa física que lhe preste serviço, mesmo sem vínculo empregatício;
>
> b) a receita ou o faturamento;
>
> c) o lucro;
>
> (*) II – ~~dos trabalhadores;~~
>
> (*) Redação dada pela Emenda Constitucional n. 20, de 15.12.98:
>
> II – do trabalhador e dos demais segurados da previdência social, não incidindo contribuição sobre aposentadoria e pensão concedidas pelo regime geral de previdência social de que trata o art. 201;
>
> III – sobre a receita de concursos de prognósticos.
>
> IV – do importador de bens ou serviços do exterior, ou de quem a lei a ele equiparar. (Incluído pela Emenda Constitucional n. 42, de 19.12.2003)

Levando em conta a exigência formulada pelo *caput*, o referido dispositivo foi regulamentado pelas Leis ns. 8.212/91 e 8.213/91, ambas pormenorizadas pelo Decreto n. 3.048/99. Pois bem.

Na Lei n. 8.212/91 foi relegada a regulamentação do custeio da seguridade social. Procedendo exatamente um cotejo entre o texto constitucional e a Lei de Custeio resta possível sustentar que as fontes da seguridade social podem ser concebidas sobre duas grandes linhas, a saber: a constitucional e a infraconstitucional.

Sob a perspectiva constitucional constituem fontes da seguridade social as contribuições sociais devidas pelos empregadores, empresas e equiparados[(82)], dos trabalhadores genericamente considerados, provenientes dos concursos de prognósticos[(83)] e importadores de bens e serviços.

Sob o aspecto infraconstitucional, diversas outras fontes restam elencadas no art. 27 da Lei n. 8.212/91. Considere-se:

> **Art. 27.** Constituem outras receitas da Seguridade Social:
>
> I – as multas, a atualização monetária e os juros moratórios;
>
> II – a remuneração recebida por serviços de arrecadação, fiscalização e cobrança prestados a terceiros;
>
> III – as receitas provenientes de prestação de outros serviços e de fornecimento ou arrendamento de bens;
>
> IV – as demais receitas patrimoniais, industriais e financeiras;
>
> V – as doações, legados, subvenções e outras receitas eventuais;

---

(82) Considere-se o art. 15 da Lei n. 8.212/91: Art. 15. Considera-se: I – empresa — a firma individual ou sociedade que assume o risco de atividade econômica urbana ou rural, com fins lucrativos ou não, bem como os órgãos e entidades da administração pública direta, indireta e fundacional; II – empregador doméstico — a pessoa ou família que admite a seu serviço, sem finalidade lucrativa, empregado doméstico. Parágrafo único. Equipara-se a empresa, para os efeitos desta Lei, o contribuinte individual em relação a segurado que lhe presta serviço, bem como a cooperativa, a associação ou entidade de qualquer natureza ou finalidade, a missão diplomática e a repartição consular de carreira estrangeiras. (Redação dada pela Lei n. 9.876, de 26.11.99)

(83) Ver art. 26 da Lei n. 8.212/91, bem como art. 212 do Decreto n. 3.048/99. Art. 26. Constitui receita da Seguridade Social a renda líquida dos concursos de prognósticos, excetuando-se os valores destinados ao Programa de Crédito Educativo. (Redação dada pela Lei n. 8.436, de 25.6.92). Texto anterior: Art. 26. Constitui receita da Seguridade Social a renda líquida dos concursos de prognósticos. Notas: 1. A *Lei n. 9.288, de 1.7.1996*, destinou 30% da renda líquida dos concursos de prognósticos ao Programa de Crédito Educativo. 2. Atualmente, 30% da renda líquida dos concursos de prognósticos constitui receita do Fundo de Financiamento ao Estudante de Nível Superior — FIES (II, Art. 2º), criado pela *Medida Provisória n. 1.827, de 27.5.1999*, reeditada até a de *n. 2.094-28, de 13.6.2001*, quando foi convertida na *Lei n. 10.260, de 12.7.2001*. § 1º Consideram-se concursos de prognósticos todos e quaisquer concursos de sorteios de números, loterias, apostas, inclusive as realizadas em reuniões hípicas, nos âmbitos federal, estadual, do Distrito Federal e municipal. § 2º Para efeito do disposto neste art., entende-se por renda líquida o total da arrecadação, deduzidos os valores destinados ao pagamento de prêmios, de impostos e de despesas com a administração, conforme fixado em lei, que inclusive estipulará o valor dos direitos a serem pagos às entidades desportivas pelo uso de suas denominações e símbolos. § 3º Durante a vigência dos contratos assinados até a publicação desta Lei com o Fundo de Assistência Social — FAS é assegurado o repasse à Caixa Econômica Federal — CEF dos valores necessários ao cumprimento dos mesmos.

VI – 50% (cinquenta por cento) dos valores obtidos e aplicados na forma do parágrafo único do art. 243 da Constituição Federal;

VII – 40% (quarenta por cento) do resultado dos leilões dos bens apreendidos pelo Departamento da Receita Federal;

VIII – outras receitas previstas em legislação específica.

Parágrafo único. As companhias seguradoras que mantêm o seguro obrigatório de danos pessoais causados por veículos automotores de vias terrestres, de que trata a Lei n. 6.194, de dezembro de 1974, deverão repassar à Seguridade Social 50% (cinquenta por cento) do valor total do prêmio recolhido e destinado ao Sistema Único de Saúde — SUS, para custeio da assistência médico-hospitalar dos segurados vitimados em acidentes de trânsito. (grifo nosso)

2.5. Quanto ao órgão jurisdicional competente para cobrança judicial das referidas contribuições

Embora, em tese ao menos, as contribuições referidas restem devidas pelos sujeitos passivos indicados, fato é que, por vezes, surge certa crise de exigibilidade(84) quanto a elas. Embora devidas, por vezes restam estas impagas, ou, ainda, pagas de forma parcial. Diante de tal possibilidade, de rigor resta o socorro à jurisdição, ao poder jurisdicional do Estado.

Para desenvolver breve ponderação sobre o procedimento de cobrança das eventuais contribuições sociais inadimplidas é necessário esclarecer desde logo que as contribuições sociais voltadas ao custeio da seguridade social já foram arrecadadas por entes diversos. Hoje tal não ocorre mais. Parte das chamadas contribuições sociais já foram arrecadadas pela autarquia federal denominada INSS — Instituto Nacional da Seguridade Social, criada pela Lei n. 8.029/90. Outra parte terminava sendo arrecadada pela extinta Secretaria da Receita Federal. A partição das contribuições e atribuições arrecadatórias restava delineada pelo caput do art. 33 da Lei n. 8.212/91. Contudo o referido dispositivo foi recentemente alterado, e a sistemática arrecadatória restou sensivelmente adaptada às novas necessidades de centralização, otimização de recursos humanos e eficiência administrativa.

A matéria foi alterada de forma significativa pela edição da Lei n. 11.457/07, diploma responsável, dentre outros itens, pela unificação da Secretaria da Receita Federal com a Secretaria da Receita Previdenciária, criando a Receita Federal do Brasil. Considere-se o art. 1º do referido diploma:

> Art. 1º A Secretaria da Receita Federal passa a denominar-se Secretaria da Receita Federal do Brasil, órgão da administração direta subordinado ao Ministro de Estado da Fazenda.

As atribuições que cabiam à Secretaria da Receita previdenciária(85) e à Secretaria da Receita Federal passaram a ser desempenhadas pela Secretaria da Receita Federal do Brasil. Considere-se:

(84) Por vezes, a crise que se instala toma mesmo o caráter de crise de certeza, mormente diante de eventuais arguições de inconstitucionalidade de diplomas normativos instituidores das exações.

(85) Esta, inclusive, fora expressamente extinta nos termos do § 4º do art. 2º da Lei n. 11.457/07.

> Art. 2º Além das competências atribuídas pela legislação vigente à Secretaria da Receita Federal, cabe à Secretaria da Receita Federal do Brasil planejar, executar, acompanhar e avaliar as atividades relativas a tributação, fiscalização, arrecadação, cobrança e recolhimento das contribuições sociais previstas nas alíneas *a*, *b* e *c* do parágrafo único do art. 11 da Lei n. 8.212, de 24 de julho de 1991, e das contribuições instituídas a título de substituição. (grifo nosso)

Alguns ataques foram realizados ao novo texto, apontando certo desvio ao produto da arrecadação das contribuições sociais. A princípio, parece não haver afronta, mormente diante do fato de que o §1º do art. 2º garante a destinação adequada dos recursos.

A transferência de atribuições abarca inclusive as exações destinadas a terceiros, realizadas pelo INSS nos termos do art. 94 da Lei n. 8.212/91. Nesse sentido, considere-se o art. 3º da Lei n. 11.457/07.

Os auditores da previdência social, redistribuídos à Receita Federal do Brasil nos termos do art. 8º do diploma analisado, continuam exercendo o mesmo mister em órgão diverso. Nesse aspecto, pouco mudou.

O art. 16 da Lei n. 11.457 trouxe algumas novidades interessantes acerca da representação judicial do INSS e União Federal. A rigor, a representação Judicial do INSS e FNDE será realizada por um período de transição pela PGF — Procuradoria Geral Federal, órgão vinculado à AGU — Advocacia Geral da União[86]. Superado o prazo a que se refere o inciso I do § 3º do art. 16, a representação ruma definitivamente para a PGFN, responsável pela representação judicial da dívida ativa da União, nos termos da Constituição.

Especificamente no que concerne às contribuições sociais constituídas e cobradas à Justiça do Trabalho, a Lei previu a possibilidade da PGFN delegar tal atribuição à PGF. Considere-se o § 3º do art. 16 da Lei n. 11.457/07:

> § 3º Compete à Procuradoria-Geral Federal representar judicial e extrajudicialmente:
>
> I – o INSS e o FNDE, em processos que tenham por objeto a cobrança de contribuições previdenciárias, inclusive nos que pretendam a contestação do crédito tributário, *até a data prevista no § 1º deste artigo;*
>
> II – a União, nos processos da Justiça do Trabalho relacionados com a cobrança de contribuições previdenciárias, de imposto de renda retido na fonte e de multas impostas aos empregadores pelos órgãos de fiscalização das relações do trabalho, *mediante delegação da Procuradoria-Geral da Fazenda Nacional.*[87] (grifo nosso)

A lei previu a comunicação aos órgãos judiciais competentes quando da delegação e, após o referido comunicado, à PGF deverão rumar as intimações, notificações e citações pertinentes à execução de contribuições previdenciárias à Justiça do Trabalho.[88]

---

(86) Que, inclusive, já se esgotou.

(87) A referida delegação foi veiculada por intermédio da Portaria PGF/PGFN n. 433 de 25 de abril de 2007.

(88) Considere-se parágrafos do art. 16 da Lei n. 11.457/07: § 4º A delegação referida no inciso II do § 3º deste artigo será comunicada aos órgãos judiciários e não alcançará a competência prevista no inciso II do art.

Algumas alterações de relevo foram realizadas no texto da Lei de custeio da seguridade — Lei n. 8.212/91 por meio da citada Lei n. 11.457/2007. Considere-se:

> Art. 39. O débito original e seus acréscimos legais, bem como outras multas previstas em lei, constituem dívida ativa da União, promovendo-se a inscrição em livro próprio daquela resultante das contribuições de que tratam as alíneas *a*, *b* e *c* do parágrafo único do art. 11 desta Lei.
>
> (...)
>
> § 2º É facultado aos órgãos competentes, antes de ajuizar a cobrança da dívida ativa de que trata o *caput* deste artigo, promover o protesto de título dado em garantia, que será recebido *pro solvendo*.
>
> § 3º Serão inscritas como dívida ativa da União as contribuições que não tenham sido recolhidas ou parceladas resultantes das informações prestadas no documento a que se refere o inciso IV do art. 32 desta Lei. (NR) (grifo nosso)

Levando sempre em conta a pertinência com o objeto do presente estudo, alterações ainda mais recentes na Lei n. 8.212/91 foram proporcionadas pela MP 449 de 2008, bem como por sua conversão na Lei n. 11.941/2009. Nesse sentido, considere-se parte relevante do texto da lei de custeio que foi alterada:

> Art. 33. À *Secretaria da Receita Federal do Brasil compete planejar, executar, acompanhar e avaliar as atividades relativas à tributação, à fiscalização, à arrecadação, à cobrança e ao recolhimento das contribuições sociais* previstas no parágrafo único do art. 11 desta Lei[(89)], das contribuições incidentes a título de substituição e das devidas a outras entidades e fundos.
>
> § 1º É *prerrogativa da Secretaria da Receita Federal do Brasil, por intermédio dos Auditores-Fiscais da Receita Federal do Brasil, o exame da contabilidade das empresas, ficando obrigados a prestar todos os esclarecimentos e informações solicitados o segurado e os terceiros responsáveis pelo recolhimento* das contribuições previdenciárias e das contribuições devidas a outras entidades e fundos.
>
> § 2º A empresa, o segurado da Previdência Social, o serventuário da Justiça, o síndico ou seu representante, o comissário e o liquidante de empresa em liquidação judicial ou extrajudicial são obrigados a exibir todos os documentos e livros relacionados com as contribuições previstas nesta Lei.
>
> § 3º Ocorrendo recusa ou sonegação de qualquer documento ou informação, ou sua apresentação deficiente, a Secretaria da Receita Federal do Brasil pode, sem prejuízo da penalidade cabível, lançar de ofício a importância devida.

---

12 da Lei Complementar n. 73, de 10 de fevereiro de 1993. § 5º Recebida a comunicação aludida no § 4º deste artigo, serão destinadas à Procuradoria-Geral Federal as citações, intimações e notificações efetuadas em processos abrangidos pelo objeto da delegação.

(89) Art. 11. No âmbito federal, o orçamento da Seguridade Social é composto das seguintes receitas: I – receitas da União; II – receitas das contribuições sociais; III – receitas de outras fontes. Parágrafo único. Constituem contribuições sociais: a) as das empresas, incidentes sobre a remuneração paga ou creditada aos segurados a seu serviço (Vide art. 104 da Lei n. 11.196/2005); b) as dos empregadores domésticos; c) as dos trabalhadores, incidentes sobre o seu salário de contribuição (Vide art. 104 da Lei n. 11.196/2005); d) as das empresas, incidentes sobre faturamento e lucro; e) as incidentes sobre a receita de concursos de prognósticos.

§ 4º Na falta de prova regular e formalizada pelo sujeito passivo, o montante dos salários pagos pela execução de obra de construção civil pode ser obtido mediante cálculo da mão de obra empregada, proporcional à área construída, de acordo com critérios estabelecidos pela Secretaria da Receita Federal do Brasil, cabendo ao proprietário, dono da obra, condômino da unidade imobiliária ou empresa corresponsável o ônus da prova em contrário.

(...)

§ 7º O crédito da seguridade social é constituído por meio de notificação de lançamento, de auto de infração e de confissão de valores devidos e não recolhidos pelo contribuinte.

(...)

Art. 35. Os *débitos com a União decorrentes das contribuições sociais* previstas nas alíneas *a*, *b* e *c* do parágrafo único do art. 11 desta Lei, das contribuições instituídas a título de substituição e das contribuições devidas a terceiros, assim entendidas outras entidades e fundos, *não pagos nos prazos previstos em legislação, serão acrescidos de multa de mora e juros de mora, nos termos do art. 61 da Lei n. 9.430*(90)*, de 27 de dezembro de 1996.*

(...)

Art. 35-A. Nos casos de *lançamento de ofício relativos às contribuições referidas no art. 35 desta Lei, aplica-se o disposto no art. 44 da Lei n. 9.430*(91)*, de 27 de dezembro de 1996.*

---

(90) Art. 61. Os débitos para com a União, decorrentes de tributos e contribuições administrados pela Secretaria da Receita Federal, cujos fatos geradores ocorrerem a partir de 1º de janeiro de 1997, não pagos nos prazos previstos na legislação específica, serão acrescidos de multa de mora, calculada à taxa de trinta e três centésimos por cento, por dia de atraso. § 1º A multa de que trata este art. será calculada a partir do primeiro dia subsequente ao do vencimento do prazo previsto para o pagamento do tributo ou da contribuição até o dia em que ocorrer o seu pagamento. § 2º O percentual de multa a ser aplicado fica limitado a vinte por cento. § 3º Sobre os débitos a que se refere este art. incidirão juros de mora calculados à taxa a que se refere o *§ 3º do art. 5º*, a partir do primeiro dia do mês subsequente ao vencimento do prazo até o mês anterior ao do pagamento e de um por cento no mês de pagamento. (Vide Lei n. 9.716/1998)

(91) Art. 44. Nos casos de lançamento de ofício, serão aplicadas as seguintes multas (Redação dada pela Lei n. 11.4882007): I – de 75% (setenta e cinco por cento) sobre a totalidade ou diferença de imposto ou contribuição nos casos de falta de pagamento ou recolhimento, de falta de declaração e nos de declaração inexata (Redação dada pela Lei n. 11.488/2007); II – de 50% (cinquenta por cento), exigida isoladamente, sobre o valor do pagamento mensal (Redação dada pela Lei n. 11.488/2007): a) na forma do art. 8º da Lei n. 7.713, de 22 de dezembro de 1988, que deixar de ser efetuado, ainda que não tenha sido apurado imposto a pagar na declaração de ajuste, no caso de pessoa física (Incluída pela Lei n 11.488/2007); b) na forma do art. 2º desta Lei, que deixar de ser efetuado, ainda que tenha sido apurado prejuízo fiscal ou base de cálculo negativa para a contribuição social sobre o lucro líquido, no ano-calendário correspondente, no caso de pessoa jurídica (Incluída pela Lei n. 11.488/2007). § 1º O percentual de multa de que trata o inciso I do *caput* deste art. será duplicado nos casos previstos nos arts. 71, 72 e 73 da Lei n. 4.502, de 30 de novembro de 1964, independentemente de outras penalidades administrativas ou criminais cabíveis (Redação dada pela Lei n. 11.488, de 2007). I – (revogado) (Redação dada pela Lei n. 11.488/2007); II – (revogado) (Redação dada pela Lei n. 11.488/2007); III – (revogado) (Redação dada pela Lei n. 11.488/2007); IV – (revogado) (Redação dada pela Lei n. 11.488/2007); V – (revogado pela Lei n. 9.716, de 26 de novembro de 1998) (Redação dada pela Lei n. 11.488/2007). § 2º Os percentuais de multa a que se referem o inciso I do caput e o § 1º deste art. serão aumentados de metade, nos casos de não atendimento pelo sujeito passivo, no prazo marcado, de intimação para (Redação dada pela Lei n. 11.488/2007): I – prestar esclarecimentos (Renumerado da alínea *a*, pela Lei n. 11.488/2007); II – apresentar os arquivos ou sistemas de que tratam os arts. 11 a 13 da Lei n. 8.218, de 29 de agosto de 1991 (Renumerado da alínea *b*, com nova redação pela Lei n. 11.488/2007);

Art. 37. Constatado o não recolhimento total ou parcial das contribuições tratadas nesta Lei, não declaradas na forma do art. 32 desta Lei, a falta de pagamento de benefício reembolsado ou o descumprimento de obrigação acessória, *será lavrado auto de infração ou notificação de lançamento.*

§ 1º (Revogado).

§ 2º (Revogado). (NR)

Art. 43. *Nas ações trabalhistas* de que resultar o *pagamento de direitos sujeitos à incidência de contribuição previdenciária, o juiz, sob pena de responsabilidade, determinará o imediato recolhimento das importâncias devidas à Seguridade Social.* (Redação dada pela Lei n. 8.620, de 5.1.93)

§ 1º Nas sentenças judiciais ou nos acordos homologados em que *não figurarem, discriminadamente, as parcelas legais* relativas às contribuições sociais, estas *incidirão sobre o valor total apurado em liquidação de sentença ou sobre o valor do acordo homologado.*

§ 2º Considera-se ocorrido o fato gerador das contribuições sociais na data da prestação do serviço.

§ 3º As contribuições sociais serão apuradas mês a mês, com referência ao período da prestação de serviços, mediante a *aplicação de alíquotas, limites máximos do salário de contribuição e acréscimos legais moratórios vigentes relativamente a cada uma das competências abrangidas*, devendo o *recolhimento ser efetuado no mesmo prazo em que devam ser pagos os créditos encontrados em liquidação de sentença ou em acordo homologado*, sendo que nesse último caso o recolhimento será feito em tantas parcelas quantas as previstas no acordo, nas mesmas datas em que sejam exigíveis e proporcionalmente a cada uma delas.

§ 4º No caso de reconhecimento judicial da prestação de serviços em condições que permitam a aposentadoria especial após 15 (quinze), 20 (vinte) ou 25 (vinte e cinco) anos de contribuição, *serão devidos os acréscimos de contribuição de que trata o § 6º do art. 57 da Lei n. 8.213*[92]*, de 24 de julho de 1991.*

III – apresentar a documentação técnica de que trata o art. 38 desta Lei (Renumerado da alínea *c*, com nova redação pela Lei n. 11.488/2007). § 3º Aplicam-se às multas de que trata este art. as reduções previstas no *art. 6º da Lei n. 8.218, de 29 de agosto de 1991*, e no *art. 60 da Lei n. 8.383, de 30 de dezembro de 1991*. § 4º As disposições deste art. aplicam-se, inclusive, aos contribuintes que derem causa a ressarcimento indevido de tributo ou contribuição decorrente de qualquer incentivo ou benefício fiscal.

(92) Art. 57. A aposentadoria especial será devida, uma vez cumprida a carência exigida nesta Lei, ao segurado que tiver trabalhado sujeito a condições especiais que prejudiquem a saúde ou a integridade física, durante 15 (quinze), 20 (vinte) ou 25 (vinte e cinco) anos, conforme dispuser a lei (Redação dada pela Lei n. 9.032/1995). § 1º A aposentadoria especial, observado o disposto no *art. 33 desta Lei*, consistirá numa renda mensal equivalente a 100% (cem por cento) do salário de benefício (Redação dada pela Lei n. 9.032/1995). § 2º A data de início do benefício será fixada da mesma forma que a da aposentadoria por idade, conforme o disposto no art. 49. § 3º A concessão da aposentadoria especial dependerá de comprovação pelo segurado, perante o Instituto Nacional do Seguro Social — INSS, do tempo de trabalho permanente, não ocasional nem intermitente, em condições especiais que prejudiquem a saúde ou a integridade física, durante o período mínimo fixado (Redação dada pela Lei n. 9.032/1995) § 4º O segurado deverá comprovar, além do tempo de trabalho, exposição aos agentes nocivos químicos, físicos, biológicos ou associação de agentes prejudiciais à saúde ou à integridade física, pelo período equivalente ao exigido para a concessão do benefício (Redação dada pela Lei n. 9.032/1995). § 5º O tempo de trabalho exercido sob condições especiais que sejam ou venham a ser consideradas prejudiciais à saúde ou à integridade física será somado, após a respectiva conversão ao tempo de trabalho exercido em atividade comum, segundo critérios estabelecidos

§ 5º Na hipótese de acordo celebrado após ter sido proferida decisão de mérito, a contribuição será calculada com base no valor do acordo.

§ 6º Aplica-se o disposto neste art. aos valores devidos ou pagos nas Comissões de Conciliação Prévia de que trata a Lei n. 9.958, de 12 de janeiro de 2000. (NR) (grifo nosso)

Diante de eventual notificação, nos termos do art. 243 do Decreto n. 3.048/99[93], a princípio detém o contribuinte direito de proceder sua defesa administrativa no prazo de quinze dias. Caso pretenda manifestar seu inconformismo com a decisão administrativa relativa à sua defesa, o contribuinte pode interpor recurso na forma prevista pelo § 5º do art. 243 do Decreto n. 3.048/99.[94]

---

pelo Ministério da Previdência e Assistência Social, para efeito de concessão de qualquer benefício (Incluído pela Lei n. 9.032/1995). Nota: Parágrafo tacitamente revogado pelo Art. 28 da Lei n. 9.711, de 20.11.98, que estabelece: Art. 28. O Poder Executivo estabelecerá critérios para a conversão do tempo de trabalho exercido até 28 de maio de 1998, sob condições especiais que sejam prejudiciais à saúde ou à integridade física, nos termos dos arts. 57 e 58 da Lei n. 8.213/1991, na redação dada pelas Lei n. 9.032, de 28.4.95, e Lei n. 9.528, de 10.12.97, e de seu regulamento, em tempo de trabalho exercido em atividade comum, desde que o segurado tenha implementado percentual do tempo necessário para a obtenção da respectiva aposentadoria especial, conforme estabelecido em regulamento." § 6º O benefício previsto neste art. será financiado com os recursos provenientes da contribuição de que trata o inciso II do art. 22 da Lei n. 8.212, de 24 de julho de 1991, cujas alíquotas serão acrescidas de doze, nove ou seis pontos percentuais, conforme a atividade exercida pelo segurado a serviço da empresa permita a concessão de aposentadoria especial após quinze, vinte ou vinte e cinco anos de contribuição, respectivamente (Redação dada pela Lei n. 9.732, de 11.12.98). § 7º O acréscimo de que trata o parágrafo anterior incide exclusivamente sobre a remuneração do segurado sujeito às condições especiais referidas no *caput* (Incluído pela Lei n, 9.732, de 11.12.98). § 8º Aplica-se o disposto no art. 46 ao segurado aposentado nos termos deste art. que continuar no exercício de atividade ou operação que o sujeite aos agentes nocivos constantes da relação referida no art. 58 desta Lei (Incluído pela Lei n. 9.732, de 11.12.98).

(93) Art. 243. Constatada a falta de recolhimento de qualquer contribuição ou outra importância devida nos termos deste Regulamento, a fiscalização lavrará, de imediato, notificação fiscal de lançamento com discriminação clara e precisa dos fatos geradores, das contribuições devidas e dos períodos a que se referem, de acordo com as normas estabelecidas pelos órgãos competentes. § 1º Aplica-se o disposto neste art. em caso de falta de pagamento de benefício reembolsado ou em caso de pagamento desse benefício sem observância das normas pertinentes estabelecidas pelo Instituto Nacional do Seguro Social. § 2º Recebida a notificação, o empregador doméstico, a empresa ou o segurado terão o prazo de trinta dias para efetuar o pagamento ou apresentar impugnação (Redação dada pelo Decreto n. 6.103, de 2007). § 3º Decorrido esse prazo, será automaticamente declarada à revelia, considerado, de plano, procedente o lançamento, permanecendo o processo no órgão jurisdicionante, pelo prazo de trinta dias, para cobrança amigável. § 4º Após o prazo referido no parágrafo anterior, o crédito será inscrito em Dívida Ativa. § 5º Apresentada a defesa, o processo formado a partir da notificação fiscal de lançamento será submetido à autoridade competente, que decidirá sobre a procedência ou não do lançamento, cabendo recurso na forma da Subseção II da Seção II do Capítulo Único do Título I do Livro V. § 6º Ao lançamento considerado procedente aplicar-se-á o disposto no § 1º do art. 245, salvo se houver recurso tempestivo na forma da Subseção II da Seção II do Capítulo Único do Título I do Livro V. § 7º A liquidação de crédito incluído em notificação deve ser feita em moeda corrente, mediante documento próprio emitido exclusivamente pelo Instituto Nacional do Seguro Social.

(94) É relevante relembrar que o Supremo Tribunal Federal, alterando posicionamento anterior, passou a considerar inconstitucional a exigência de depósito como condição para processamento de eventual recurso administrativo. Nesse sentido considere-se um dos diversos precedentes existentes: EMENTA: EFEITO SUSPENSIVO A RECURSO EXTRAORDINÁRIO. ADMISSIBILIDADE DE RECURSO ADMINISTRATIVO. EXIGÊNCIA DO DEPÓSITO PRÉVIO DE 30% DO VALOR DO DÉBITO. LIMINAR DEFERIDA. REFERENDO. 1. A exigência de depósito prévio de 30% do valor do débito, como condição de admissibilidade de recurso administrativo, caracteriza desrespeito aos princípios do contraditório e da ampla defesa e obsta o exercício do direito de petição. Precedentes. 2. Liminar

Esgotada a fase administrativa de defesa, procede-se a inscrição em dívida ativa do crédito tributário e, como corolário lógico, seu ajuizamento pelos órgãos da PGFN.

É de se observar que, a execução fiscal, in casu, *constitui ação judicial em que há evidente interesse de Autarquia Federal. Como regra, nos estritos termos do art. 109 da CF,* competência para as referidas execuções fiscais permanece com a Justiça Federal Comum, nas comarcas servidas por sede desta. Caso inexista qualquer sede da Justiça Federal, permanece com a Justiça comum estadual a competência. Considere-se nesse sentido o texto do art. 109 da CF:

> *Art. 109. Aos juízes federais compete processar e julgar:*
>
> (...)
>
> **I – as causas em que a União, entidade autárquica ou empresa pública federal forem interessadas na condição de autoras, rés, assistentes ou oponentes, exceto as de falência, as de acidentes de trabalho e as sujeitas à Justiça Eleitoral e à Justiça do Trabalho;**
>
> § 1º – As causas em que a União for autora serão aforadas na seção judiciária onde tiver domicílio a outra parte.
>
> § 2º – As causas intentadas contra a União poderão ser aforadas na seção judiciária em que for domiciliado o autor, naquela onde houver ocorrido o ato ou fato que deu origem à demanda ou onde esteja situada a coisa, ou, ainda, no Distrito Federal.
>
> § 3º – Serão processadas e julgadas na justiça estadual, no foro do domicílio dos segurados ou beneficiários, as causas em que forem parte instituição de previdência social e segurado, sempre que a comarca não seja sede de vara do juízo federal, e, se verificada essa condição, a lei poderá permitir que outras causas sejam também processadas e julgadas pela justiça estadual.
>
> § 4º – Na hipótese do parágrafo anterior, o recurso cabível será sempre para o Tribunal Regional Federal na área de jurisdição do juiz de primeiro grau.
>
> (...) (grifo nosso)

Portanto, a regra é a constante do inciso I. Havendo interesse de entidade autárquica federal, a competência resta à Justiça Federal comum. *Contudo, a regra constante do inciso mencionado deve ser lida em sua totalidade.* Na sua parte final, faz algumas ressalvas absolutamente relevantes ao presente estudo. Restam excepcionadas da regra que impõe a competência da Justiça Federal comum as ações de *"... de falência, as de acidentes de trabalho e as sujeitas à Justiça Eleitoral e à Justiça do Trabalho;".*

Interessa exatamente a ressalva relativa à Justiça do Trabalho. Ainda que encerre em seu objeto conteúdo que interesse a dada autarquia federal, *verbi gratia* restando a demanda inserida à competência material — *ratione materiae* — da Justiça do Trabalho, qualquer deslocamento de competência será realizado, permanecendo a competência com a federal especializada.

Resta fundamental ponderar um tanto acerca da competência material conferida à justiça obreira pela Constituição Federal.

---

referendada. (AC 1887 MC, Relator(a): Min. CÁRMEN LÚCIA, Primeira Turma, julgado em 29.4.2008, DJe-142 DIVULG 31.07-2008 PUBLIC. 1.8.2008 EMENT VOL-02326-01 PP-00203 LEXSTF v. 30, n. 359, 2008, p. 45-51).

É de se salientar que, na redação original do art. 114 CF, restavam presentes apenas dois parágrafos. Foi inserido pela EC n. 20/98 um terceiro parágrafo, justamente no sentido de elastecer a competência material da Justiça do Trabalho, permitindo que passasse a executar determinadas contribuições sociais necessárias ao custeio da seguridade social.

O dispositivo fazia menção às contribuições constantes dos art. 195 inciso I *a* e *b*. As espécies de contribuições cuja execução foi atraída pela competência material da Justiça do trabalho mantiveram-se as mesmas após a reforma do Judiciário realizada pela EC n. 45/04. Observe-se:

> Art. 114. Compete à Justiça do Trabalho processar e julgar: *(Nova Redação pela EMENDA CONSTITUCIONAL N. 45, DE 8 DE DEZEMBRO DE 2004 — DOU 31.12.2004)*
>
> (...)
>
> VIII – a execução, de ofício, das contribuições sociais previstas no art. 195, I, a, e II, e seus acréscimos legais, decorrentes das sentenças que proferir; *(Incluído pela EMENDA CONSTITUCIONAL N. 45, DE 8 DE DEZEMBRO DE 2004 - DOU 31.12.2004)*

Portanto, importam neste livro, a princípio, as contribuições devidas pelos empregadores, empresas e equiparados sobre a folha de salários e demais rendimentos do trabalho pagos ou creditados, a qualquer título, à pessoa física que lhe preste serviço, mesmo sem vínculo empregatício, bem como as devidas pelos trabalhadores, em decorrência das decisões proferidas pela Justiça do Trabalho.

2.6. Fundamentos políticos apontados para extensão da competência da justiça obreira

Parte da doutrina identifica dois fundamentos determinados e bem definidos, a sustentar o elastecimento competencial traduzido pelo atual redação do inciso VIII do art. 114 da CF. Por evidente, o fundamento primeiro e óbvio aponta no sentido da busca pela otimização da arrecadação.[95] Um segundo fundamento, contudo, é apontado. O momento histórico vivenciado em meados de 1998 apontava para certo desgaste da Justiça obreira, chegando inclusive a sua própria subsistência, enquanto ramo específico de dado poder, restar ameaçada.

Nesse sentido, *Guilherme Guimarães Feliciano*[96] esclarece:

"A opção política do legislador pátrio, na esteira da política financeira vicejante — com sanha para arrecadação de recursos — e da concepção monetarista que

(95) A EC n. 20/98 não encerrou a primeira oportunidade em que o legislador manifestou alguma preocupação com o evidente veio de evasão fiscal que representavam os pagamentos realizados em meio à Justiça do Trabalho. Sérgio Pinto Martins procede útil retrospecto histórico acerca da referida preocupação, podendo tal ser conferido à obra *Execução da contribuição previdenciária na Justiça do Trabalho.* São Paulo: Atlas, 2001.

(96) FELICIANO, Guilherme Guimarães. *Execuções de contribuições sociais na Justiça do Trabalho.* São Paulo: LTr, 2002. p. 19.

inspira a política econômica, foi emprestar primazia aos interesses da Previdência Social, tornando a Justiça do Trabalho, cujos órgãos estão constitucionalmente afetos ao desate de dissídios entre *trabalhadores e empregados* (art. 114, *caput* da Constituição Federal), aparelho apendicular de fiscalização e arrecadação de contribuições sociais, no interesse do Instituto Nacional do Seguro Social."

Ainda no sentido do fundamento apontado acima, *Edilton Meireles*[97] comenta:

"As alterações introduzidas pala Lei n. 10.035/00 decorre mais da preocupação do Governo Federal em aumentar a arrecadação das contribuições previdenciárias do que, necessariamente, introduzir modificações que contribuam para maior celeridade e presteza dos órgãos judiciários trabalhistas, tanto que ainda continua em trâmite no Congresso Nacional o Projeto de Lei n. 4.696/98 que dispõe, este sim, especificamente sobre a execução na Justiça do Trabalho, de modo geral."

Trazendo concretude ao segundo fundamento apontado, *Feliciano*[98] obtempera, intentando demonstrar que o elastecimento competencial foi interessante sob a perspectiva política:

"A Justiça do Trabalho — tanto mais agora, à mercê de um senador da República que empunhou obsessivamente, como bandeira de luta, a extinção da justiça do trabalho, e que precipitou, inclusive, a instauração de uma Comissão Parlamentar de Inquérito para investigar um Poder da República (CPI que se ateve, com anelo diferenciado, à investigação de eventos afetos à Justiça do Trabalho, mais que a qualquer outro ramo do judiciário) — jamais se encontrou tão desprestigiada. Aliam-se aos incidentes contemporâneos — CPI, denúncias de corrupção, proposta de extinção etc. — fatores mais vetustos que, de há muito, roubam o brilho desta justiça Especializada (mormente aos olhos da opinião pública): a representação classista (leiga); a legislação obsoleta; a pecha de justiça de Segunda classe ante o afluxo de causas envolvendo pessoas carentes; e ao fim, a própria especialização."

Em virtude dos fundamentos apontados, portanto, justificou-se, ao menos em tese, a majoração no espectro competencial da Justiça Obreira.

---

(97) MEIRELES, Edilton. *Inovações da execução trabalhista previdenciária*. São Paulo: LTr, 2000. p. 9.

(98) *Op. cit.*, p. 30.

CAPÍTULO 3

QUANTO À REGULAMENTAÇÃO DO ATUAL INCISO VIII DO ART. 114 DA CF

Embora o anterior § 3º do art. 114 e atual inciso VIII do art. 114 da CF não faça qualquer menção à necessidade de regulamentação infraconstitucional, fato é que surgiu certa divergência na doutrina e nos pretórios pátrios acerca de sua autoaplicabilidade.

Em Tribunais como o TRT da 3ª Região — Minas Gerais, o posicionamento tomado apontou para autoaplicabilidade do dispositivo, e detalhes procedimentais foram regulados por intermédio de Provimento(99).

Contudo, esclarece *Feliciano*(100):

"O temor de encampar a inovação, aliado a certa comodidade e à perplexidade gerada pela obscura redação do § 3º do art. 114, tem levado diversos juízes a considerar que o novo preceito não é autoaplicável."

Majoritariamente, terminou-se considerando autoaplicável o dispositivo constitucional, mormente em função do fato de que regula competência. É sabido que alterações quanto à partição de competência material, como regra, são autoaplicáveis.(101)

Independente de sua autoaplicabilidade sob a perspectiva teórica, fato é que necessário apontar exatamente como proceder a chamada "execução de ofício" das contribuições sociais decorrentes das decisões proferidas pela Justiça do Trabalho. Importaria menos o veículo da regulação, podendo encaminhar-se por lei ou provimento dos Tribunais. Exatamente nesse sentido e buscando a unificação do procedimento a ser adotado, a Lei nacional foi editada. O procedimento terminou sendo ditado pela Lei n. 10.035/00.

---

(99) Provimento n. 01/99 da Corregedoria do TRT da 3ª Região.

(100) *Op. cit.*, p. 32.

(101) A autoaplicabilidade do dispositivo constitucional trouxe outros problemas. Debate-se de que forma o elastecimento da novel competência laboral aplicar-se-ia aos processos em curso quando da edição da EC n. 20/98. Por óbvio, qualquer problema subsiste quanto aos processos extintos de forma anterior à EC n. 20/98, nem sequer há dificuldade em se ponderar os feitos que foram ajuizados de forma posterior a esta. A dificuldade aponta justamente ao trato referente aos feitos pendentes. Aprofundar as ponderações acerca da questão da aplicação da Lei no tempo termina transbordando um tanto os limites a que se propõe o presente estudo, daí evitar-se o aprofundamento teórico. A questão, facilmente, renderia estudo independente.

O referido texto de Lei terminou por inserir diversos dispositivos à Consolidação das Lei do Trabalho — Decreto-lei n. 5.452/43.

Em razão das inserções realizadas, restaram viabilizadas duas hipóteses definidas de participação da Autarquia Previdenciária aos feitos laborais. A primeira hipótese restou prevista aos *arts. 831 e 832 da CLT*[(102)]. Considere-se:

> Art. 831 – A decisão será proferida depois de rejeitada pelas partes a proposta de conciliação.
>
> Parágrafo único – No caso de conciliação, o termo que for lavrado valerá como decisão irrecorrível.
>
> Parágrafo único – No caso de conciliação, o termo que for lavrado valerá como decisão irrecorrível, salvo para a Previdência Social quanto às contribuições que lhe forem devidas. (Redação dada pela Lei n. 10.035, de 25.10.2000)
>
> Art. 832 – Da decisão deverão constar o nome das partes, o resumo do pedido e da defesa, a apreciação das provas, os fundamentos da decisão e a respectiva conclusão.
>
> § 1º – Quando a decisão concluir pela procedência do pedido, determinará o prazo e as condições para o seu cumprimento.
>
> § 2º – A decisão mencionará sempre as custas que devam ser pagas pela parte vencida.
>
> § 3º – As decisões cognitivas ou homologatórias deverão sempre indicar a natureza jurídica das parcelas constantes da condenação ou do acordo homologado, inclusive o limite de responsabilidade de cada parte pelo recolhimento da contribuição previdenciária, se for o caso. (Incluído pela Lei n. 10.035, de 25.10.2000)
>
> § 4º – O INSS será intimado, por via postal, das decisões homologatórias de acordos que contenham parcela indenizatória, sendo-lhe facultado interpor recurso relativo às contribuições que lhe forem devidas. (Incluído pela Lei n. 10.035, de 25.10.2000)
>
> § 4º – A União será intimada das decisões homologatórias de acordos que contenham parcela indenizatória, na forma do art. 20 da Lei n. 11.033, de 21 de dezembro de 2004, facultada a interposição de recurso relativo aos tributos que lhe forem devidos. (Redação dada pela Lei n. 11.457/2007)
>
> § 5º – Intimada da sentença, a União poderá interpor recurso relativo à discriminação de que trata o § 3º deste artigo. (Incluído pela Lei n. 11.457/2007)
>
> § 6º – O acordo celebrado após o trânsito em julgado da sentença ou após a elaboração dos cálculos de liquidação de sentença não prejudicará os créditos da União. (Incluído pela Lei n. 11.457/2007)
>
> § 7º – O Ministro de Estado da Fazenda poderá, mediante ato fundamentado, dispensar a manifestação da União nas decisões homologatórias de acordos em que o montante da parcela indenizatória envolvida ocasionar perda de escala decorrente da atuação do órgão jurídico. (Incluído pela Lei n. 11.457/2007)

---

(102) Alguns processualistas receberam com certa perplexidade a possibilidade de um estranho à lide poder interpor recurso da decisão que homologa acordo havido entre as partes.

Notificado, o INSS, portanto, poderia eventualmente interpor recursos[103] das decisões homologatórias dos acordos realizados, em cuja discriminação constasse rubrica de natureza indenizatória[104].

A segunda oportunidade resta prevista no art. 879 da CLT. É de se ressaltar que tramitarão de forma concomitante as liquidações tanto do crédito principal, quanto das contribuições sociais eventualmente devidas pelos contendentes[105]. Nesse sentido, impõe o § 3º do artigo supra que as partes apresentem de forma conjunta os cálculos relativos ao crédito principal e das contribuições sociais devidas.[106] Dos referidos cálculos, dar-se-á vista à autarquia previdenciária, à qual a Lei atribui prazo preclusivo de dez dias para manifestação. Considere-se art. 879 da CLT:

> Art. 879 – Sendo ilíquida a sentença exequenda, ordenar-se-á, previamente, a sua liquidação, que poderá ser feita por cálculo, por arbitramento ou por artigos. (Redação dada pela Lei n. 2.244, de 23.6.1954)
>
> Parágrafo único – Na liquidação, não se poderá modificar, ou inovar, a sentença liquidanda, nem discutir matéria pertinente à causa principal. (Incluído pela Lei n. 2.244, de 23.6.1954)
>
> § 1º – Na liquidação, não se poderá modificar, ou inovar, a sentença liquidanda nem discutir matéria pertinente à causa principal. (Incluído pela Lei n. 8.432, 11.6.1992)
>
> § 1º-A – A liquidação abrangerá, também, o cálculo das contribuições previdenciárias devidas. (Incluído pela Lei n. 10.035, de 25.10.2000)
>
> § 1º-B – As partes deverão ser previamente intimadas para a apresentação do cálculo de liquidação, inclusive da contribuição previdenciária incidente. (Incluído pela Lei n. 10.035, de 25.10.2000)
>
> §2º Elaborada a conta e tornada líquida, o juiz poderá abrir às partes prazo sucessivo de 10 (dez) dias para impugnação fundamentada com a indicação dos itens e valores objeto da discordância, sob pena de preclusão. (Incluído pela Lei n. 8.432, 11.6.1992)
>
> § 3º Elaborada a conta pela parte ou pelos órgãos auxiliares da Justiça do Trabalho, o juiz procederá à intimação por via postal do Instituto Nacional do Seguro Social — INSS, por intermédio do órgão competente, para manifestação, no prazo de dez dias, sob pena de preclusão. (Parágrafo incluído pela Lei n. 10.035, de 25.10.2000)

---

(103) Há divergência quanto à espécie de recurso cabível, havendo os que sustentam o cabimento de recurso ordinário e outros do agravo de petição. A rigor, diante da ausência de erro grosseiro na interposição de quaisquer das espécies mencionadas e, diante ainda da dúvida razoável, resta de rigor ao órgão julgador pautar-se pelo princípio recursal da fungibilidade.

(104) Não é demais salientar que o critério para definição da natureza das rubricas resta ditado pelo art. 28 da Lei n. 8212/91.

(105) O empirismo revela que alguns juízos ignoram a participação da autarquia previdenciária em meio à fase de liquidação, abrindo vista a esta apenas após a extinção do crédito principal. Tal procedimento traz sérios inconvenientes ao feito na medida em que, além de reabrir as discussões pertinentes à fase de liquidação, confere maiores chances ao devedor contumaz para dilapidar de forma definitiva seu patrimônio. O procedimento desafiaria o ajuizamento de eventual correição parcial por parte dos interessados, haja vista que, definitivamente, tumultua o regular andamento do feito.

(106) Em que pese o regramento seja, como regra, ignorado pelos mais diversos juízos fato é que, deixando as partes de apresentar os cálculos referentes às contribuições sociais devidas, o juízo deveria apresentá-los nos termos do art. 879 § 3º da CLT.

§ 3º – Elaborada a conta pela parte ou pelos órgãos auxiliares da Justiça do Trabalho, o juiz procederá à intimação da União para manifestação, no prazo de 10 (dez) dias, sob pena de preclusão. (Redação dada pela Lei n. 11.457, de 2007)

§ 4º – A atualização do crédito devido à Previdência Social observará os critérios estabelecidos na legislação previdenciária. (Parágrafo incluído pela Lei n. 10.035, de 25.10.2000)

§ 5º – O Ministro de Estado da Fazenda poderá, mediante ato fundamentado, dispensar a manifestação da União quando o valor total das verbas que integram o salário de contribuição, na forma do art. 28 da Lei n. 8.212, de 24 de julho de 1991, ocasionar perda de escala decorrente da atuação do órgão jurídico. (Incluído pela Lei n. 11.457/2007)

Surgem em meio à fase de liquidação relevantes divergências. Dentre estas, interessa no momento a extensão temporal retroativa dos cálculos. *A questão que se coloca é exatamente o limite retroativo de cobrança das contribuições ou, ainda, em outras palavras, a decadência das referidas contribuições previdenciárias.*

As referidas divergências, que terminam deixando descobertos determinados pontos de efetiva dúvida doutrinária, advêm inequivocamente de lacunas, defeitos, enfim, impropriedades trazidas pelo próprio texto da EC n. 20/98 e Lei n. 10.035/00. A intenção efetivamente foi interessante na medida em que otimizaria a arrecadação, mitigaria a evasão fiscal e poderia ainda prover alguma repercussão concreta ao trabalhador na medida em que, a base de cálculo de eventuais benefícios previdenciários poderia ser revista. Contudo, a metodologia adotada foi caótica. Sem qualquer preparo sob o ponto de vista estrutural, a competência foi transferida, e a adaptação da legislação não é óbvia, não é tranquila. Como regra, a constituição de um determinado crédito tributário previdenciário passava por diversas fases. Há previsão de autuação da empresa em débito após expedição de NFLD, a possibilidade de um contencioso administrativo, inclusive com instância recursal e, findo este, a inscrição em dívida ativa e extração de CDA para ajuizamento. Toda essa sistemática foi alterada de inopino, e a adaptação do procedimento não ditada pormenorizadamente pela legislação.

Em razão de tal omissão dúvidas relevantes têm colhido os profissionais afeitos aos processos trabalhistas. *Dentre diversas questões problemáticas, a limitação temporal imposta à constituição do crédito tributário previdenciário tem ocupado lugar de destaque em debates.* Submetidos à União[(107)], os cálculos por este apresentados acerca das contribuições sociais devidas, como regra, têm ignorado limites temporais impostos pelas regras afeitas à decadência tributária. A interpretação do art. 45 da Lei n. 8.212/91, bem como do art. 146, III0 *b* da CF e 150 do CTN tem gerado as mais diversas conclusões.

Divergências colhem ainda, de forma específica, o prazo de decadência das contribuições sociais. Há quem sustente a aplicação do prazo constante do art. 45 da Lei de custeio, outros apontam para o CTN ao art. 150 e há, ainda, quem sustente o prazo do art. 45 da Lei de custeio partindo de uma peculiar interpretação do art. 150 do CTN. Ocorre que, o prazo, especificamente, não constitui o ponto fulcral tomado no

(107) A rigor, a ciência é conferida ao órgão local da Procuradoria Geral Federal, órgão vinculado à Advocacia Geral da União, que terminou por agregar a diversas outras, a atribuição de acompanhar a arrecadação de contribuições sociais à Justiça do Trabalho, nos termos da Lei n. 11.457/07 c/c Portaria Conjunta PGFN/PGF n. 133.

presente estudo. Mira-se, em verdade, o termo inicial do prazo decadencial. *O marco para fluência da decadência é que interessa ao presente estudo. A pergunta chave, portanto, é: A partir de quando flui o prazo decadencial para constituição do crédito tributário?*

Exatamente acerca desses eventuais defeitos, dessas flagrantes atecnias por vezes cometidas pelo legislador, leciona Prof. *Paulo de Barros Carvalho*(108):

> "(...) o legislador se exprime numa linguagem técnica, miscigenação de termos colhidos na experiência comum e de vocábulos científicos. Ao depositar nos textos do direito positivo as significações de seus atos de vontade, muito embora o faça com a intenção de racionalidade, acaba por incorrer numa série de vícios, responsáveis por antinomias, pleonasmos, ambiguidades de toda ordem, falhas sintáticas, construções impróprias e até fórmulas vazias de sentido. Esse trato, de certa forma inconsequente da matéria legislada obriga o cientista do direito a um penoso trabalho de reconstrução, de natureza compositiva, promovendo o arranjo lógico dos preceitos nos seus escalões hierárquicos de origem, desenvolvendo ingentes pesquisas nos planos semântico e pragmático, tudo para obter do sistema, um produto isento de contradições e idôneo para o fim a que se destina. Dista de ser verdadeira a lição, tão cediça em nossos clássicos, de que a Lei não contém erros, redundâncias, palavras inúteis."

E, concomitantemente às críticas lançadas ao trabalho desenvolvido pelo legislador pátrio, o autor(109) lança cauto abrandamento:

> "(...) não devemos esperar do legislador a edificação de um sistema logicamente bem construído, harmônico e cheio de sentido integrativo, quando a composição dos Parlamentos é profundamente heterogênea, em termos culturais, intelectuais, sociais, ideológicos e políticos. Essa tarefa difícil está reservada, única e exclusivamente, ao cientista, munido de seu instrumental epistemológico e animado para descrever o direito positivo nas articulações da sua intimidade constitutiva, transformando a multiplicidade caótica de normas numa construção congruente e cósmica."

Como sói evidente, o tema resta essencialmente tributário embora tome ponto de interseção flagrante entre diversos ramos da Ciência do direito. Junciona o conhecido direito previdenciário, o direito tributário e, mais recentemente em razão dos textos dantes mencionados, também direito processual do trabalho.

Em razão de um tecnicismo todo particular do ramo tributário da ciência do Direito, necessária se faz perfunctória incursão em meio a alguns de seus institutos básicos, sob pena de restar esvaziado o caráter científico da pesquisa.

---

(108) *Op. cit.*, p. 127.

(109) CARVALHO, Paulo de Barros. *Curso de direito tributário.* 7. ed. São Paulo: Saraiva, 1995. p. 128.

Capítulo 4

Noções Tributárias Essenciais ao Deslinde da Problemática sob Análise

4.1. Noções introdutórias

A doutrina costuma diferenciar as fontes de direito tributário em *materiais e formais*. As primeiras encerrariam os *fatos sociais* ensejadores da inserção legislativa, enquanto as segundas encerrariam o que o Prof. *Paulo de Barros Carvalho*(110) nomeia de *instrumentos introdutórios de normas*.

A expressão utilizada se justifica na medida em que conforme leciona o autor(111) supra: "A norma jurídica é a significação que colhemos da leitura dos textos do direito positivo." Os texto de direito positivo, portanto, correspondem aos chamados *instrumentos introdutórios de normas*.

Explicitando a referida ideia, Prof. *Paulo de Barros*(112) complementa:

> "(...) cumprida a marcha do processo legislativo, introduz texto de lei tributária no sistema jurídico brasileiro. Lendo-os, capta o estudioso as significações da mensagem escrita, descobrindo os juízos hipotéticos nela contidos. Foram editadas normas jurídicas tributárias."

O plexo representado pela expressão *instrumentos introdutórios de normas* pode ser representado, a princípio, pelo rol contido ao art. 59 da CF(113). Há quem os diferencie ainda em primários e secundários tomando como critério o fato de inovarem de forma primária ou secundária o ordenamento.

(110) *Op. cit.*, p. 43.

(111) *Op. cit.*, p. 7.

(112) *Op. cit.*, p. 153.

(113) Art. 59. O processo legislativo compreende a elaboração de: I – emendas à Constituição; II – leis complementares; III – leis ordinárias; IV – leis delegadas; V – medidas provisórias; VI – decretos legislativos; VII – resoluções. Parágrafo único. Lei complementar disporá sobre a elaboração, redação, alteração e consolidação das leis.

Os textos de direito positivo podem ainda restar classificados em razão da matéria, de seu conteúdo, enfim, do ramo da ciência do direito a que se referem de uma forma mais evidente. Nesse sentido, interessam ao presente estudo as normas tributárias, as que trazem conteúdo preponderantemente afeito ao ramo tributário da ciência do direito.

Trabalhando ainda a classificação das chamadas normas jurídico-tributárias, resta possível diferenciá-las em normas tributárias em sentido amplo e normas jurídicas em sentido estrito. Esta última classificação rende ensejo à inserção de relevante teoria que permeia os ensinamentos do Mestre Paulo de Barros Carvalho.

Enquanto as normas tributárias em sentido amplo encerram certa carga principiológica, bem como providências administrativas diversas, as normas tributárias em sentido estrito encerram a chamada REGRA MATRIZ DE INCIDÊNCIA.

A referida regra matriz é composta basicamente por dois elementos, a saber: o chamado prescritor, responsável por alinhar a hipótese material que desencadearia o segundo elemento, que é justamente o descritor, responsável por compor as consequências.

Prof. *Paulo* leciona(114) ainda que o prescritor ou hipótese resta composto por três elementos: um elemento material, que encerra o fato concreto, fato jurídico que desencadeia a consequência; há ainda o aspecto temporal, haja vista que o fato concreto deve ocorrer em dado período e, por fim, o aspecto espacial, no sentido de que o fato jurídico deve ainda ocorrer em dado espaço geográfico.

Concebendo a lógica existente entre o prescritor e o descritor ou consequência, leciona Prof. *Paulo de Barros Carvalho*(115):

> "A hipótese normativa está ligada à consequência pelo elo da imputação deôntica, ficado ao talante do político, no tempo da elaboração da lei."

Em outras palavras, com base em uma decisão política do legislador, fixa-se uma consequência, um dever ser a partir de um fato eleito.

Professor *Geraldo Ataliba*(116) trilha caminho similar na descrição da lógica que cerca a incidência tributária. Considere-se:

> "(...) uma lei descreve hipoteticamente um estado de fato, um fato ou um conjunto de circunstâncias de fato, e dispõe que a realização concreta, no mundo fenomênico, do que foi descrito, determina o nascimento de uma obrigação de pagar um tributo.
>
> Portanto, temos primeiramente (lógica e cronologicamente) uma descrição legislativa (hipotética) de um fato; ulteriormente ocorre, acontece, realiza-se esse fato concretamente."

Apontando no mesmo sentido do Prof. *Paulo de Barros Carvalho*, reconhecendo a independência lógica da hipóteses e consequência, *Sacha Calmon*(117) obtempera:

(114) Cf. CARVALHO, Paulo de Barros. *Curso de direito tributário.* 7. ed. São Paulo: Saraiva, 1995. p. 190.

(115) *Op. cit.*, p. 193.

(116) *Op. cit.*, p. 53.

(117) *Op. cit.*, p. 462.

"No Brasil, obras há cuidando especificamente da 'hipótese de incidência' das normas tributárias, isto é, do pressuposto jurídico das obrigações tributárias, em minuciosas e aprofundadas análises. Esses autores, com erronia, alocam nas hipóteses das normas tributárias, como já salientado, todos os 'aspectos' que a compõe (enquanto entes lógicos juridicamente estruturados). De conseguinte, esvaziam as 'consequências' ou 'mandamentos' normativos. Assim, fazem habitar nas hipóteses de incidência, além dos aspectos material, temporal e espacial, outros que são próprios do dever tributário decorrente, isto é, sujeitos ativo e passivo, bases de cálculo, alíquotas, como, onde e quando cumprir a prestação (pagar tributo)."

Fixada a ideia lógica central do surgimento da obrigação de pagar tributos, apenas a título de início, de introdução, resta interessante aprofundar a ideia do elemento material que compõe o chamado prescritor.

Diversas foram as expressões utilizadas pela doutrina, para definir o fato que toma o elemento material do prescritor.

Fala-se em situação-base, pressuposto de fato do tributo, suporte fático, fato imponível, hipóteses de incidência, fato gerador etc.[118]

Geraldo Ataliba[119] lembra ainda "*... pressuposto, fattispecie, hecho imponible, hecho generador, Tatbestand, pressupuesto de hecho, fait générateur...*"

A expressão *fato gerador* terminou restando usualmente aceita. Contudo, parte da doutrina terminou realizando algumas críticas quanto à utilização indiscriminada da mesma expressão tanto para o fato jurídico tributário abstratamente considerando, como para o fato gerador em concreto.

Hugo de Brito Machado[120] adotou o seguinte posicionamento:

"A expressão *hipótese de incidência* designa com maior propriedade a descrição, contida na lei, da situação necessária e suficiente ao nascimento da obrigação tributária, enquanto a expressão *fato gerador* diz da ocorrência, no mundo dos fatos, daquilo que está descrito na lei. A *hipótese* é simples descrição, é simples previsão, enquanto o fato é a concretização da hipóteses, é o acontecimento do que fora previsto."

Geraldo Ataliba[121], após trabalhar as linhas gerais da crítica mencionada, confere sua solução para a problemática. Acatada por relevante parcela de estudiosos, vale ser tomada como norte no presente estudo. Considere-se:

"18.4 – A Doutrina tradicional, no Brasil, costuma designar por fato gerador tanto aquela figura conceptual e hipotética — consistente no enunciado descriti-

(118) CARVALHO, *op. cit.*, p. 158.

(119) *Op. cit.*, p. 54.

(120) MACHADO, Hugo de Brito. *Curso de direito tributário.* 20. ed. São Paulo: Saraiva, 2002. p. 114.

(121) ATALIBA, Geraldo. *Hipótese de incidência tributária.* 6. ed. São Paulo: Malheiros, 2004. p. 54.

vo do fato, contido na lei — como o próprio fato concreto que, na sua conformidade, se realiza, *hic et nunc*, no mundo fenomênico.

Ora, não se pode aceitar essa confusão terminológica, consistente em designar duas realidades tão distintas pelo mesmo nome.

Não é possível desenvolver trabalho científico sem o emprego de um vocabulário técnico rigoroso, objetivo e unívoco. Por isso parece errado designar tanto a previsão legal de um fato, quanto ele próprio, pelo mesmo termo (fato gerador).

18.4.1 – Tal é a razão pela qual sempre distinguimos estas duas coisas, denominando 'hipótese de incidência' ao conceito legal (descrição legal, hipotética, de um fato, estado de fato ou conjunto de circunstâncias de fato) e 'fato imponível' ao fato efetivamente acontecido, num determinado tempo e lugar, configurando rigorosamente a hipóteses de incidência."

Portanto, em linhas gerais, neste livro, as expressões *fato gerador e hipótese de incidência* encerram a mesma realidade, o mesmo conteúdo jurídico. Ambas designam a hipótese, o fato gerador abstratamente considerado, enquanto a realização deste *em concreto* é chamada de *fato imponível.*[(122)]

Ocorrido o chamado fato imponível, resta possível progredir ao descritor, à consequência.

Da ocorrência da hipótese de incidência ou hipótese tributária surge o direito subjetivo do Estado de exigir determinado tributo, cujas linhas concretas restam definidas nas normas que compõem o descritor.

Esse procedimento de progressão ao descritor foi explicado por *Paulo de Barros*[(123)] conforme segue:

"(...) recorta o legislador eventos da vida real e lhes imputa a força de suscitar os comportamentos que entende valiosos, garantido seu ato de vontade, mediante a pressão psicológica de sanções, associadas, uma a uma, a cada descumprimento de ver estabelecido.

(...)

O objeto sobre o qual converge o nosso interesse é a fenomenologia da incidência tributária. Nesse caso, diremos que houve a subsunção, quando o conceito do fato (fato jurídico tributário) guardar absoluta identidade com o conceito desenhado normativamente na hipóteses (hipóteses tributária). Ao ganhar concretude o fato, instala-se, automática e infalivelmente, como diz *Alfredo Augusto Becker*, o laço abstrato pelo qual o sujeito ativo torna-se titular do direito subjetivo público de exigir a prestação, ao passo que o sujeito passivo ficará na contingência de cumpri-la."

(122) É de se salientar que Paulo de Barros terminou por optar pela expressão "hipótese tributária" para designar o chamado fato gerador abstrato ou hipótese de incidência. (cf. *op. cit.*, p. 160). Elegeu ainda a expressão fato jurídico tributário, após criticar de forma incisiva a expressão "fato imponível" (*op. cit.*, p. 161).

(123) *Op. cit.*, p. 162.

Por força de lei, ou ainda *ex lege*, a relação jurídica que se estabelece entre credor e devedor tributário nasce de forma concomitante com o fato imponível ou fato gerador tributário.

Contudo, é fundamental que se saliente o fato de que, a consunção entre o conceito do fato e o conceito exarado na norma deve ser exata, certa em seus pormenores. Nesse sentido, é relevante não se olvidar o fato de que, conforme já dito, o prescritor é composto por três elementos, a saber: o material, o temporal e o espacial.

O critério material, destacado um tanto dos critérios espacial e temporal, já foi apontado por alguns como mera "... descrição objetiva do fato..."[(124)]. Contudo, Prof. *Paulo de Barros* leciona que este deveria centrar-se ao verbo que traduz a conduta central, acrescido de seu complemento natural.[(125)]

O elemento espacial diz respeito ao lugar em que o verbo deve realizar-se. O referido espaço pode ser essencial à definição do tributo ou não. Tal relevância variará, na verdade, em razão de cada exação. Importa o elemento espacial, por exemplo, à incidência do IPTU, contudo, talvez já não seja tão relevante à contribuição social sobre salário paga por empresas, cobrada indistintamente por todo o país.

Quanto ao elemento temporal, este mantém relação com o momento em que a ação contida no verbo deverá ser concretizada.

Diz-se acima que com a ocorrência do fato imponível, ou do fato jurídico tributário, surgiria um direito subjetivo do credor de exigir do devedor determinada parcela pecuniária. Nesses termos, é indeclinável reconhecer a existência de uma relação jurídica. Uma relação entre pessoas regulada pelo direito. O próprio direito, nesse sentido, fez surgir a obrigação, a relação jurídica tributária.

Exatamente nesse ponto sutil tem surgido divergência em meio a alguns doutrinadores. Parte relevante da doutrina reconhece certo iter na formação do chamado crédito tributário[(126)]. Haveria a previsão de um fato que, ocorrido em concreto, faria surgir a chamada obrigação tributária, que permitiria que o credor procedesse o chamado lançamento tributário; este por sua vez daria ensejo finalmente ao crédito tributário. Pois bem. Alguns itens mencionados ainda não foram explicados.

Observe-se *Hugo de Brito Machado*[(127)] nesse sentido:

> "Na terminologia adotada pelo CTN, crédito tributário e obrigação tributária são coisas distintas. O crédito decorre da obrigação e tem a mesma natureza desta (CTN, art. 139).
>
> Em primeiro lugar, a lei descreve a hipótese em que o tributo é devido. É a hipótese de incidência. Concretizada essa hipótese pela ocorrência do fato gerador,

(124) CARVALHO, *op. cit.*, p. 168.

(125) Cf. CARVALHO, p. 168.

(126) O art. 412 do CTN realmente colabora para a divergência na medida em que dispõe claramente que lançamento constitui o crédito tributário.

(127) *Op. cit.*, p. 145.

surge a obrigação tributária, vale dizer, o vínculo jurídico por força do qual o particular sujeita-se a ter contra ele feito um lançamento tributário.

Em face da obrigação tributária, o Estado ainda não pode exigir o pagamento do tributo. Também em face das chamadas das obrigações acessórias não pode o Estado exigir o comportamento a que está obrigado ao particular. Pode, isto sim, tanto diante de uma obrigação tributária principal como diante de uma obrigação acessória descumprida, que por isso fez nascer uma obrigação principal (CTN, art. 113, § 3º), fazer um lançamento, constituir um crédito em seu favor. Só então poderá exigir o objeto da prestação obrigacional, isto é, o pagamento."

Prof. *Paulo de Barros* não concebe tal posicionamento, dentre outros fatores pelo fato de não conceber a existência de uma obrigação tributária sem que haja, de forma concomitante, uma candente e latente relação crédito/débito. Sustenta o referido professor que ambos, obrigação e crédito, surgiriam de forma concomitante. Considere-se(128):

"Ao direito subjetivo de que está investido o sujeito ativo de exigir o objeto, denominamos crédito. E ao dever jurídico, que a ela se contrapõe, de prestar o objeto, designamos débito. Revela-se, por isso, inominável absurdo jurídico imaginar-se obrigação sem crédito. No domínio dos desatinos, equipara-se à concepção de vínculo obrigacional sem sujeito ativo, ou sem sujeito passivo, sem objeto. Todos, os conjugados e coalescentes, mantendo, entre si, os nexos que salientamos, é que dão ao liame o porte e a dignidade categorial de obrigação."

Luciano Amaro(129) termina apontando que existem determinadas situações em que, realmente, haveria certa dissociação temporal entre o surgimento da obrigação e do crédito tributário. Exemplos seriam os tributos que exigiriam lançamento de ofício. Contudo, tal já não se aplicaria a tributos lançados por homologação, em que o dever de pagar surgiria independente de qualquer manifestação por parte do sujeito ativo. Trazendo, portanto, um posicionamento intermediário, que compõe certa zona de temperamento entre as já mencionadas, esclarece o autor retro(130):

"Em suma, parece inegável que o lançamento acrescenta efeitos jurídicos novos na relação entre credor e devedor do tributo. Essa relação (com a imputação bipolar de deveres e pretensões) nasce com a ocorrência do fato gerador. Se e quando o lançamento se fizer necessário (o que só se dá em algumas situações), ele acrescenta a exigibilidade (com o que queremos englobar a atendibilidade e a exigibilidade a que se refere Alberto Xavier). Desatendida a exigência, a etapa seguinte é a da inscrição da dívida ativa, com o que se tem a executoriedade da obrigação tributária."

Considerando que a divergência teórica supra narrada transborda um tanto os limites propostos no presente estudo, de rigor anotá-la, procedendo-se a reserva de considerar-se profundamente todos os meandros da doutrina nacional acerca do tema.

(128) *Op. cit.*, p. 251.

(129) AMARO, Luciano. *Direito tributário brasileiro.* 10. ed. São Paulo: Saraiva, 2004. p. 328.

(130) *Op. cit.*, p. 328.

Partir-se-á do usualmente aceito, a saber: do iter procedimental que parte do fato gerador ou hipóteses de incidência, toma o caminho do fato imponível e, passando pela obrigação tributária, chega ao lançamento tributário e, consequentemente, ao crédito tributário.

Fixada a linha a ser adotada para compreender em linhas gerais a dinâmica inerente à incidência tributária, de rigor conceituar, definir exatamente os elementos que compõem a referida dinâmica.

Vistos conceitos de fato gerador (abstrato) e fato imponível, relevante é partir para a *obrigação tributária*.

4.2. Obrigação tributária

Tomando linha correlata, *Kiyoshi Harada*(131) define obrigação tributária conforme segue:

> "(...) uma relação jurídica que decorre da lei descritiva do fato pela qual o sujeito ativo (União, Estados, DF ou Município) impõe ao sujeito passivo (contribuinte ou responsável tributário) uma prestação consistente em pagamento de tributo ou penalidade pecuniária (art. 113, § 1º, CTN), ou a prática ou abstenção de ato no interesse da arrecadação ou da fiscalização tributária (art. 113, § 2º, do CTN)."

Luciano Amaro(132) complementa essa ideia aduzindo que:

> "Obrigação, porém, além de dever jurídico (a que fica jungida uma parte ou cada uma das partes numa relação jurídica), presta-se a designar a própria relação jurídica, expressando o vínculo que enlaça duas (ou mais) pessoas, às quais se atribuem direitos e deveres correspectivos. Ressalta-se a ideia, presente na etimologia do vocábulo, de ligação ou liame, unindo pessoas (credor e devedor) que têm, respectivamente, o poder de exigir e o dever de prestar o objeto da obrigação (dar, fazer ou não fazer)."

Dúvidas foram encontradas em meio à Doutrina pátria quanto à eventual identidade entre a obrigação típica do direito privado, de origem romanística, e a obrigação tributária. Inspirado nos ensinamentos de *Ruy Barbosa Nogueira*, *Alcides Jorge Costa*(133) discorre sobre o tema:

> "O Prof. *Ruy Barbosa Nogueira* aponta diferenças específicas das duas espécies de obrigação. Em primeiro lugar, quanto ao nascimento, a obrigação tributária é *ex leg*, enquanto a obrigação de direito privado nasce, na maioria dos casos, com base em manifestação de vontade. A respeito dessa diferença é preciso salientar que também existem obrigações *ex lege* de direito privado. A segunda diferença

(131) HARADA, Kiyoshi. *Direito financeiro e tributário*. 11. ed. São Paulo: Atlas, 2003. p. 434.

(132) AMARO, Luciano. *Direito tributário brasileiro*. 10. ed. São Paulo: Saraiva, 2004. p. 238.

(133) COSTA, Alcides Jorge. Obrigação tributária. In: MARTINS, Ives Gandra da Silva (Coord.). *Curso de direito tributário*. 8. ed. São Paulo: Saraiva, 2001. p. 183.

diria respeito à apuração. A obrigação de direito privado seria apurada pelas partes, e a obrigação tributária, por meio do procedimento de lançamento. Parece claro que o lançamento, que é procedimento e tem, portanto, natureza adjetiva, nada tem a ver com a estrutura ou função da obrigação tributária. A terceira diferença seria quanto à coercibilidade e exigibilidade. O Prof. *Ruy Barbosa Nogueira* sustenta que o exercício do cumprimento coativo da obrigação de direito privado depende de provocação facultativa do credor. Já a atividade administrativa de lançamento e cobrança é vinculada e obrigatória para a autoridade. A Quarta diferença reside na derrogabilidade da obrigação de direito privado, por oposição à inderrogabilidade da obrigação tributária: enquanto o credor da primeira delas pode dispor livremente, inclusive perdoando a dívida, o credor da Segunda — o Estado — deve sempre fazê-la cumprir, nos exatos termos da Lei. A Quinta diferença reside nas consequências do inadimplemento: o das obrigações de direito privado acarreta reparações de caráter indenizatório, ao passo que o das obrigações tributárias tem como resultado a reparação mais a aplicação de multas punitivas. A última diferença diz respeito à executoriedade. Como regra geral, o credor de direito privado deve, primeiro, obter um título executivo judicial, mediante ação própria, e, depois, promover a execução. Já o credor da obrigação tributária inadimplida tem sempre um título executivo extrajudicial, que resulta da inscrição da dívida ativa. Essa diferença nem sempre existe, uma vez que há também títulos executivos extrajudiciais (p. ex.: notas promissórias vencidas) que dão ao particular a faculdade de cobrá-los executivamente."

Alcides Jorge Costa[(134)] complementa ainda sustentando que discussão quanto à identidade entre as obrigações de direito privado e tributárias não se caracterizaria como meramente acadêmica. Responder à referida questão implicaria, em última análise, definir o regime jurídico a ser aplicado e, com isso, a gama de legislação aplicável. Obtempera:

"Se há identidade, as normas de direito privado aplicam-se à obrigação tributária. Caso contrário, não se aplicam. A resposta a essa indagação é alcançada considerando-se existir, entre as obrigações de direito privado e obrigação tributária, identidade estrutural, mas não funcional. Daí decorre que, em princípio, as normas legais concernentes à obrigação de direito privado aplicam-se à obrigação tributária, exceto se, à vista da diferença funcional, a aplicação não puder ou não dever ser feita. A isso se acrescente o óbvio: se a Lei tributária contiver regras específicas (o que ocorre com frequência em vista da diferença de função), aplicam-se estas e não as de direito privado."

É de se observar que a obrigação tributária deriva de lei, é obrigação *ex lege,* e, isso importa na medida em que, termina independendo da vontade das partes que compõe a relação jurídica tributária. O nascimento da referida obrigação é automático, natural, decorrendo da incidência tributária.

(134) *Idem.*

Exatamente acerca da ilação anterior, ilação no sentido de que a obrigação tributária seria *ex lege*, esclarece de forma interessante *Alcides Jorge Costa*[135]:

"A obrigação tributária é uma obrigação *ex lege*. Que significa isso? A resposta liga-se à classificação das fontes das obrigações, assunto que tem sido, desde os juristas romanos, objeto de controvérsias ainda não pacificadas. Não interessa, aqui, aprofundar esse debate. Basta dizer que *se chamam de fontes das obrigações os fatos que as produzem*. A obrigação é uma relação jurídica e há de ter por fonte mediata sempre a lei. Mas não se fala em fonte nesse sentido, porque, se o fizesse, não existiria qualquer dificuldade, uma vez que sempre haveria uma só fonte, a lei. Acontece que, entre a lei abstrata e geral por natureza e a obrigação, relação jurídica e particular, *há sempre um fato, um ato ou uma situação a cuja ocorrência a lei liga o nascimento da obrigação*. Quando se fala de fonte da obrigação está-se fazendo referência a esse fato, ato ou situação. É nesse contexto que se busca classificar as fontes das obrigações."

Embora *ex lege*, embora de forma mediata derive a obrigação tributária da lei, ela não existe sem o suporte fático. Há sempre um fato jurídico genericamente considerado.

A chamada obrigação tributária segue os contornos da definição já transcrita, encerra obrigação com conteúdo específico, podendo tomar a forma de dar, fazer e não fazer. Acerca das formas que eventualmente pode tomar a referida obrigação, considere-se *Alcides Jorge Costa*[136] acerca do tema:

"... há quem diga existir uma relação jurídica tributária com um conteúdo complexo, pois dela derivam poderes, direitos e também deveres da autoridade administrativa, aos quais correspondem deveres, positivos ou negativos, e também direitos, das pessoas sujeitas ao poder da autoridade, como derivam, mais especificamente, o direito de o ente público o exigir e o correspondente dever de o contribuinte de pagar a soma equivalente de imposto devida a cada caso (A. D. Gianini). Há ainda quem afirma existir uma obrigação de dar, que é, propriamente, a de pagar o tributo, e outras obrigações independentes, de fazer, não fazer e suportar. É a posição de Vanoni. Uma terceira posição é a de *Pugliese*: a obrigação tributária é unitária e é constituída apenas pela obrigação fundamental de dar. Em virtude de muitos preceitos contidos nas leis tributárias com o objetivo de garantir melhor seu cumprimento, existem obrigações acessórias que algumas vezes gravam o devedor e outras, terceiros estranhos à relação fundamental do imposto; estas obrigações são de natureza administrativa, e, sem elas, a relação fundamental não poderia nascer e concretizar-se. Há ainda outros autores, como *Paulo de Barros Carvalho*, que, ao lado da obrigação de dar, colocam os deveres instrumentais ou formais.

(135) *Op. cit.*, p. 184.

(136) *Op. cit.*, p. 182.

Como se verifica, é variada a posição da doutrina, não quanto à existência da obrigação de dar, mas quanto à configuração de tudo o mais que a Lei impõe ao contribuinte e a terceiros."

É de se observar ainda que as referidas obrigações podem ser concebidas como principais ou acessórias. As principais implicariam, basicamente, o dever de pagar. As acessórias implicam deveres periféricos impostos pela legislação no sentido de viabilizar a fiscalização do recolhimento dos tributos.

Mais uma vez, *Alcides Jorge Costa*[(137)] esclarece:

"Uma parte da Doutrina brasileira entende que as chamadas obrigações acessórias são deveres e não obrigações propriamente ditas. Nelas existiria apenas manifestações de submissão ao poder de polícia financeiro do Estado, ou seja, de credor. Ao lado da falta de patrimonialidade aponta-se a não transitoriedade dessas obrigações acessórias como sinal de não serem obrigações propriamente ditas."

Havida a obrigação tributária, frequentemente é necessária sua quantificação, definição de sujeito passivo e ativo, dentre outros elementos.

4.3. Lançamento tributário

4.3.1. Aspectos gerais

Tal procedimento dá-se por meio do chamado *lançamento tributário*. É necessário, contudo, aprofundar um tanto a função desempenhada pelo instituto do lançamento tributário.

Embora seja de se lamentar tal prática, o legislador entendeu por bem definir, conceituar o instituto jurídico do lançamento. Desenvolvendo tal papel, típico da doutrina, confeccionado ficou o art. 142 do CTN. Considere-se:

> Art. 142. Compete privativamente à autoridade administrativa *constituir o crédito tributário pelo lançamento*, assim entendido o *procedimento administrativo* tendente a verificar a ocorrência do fato gerador da obrigação correspondente, determinar a matéria tributável, calcular o montante do tributo devido, identificar o sujeito passivo e, sendo caso, propor a aplicação da penalidade cabível.
> Parágrafo único. A atividade administrativa de lançamento é vinculada e obrigatória, sob pena de responsabilidade funcional. (grifo nosso)

A doutrina tem criticado com veemência as inconsistências do CTN ao tentar sistematizar a evolução do iter que segue do fato gerador (abstrato) na formação do crédito tributário.

Especificamente sobre a transição da obrigação tributária para o crédito tributário, *Luciano Amaro*[(138)] aponta: "O Código Tributário Nacional enfrentou a questão da eficácia do lançamento do modo sofrível".

---

(137) *Op. cit.*, p. 188.

(138) *Op. cit.*, p. 328.

Dentre as diversas incongruências apontadas pelo autor, tem-se, *verbi gratia,* a questão da possibilidade de se conceber a existência de obrigação sem crédito. Ponderando um tanto melhor a ilação tem-se que, no art. 114 do CTN a obrigação tributária nasceria do fato gerador. Pois bem. Considerando que o crédito tributário adviria do lançamento nos termos do transcrito art. 142, o ordenamento teria "comprado" um problema. Teria sido institucionalizada a noção de uma obrigação sem crédito. Tal, contudo, não parece uma conclusão razoável.

Outra crítica realizada ao trato conferido pelo CTN aos institutos da obrigação, lançamento e crédito tributário deriva do paralelo realizado entre os art. 139 e 142. Afinal, seria de se arguir se o crédito tributário decorreria da obrigação tributária, ou ainda, do lançamento tributário.

De qualquer forma, independente das críticas formuladas, fato é que o CTN adotou o lançamento como regra para a progressão, ao menos conceitual, da obrigação para o crédito, como se encerrassem realidades absolutamente distintas. Curioso notar que o lançamento passou a ser exigido até mesmo nas hipóteses em que a exação termina sendo recolhida sem a participação do sujeito ativo tributário, como nos casos dos tributos que se utilizam de procedimento que alguns chamam de autolançamento, ou ainda lançamento dito por homologação, conforme será visto.

Acerca da necessidade de lançamento como regra, esclarece *Luciano Amaro*(139):

> "O exame da dinâmica procedimental no caso de tributos cujo pagamento seja exigido pela lei, independente de qualquer providência do sujeito ativo, evidencia que, nessa situação, o lançamento só se mostra necessário quando haja omissão do sujeito passivo (que deixe de recolher o tributo devido ou que recolha com insuficiência). Entretanto, O Código Tributário Nacional assumiu a premissa de que o lançamento é sempre necessário. Por isso, mesmo nos casos em que o sujeito passivo, atento ao seu dever legal, efetue corretamente o pagamento antes de qualquer providência do sujeito ativo, o Código exige a prática do lançamento *a posteriori*, mediante 'homologação' expressa, por parte do sujeito ativo, traduzindo-se o lançamento nesse ato 'homologatório'. Prevendo a alta probabilidade de omissão do sujeito ativo, no que respeita à prática desse ato de homologação, o código criou a homologação tácita, pelo mero decurso de certo prazo.
>
> Desse modo, em nosso direito positivo, o lançamento é sempre necessário, ainda que se opere por omissão da autoridade encarregada de praticá-lo."

Acrescentando pouco a partir do conceito legal, *Hugo de Brito*(140) intenta traçar o conceito de lançamento tributário conforme segue:

> "... é o procedimento administrativo tendente a verificar a ocorrência do fato gerador da obrigação correspondente, identificar o seu sujeito passivo, determinar a matéria tributável e calcular ou por outra forma definir o montante do crédito tributário, aplicando, se for o caso, a penalidade cabível."

(139) *Op. cit.*, p. 333.

(140) MACHADO, Hugo de Brito. *Curso de direito tributário.* 20. ed. São Paulo: Saraiva, 2002. p. 147.

Procedendo valorosa passagem pela doutrina nacional, traz *Bernardo Ribeiro de Moraes*(141) o conteúdo que segue:

"lançamento é '*o ato* ou conjunto de atos necessários à constatação da existência do fato gerador, sua determinação e mensuração' (Gilberto de Ulhôa Canto);

'*é o ato* destinado a determinar o concreto sujeito passivo da obrigação do imposto e a respectiva matéria coletável' (Antônio Braz Teixeira);

lançamento é 'a manifestação concreta do poder tributante, resultante da aplicação geral tributária ao caso particular' (Achille Salerni);

lançamento '*é o ato* ou série de atos de administração vinculada e obrigatória que tem como fim a constatação e a valoração qualitativa e quantitativa das situações que a lei define como pressupostos da imposição, e como consequência a criação da obrigação tributária em sentido formal' (Rubens Gomes de Sousa);

o lançamento consiste '*no ato* ou na série de atos necessários para a comprovação e a valorização dos vários elementos constitutivos do débito do imposto (fato material e pessoal, base de cálculo), com a consequente aplicação do tipo de gravame e a concreta determinação quantitativa do débito do contribuinte' (Achille Donato Giannini);

lançamento é '*o ato* administrativo de aplicação da norma tributária material' (Alberto Xavier);

chamamos de lançamento 'ao *procedimento* integrado por um ato ou por um conjunto de atos, dirigidos a verificar, em cada caso particular, se existe uma dívida tributária (an debeatur)' (Hector B. Villegas);

consiste '*no ato* ou conjunto de atos emanados da administração, dos particulares ou de ambos coordenadamente, destinados a estabelecer em cada caso particular, a configuração do fato gerador, a medida do imponível e o alcance quantitativo da obrigação' (Carlos M. Giuliani Fonrouge);

'o lançamento é um e único ato administrativo, produzido por procedimento administrativo, que visa manifestar a pretensão do sujeito ativo da obrigação tributária em haver a prestação do tributo' (Walter Barbosa Correa)."

Dos conceitos transcritos fica evidenciada a divergência quanto à natureza do lançamento tributário. Há quem, partindo da literalidade do art. 142, considere o lançamento um procedimento administrativo. Contudo, relevante parcela da doutrina pátria tem sustentado que encerra em verdade um autêntico ato administrativo.

Acerca da referida divergência, e justamente no sentido de ponderar um tanto a sua relevância, relevante é considerar os ensinamentos do Prof. *Paulo de Barros Carvalho*, conforme segue:

---

(141) MORAES, Bernardo Ribeiro de. *Compêndio de direito tributário*. 2. ed. Rio de Janeiro: Forense, 1994. v. 2. p. 387.

"Animada pelas elaborações continentais europeias, principalmente advindas da Alemanha, Itália e Espanha, que discutiam acerca da eficácia declaratória ou constitutiva do lançamento, a doutrina brasileira ingressou no debate, inclinando-se entusiasticamente, pela primeira opção, o que importou relegar a plano secundário tema da mais alta relevância, qual seja o de considerar o lançamento como um ato jurídico administrativo ou como procedimento, formado pela combinação orgânica de uma série de ato e termos, com objetivo determinado. E, breve revista na obra de bons autores brasileiros vem por demonstrar, de modo candente, que as preocupações foram polarizadas para aquela querela fradesca, no dizer de *Becker*, razão determinante de haver prosperado entre nós, a concepção procedimental do lançamento, plasmada no art. 142 do Código Tributário Nacional."

E é curioso como a lógica impõe que se defina a natureza entre ato ou procedimento, antes mesmo de se ponderar a questão da natureza declaratória ou constitutiva. Observe-se, mais uma vez o escólio do Prof. *Paulo de Barros*(142):

"Vem a ponto advertir que a contenda entre as teses declaratória e constitutiva, ainda que tenha visos de procedência e importância científica, do que não estamos convencidos, se aloja no plano da eficácia do lançamento, isto é, no tempo em que se cuida dos efeitos jurídicos que irradia. Enquanto isso, o pleito sobre a configuração do ato ou procedimento fere a identificação mesma da identidade, vale dizer, coloca-se no plano da existência, cronologicamente anterior ao da eficácia, como já tivemos ensejo de acentuar."

A divergência aventada no sentido de definir-se como ato ou procedimento o instituto do lançamento tributário pode, a princípio, realmente parecer cerebrina, acadêmica em uma primeira análise. Contudo, tal impressão sucumbe diante de breve aprofundamento.

Intentando vislumbrar a relevância de definir-se a natureza jurídica do lançamento tributário de rigor resta rememorar a posição que ocupa em meio ao iter necessário à formação do crédito tributário. Como regra, tem-se a previsão legal de um fato gerador, ocorrência *in concreto* do chamado fato imponível, o lançamento e o surgimento do crédito tributário. Pois bem. Da ocorrência do fato imponível ao lançamento tem-se a fluência do prazo decadencial e do lançamento ao efetivo exercício do direito de ação para cobrar o crédito tributário tem-se a prescrição. Dessa forma, fica evidenciado que definir o momento exato em que se considera lançado o tributo implica colocar termo ao prazo decadencial e, mais ainda, iniciar a fluência do prazo prescricional. Trabalhando exatamente a referida ideia, pondera *José Souto Maior Borges*(143) na sua grande obra acerca do lançamento tributário:

"Ao contrário do que geralmente se pensa, a contagem dos prazos relativos à decadência e à prescrição não é, em Direito Tributário, simplificada pela circunstância

(142) *Op. cit.*, p. 256.

(143) BORGES, José Souto Maior. *Lançamento tributário.* 2. ed. São Paulo: Malheiros, 1999. p. 100.

de funcionar o lançamento, no Direito Brasileiro, como um marco: antes dele somente flui o prazo de decadência (CTN, art. 173); depois dele o prazo será de prescrição (CTN, art. 174). Essa pretensa simplificação é apenas aparente. Se o lançamento for caracterizado não só como um ato administrativo, mas também como um procedimento, tornar-se-á, teórica e praticamente, penoso à luz dos critérios fornecidos pelo direito positivo, determinar, para esse efeito específico, o momento em que se aperfeiçoam e integram os seus elementos estruturais. Partindo-se da contemplação dos diversos atos integrativos do procedimento administrativo, nas diversas fases em que este se desdobra, não é fácil optar-se por um deles sem uma certa discrição, para a demarcação e fixação dos prazos decadenciais e prescricionais. Mostraram-se infrutíferas todas as tentativas da doutrina nesse sentido. E, em decorrência dessa imprecisa formulação legal, são afetadas garantias legais tanto do fisco quanto do contribuinte. A dificuldade de fixação dos prazos prescricional e decadencial em marcos definidos é logo posta em evidência. Porque o critério de utilizar o lançamento como referencial dos prazos de decadência e prescrição pressupõe algo que a definição do art. 142 não oferta ao intérprete e ao aplicador da lei: a delimitação conceitual rigorosa da noção de lançamento. Bastam essas breves considerações para demonstrar quanto é equívoco o entendimento segundo o qual o critério estabelecido pelo Código Tributário Nacional para estremar os termos respectivamente aplicáveis à decadência e à prescrição seria facilmente operativo. O que desse impreciso critério decorre são, ao contrário, dificuldades cuja superação doutrinária não pôde ser lograda. Colocado o problema da caracterização do lançamento em termos doutrinários tradicionais, não há ponto de divergência entre as teorias em discordância. O desconcerto doutrinário é, relativamente a este ponto, total. A teoria do lançamento como ato administrativo não complementa a visão procedimentalista do lançamento. Antes, contrapõe-se irredutivelmente a ela. O lançamento é tido radicalmente como um procedimento administrativo, ou excludentemente é considerado um ato administrativo. Como se estas duas realidades normativas necessariamente se contrapusessem."

José Souto Maior Borges(144) trabalha posicionamento de certa forma intermediário entre as teorias que apontam a natureza de ato e de procedimento do instituto do lançamento tributário. Realmente vale considerar o posicionamento mencionado:

> "O procedimento administrativo do lançamento é, em tal sentido, o caminho juridicamente condicionado por meio do qual certa manifestação jurídica de plano superior — a legislação — produz manifestação jurídica de plano inferior — o ato administrativo de lançamento. Constituem o procedimento administrativo do lançamento os elementos do ordenamento jurídico total que regulam o modo de produção do ato administrativo de lançamento. Por essa via se estabelece um nexo entre os atos legislativos e o ato de lançamento, produzida pela autoridade

(144) BORGES, José Souto Maior. *Lançamento tributário*. 2. ed. São Paulo: Malheiros, 1999. p. 120.

administrativa; instala-se um vínculo de supra ordenação e subordinação. No Código Tributário Nacional o fim ou a meta — o ato administrativo de lançamento — está regulado com maior amplitude do que os caminhos — o procedimento — para a sua persecução. Mas essa circunstância, o maior grau de indeterminação legislativa do procedimento, não autoriza a conclusão de que o lançamento é só ato administrativo, como pretende equivocadamente certa doutrina."

Em linhas gerais, portanto, o autor supra identifica duas realidades distintas, a saber: o procedimento de lançamento e o ato final de lançamento pelo qual se termina e se entrega à sociedade, mais ainda às partes da relação jurídica, o *quantum debeatur*.

Majoritariamente, contudo, tem-se identificado na doutrina a tese no sentido na natureza de ato administrativo para o lançamento. Há certa tendência em identificá-lo com o ato final, o elemento final do procedimento necessário à formalização do lançamento. Nesse sentido, *Sacha Calmon Navarro Coelho*(145) leciona:

> "A natureza jurídica do lançamento... é a de ato administrativo de aplicação da lei aos casos concretos (processo de concreção normativa) a cargo da Administração Pública (Poder Executivo)."

Tal definição é interessante sob a perspectiva da dogmática e da decidibilidade dos conflitos. É interessante, dentre outros motivos, por definir exatamente os marcos necessários à fluência da decadência e prescrição.

Tomando caminho aproximado, e apontando a natureza de ato administrativo complexo, Prof. *Paulo de Barros*(146) leciona:

> "*Lançamento* é o ato jurídico administrativo, da categoria dos simples, modificativos ou assecuratórios e vinculados, mediante o qual se declara o acontecimento do fato jurídico tributário, se identifica o sujeito passivo da obrigação correspondente, se determina a base de cálculo e a alíquota aplicável, formalizando o crédito e estipulando os termos da sua exigibilidade".

E complementando o posicionamento exarado acima, *Aurélio Pitanga Seixas Filho*(147) aduz:

> "Se o lançamento tributário se constitui num ato administrativo simples, composto ou resultante de um procedimento, depende da vontade do legislador titular da competência de instituir e arrecadar tributo. A lei poderá exigir que a autoridade fiscal realize alguns atos administrativos preparatórios, para composição gradativa do lançamento tributário através de um procedimento. Poderá exigir, também, que o lançamento seja lavrado por mais de uma autoridade (ato composto), ou

(145) CARVALHO, Paulo de Barros. *Curso de direito tributário.* 7. ed. São Paulo: Saraiva, 1995. p. 779.

(146) *Op. cit.*, p. 260.

(147) SEIXAS FILHO, Aurélio Pitanga. O lançamento tributário e a decadência. In: MACHADO, Hugo de Brito (Coord.). *Lançamento tributário e decadência*. São Paulo: Dialética; Fortaleza: Instituto Cearense de Estudos Tributários, 2002. p. 25.

conceder autorização para que o lançamento seja produzido da forma mais conveniente à administração tributária.

Portanto, o lançamento tributário será, sempre, um ato jurídico administrativo, dependendo a sua composição de decisão específica do legislador."

Demonstrando o eco dos ensinamentos perpetrados pelo Prof. *Paulo de Barros* quanto à natureza jurídica do instituto do lançamento tributário, *Carlos Augusto Jeniêr*[148] obtempera:

"(...) o lançamento tributário é um ato jurídico que se conforma com perfeição ao conceito anteriormente oferecido (dicção prescritiva de direito), sendo, ao nosso ver, perfeitas as observações de Paulo de Barros Carvalho, quando destacava que 'caracterizar o lançamento como um procedimento, consoante a expressão do art. 142 do Código Tributário Nacional, é atuar com grande imprecisão. Se o procedimento se substancia numa série de atos, que se conjugam objetivamente, compondo um todo unitário para a consecução de um fim determinado, torna-se evidente que, ou escolhemos o ato final da série resultado do procedimento, para identificar a existência da identidade, ou haveremos de reconhecê-lo, assim que instalado o procedimento, com a celebração dos primeiros atos.

(...)

Dessa forma delimitamos nosso entendimento da questão filiando-nos ao grupo que reconhece o lançamento tributário como ato jurídico administrativo, aplicando-se-lhe toda a doutrina secular advinda do direito administrativo que, apresentando elementos eficazes para o seu trato, apontam o seguro caminho a ser trilhado, sobretudo no que tange à sua constituição, requisitos de validade e destituição."

A questão da natureza jurídica do lançamento tributária não restringe seus pontos de conflito ao já ponderado. Conforme mencionado por *Paulo de Barros* alhures, já houve dúvida também quanto à sua natureza sob a perspectiva da eficácia jurídica. Houve quem sustentasse sua natureza declaratória, enquanto outros defendiam a natureza constitutiva do instituto do lançamento.

Embora haja aqueles que discordem, *Hugo de Brito Machado*[149], partindo da interpretação aparentemente literal do art. 142 do CTN e considerando procedimento o instituto do lançamento, sustenta:

"A natureza jurídica do lançamento tributário já foi objeto de grandes divergências doutrinárias. Hoje, porém, é praticamente pacífico o entendimento declaratório. Entretanto, no Código Tributário Nacional o crédito tributário é algo diverso da obrigação tributária. Ainda que, em essência, crédito e obrigação sejam a mesma relação jurídica, o crédito é um momento distinto. É um terceiro estágio na dinâmica da relação obrigacional tributária. E o lançamento é precisamente o procedimento

(148) JENIÊR, Carlos Augusto. *O lançamento tributário e a decadência.* In: MACHADO, Hugo de Brito (Coord.). *Lançamento tributário e decadência.* São Paulo: Dialética: Fortaleza, CE: Instituto Cearense de Estudos Tributários, 2002. p. 62.

(149) *Op. cit.*, p. 148.

administrativo de determinação do crédito tributário. Antes do lançamento existe a obrigação. A partir do lançamento surge o crédito.

O lançamento, portanto, *é constitutivo do crédito tributário*, e apenas *declaratório da obrigação correspondente.*"

Ponderadas as divergências básicas acerca do instituto ato administrativo de lançamento tributário, de rigor prosseguir-se acerca de sua análise, adentrando um tanto às modalidades concebidas pela doutrina e legislação a tal instituto jurídico.

4.3.2. Modalidades de lançamento tributário

Poder-se-ia questionar sobre a pertinência da ponderação acerca das *modalidades*(150) *de lançamento* ao presente estudo. A razoabilidade da abordagem está exatamente na decadência tributária. O instituto da decadência tributária, enquanto hipóteses de exclusão do crédito tributário, apresenta-se de forma variada, mostrando suas variações justamente a partir das hipóteses de lançamento utilizadas.

Tornando-se às hipóteses de lançamento e, partindo-se do dos art. 147 e seguintes do CTN, resta possível identificar ao menos *três modalidades distintas de lançamento tributário, a saber: lançamento de ofício, por declaração e por homologação.*

Trabalhar de uma forma um tanto mais minudente as características de cada uma das modalidades mencionadas termina sendo relevante ao presente estudo. Em tempo oportuno, o procedimento adotado na justiça obreira no sentido de viabilizar a chamada execução de ofício (art. 114 VII da CF) deverá ser ponderado e, mais ainda, deverá ser verificada a possibilidade de seu eventual enquadramento em uma das hipóteses mencionadas. Às modalidades, portanto.

O CTN reservou tópico específico para o regramento das modalidades de lançamento tributário. Tal resta regrado na seção II, do capítulo II do título III do livro I do CTN. Pois bem.

Embora classificações outras possam ser encontradas à doutrina(151), curial resta ter em mente a colocação de *José Souto Maior Borges*(152):

---

(150) Há quem sustente inexistir qualquer pertinência na ponderação das modalidades de lançamento, mormente após a definição de sua natureza jurídica de ato administrativo. Nesse sentido, Prof. Paulo de Barros Carvalho obtempera: "De ver está que, adotado o conceito de lançamento como ato jurídico administrativo, a citada classificação perde totalmente a correspondência com a realidade que pretende classificar. Se lançamento é ato jurídico administrativo, na acepção material e formal, consoante expusemos, não há que cogitar-se das vicissitudes que o precederam, principalmente porque não integram a composição intrínseca do ato, nada dizendo com seus elementos estruturais. Se lançamento válido é aquele em que seus pressupostos resistiram ao teste da legalidade, nada acrescentam reflexões sobre as diligências que antecederam a formação do ato." (*op. cit.*, p. 281).

(151) Americo Masset Lacombe citando Rubens Gomes de Souza coloca: "São três as espécies de lançamento: o lançamento direto, o lançamento misto e o impropriamente chamado de autolançamento." (LACOMBE, Americo Masset. Lançamento. In: MARTINS, Ives Gandra da Silva (Coord.). *Curso de direito tributário.* São Paulo: Saraiva, 2001. p. 2.339).

(152) *Op. cit.*, p. 312.

"... Se o Direito Positivo formula, ele próprio, sua classificação, esta deverá ser considerada pelo seu intérprete e aplicador, por isso mesmo que normativamente estruturada."

De rigor adotar-se, portanto, a terminologia utilizada pelo CTN.

Já é conhecida a ilação no sentido de que, classificações, a rigor, não restam certas ou erradas. Antes, poderão mostrar-se úteis ou inúteis à sistematização das informações de acordo com os critérios adotados. *Prima facie*, tem restado útil a classificação adotada pela direito positivo.

Ao ponderar classificações, resta sempre interessante identificar seus fundamentos, que, como regra, encerram a característica genérica presente em todos os itens, e, por outro lado a diferença específica, elemento que haverá de diferenciá-los.

Em quaisquer das espécies, tem-se o procedimento cujos delineamento gerais e os objetivos restam ditados pelo art. 142. Contudo, sob uma perspectiva genérica nota-se que, o que termina definindo cada uma das espécies de lançamento termina sendo o grau, a intensidade e a forma de participação de cada sujeito passivo na apuração do *quantum debeatur*. Eis a diferença específica. Pondere-se um tanto cada uma das modalidades.

O lançamento por declaração, também chamado de lançamento misto, resta regulado em suas linhas gerais no *caput* do art. 147 do CTN. Considere-se:

> "Art. 147. O lançamento é efetuado com base na declaração do sujeito passivo ou de terceiro, quanto um ou outro, na forma da legislação tributária, presta à autoridade administrativa informações sobre matéria de fato, indispensáveis à sua efetivação."

O procedimento afeito ao dito lançamento por homologação baseia-se em informações fornecida pelo sujeito passivo, acerca dos detalhes inerente à ocorrência do fato imponível. Nas palavras de *Luciano Amaro*[(153)]:

> "Essa declaração destina-se a registrar os dados fáticos que, de acordo com a lei do tributo, sejam relevantes para consecução pela autoridade administrativa, do ato de lançamento. Se o declarante indicar fatos verdadeiros, e não omitir fatos que deva declarar, a autoridade administrativa terá todos os elementos necessários à efetivação do lançamento."

Em função justamente de tal fato, o lançamento por homologação é concebido por alguns por lançamento misto, havendo participação tanto do sujeito passivo, quanto do fisco.

O conteúdo das declarações não gera efeito absoluto e irretorquível na medida em que, diante de eventuais equívocos, erros por parte do contribuinte, há previsão para retificação aos parágrafos do art. 147 do CTN.[(154)]

---

(153) *Op. cit.*, p. 348.

(154) § 1º A retificação da declaração por iniciativa do próprio declarante, quando vise a reduzir ou a excluir tributo, só é admissível mediante comprovação do erro em que se funde, e antes de notificado o lançamento.

Acerca da referida modalidade, da sistemática adotada, aduz *Sacha Calmon*(155):

"(...) tratando do lançamento misto ou por declaração, por implicar colaboração do contribuinte na sua feitura. Primeiro o contribuinte informa, depois a administração expede o lançamento."

O lançamento de ofício tem abrigo no art. 149 do CTN. O dispositivo elenca série de hipóteses onde tem cabimento a modalidade e, em seu parágrafo único, prevê a possibilidade da revisão de lançamento realizado. Curiosamente, não desenvolveu uma definição legal do instituto.

Como resta evidente, o lançamento de ofício implica modalidade em que a participação do sujeito passivo na constituição do crédito tributário não é essencial. Não é da essência do procedimento que antecede o ato jurídico administrativo do lançamento. A constituição do crédito tributário dá-se em função de atuação precípua da administração pública, que apura o fato imponível, avalia base de cálculo, aplica alíquota, identifica sujeito passivo etc. Contudo, embora as colocações acerca da referida modalidade pareçam um tanto evidente, esclarecimento interessante faz *José Souto Maior Borges*. Considere-se:

> "Há diferenças específicas que, diante do lançamento por declaração ou por homologação, individualizam o lançamento de ofício como uma categoria autônoma. O lançamento *ex officio* é realizado ou independentemente das operações de quantificação do débito pelo sujeito passivo ou quando este as efetua insuficientemente. Por isso, a distinção entre o lançamento de ofício e o lançamento por declaração relaciona-se com o procedimento, e não propriamente com o ato de lançamento em si, já que o ato de lançamento é idêntico tanto no procedimento de lançamento *ex officio* quanto no procedimento de lançamento por declaração. Note-se que, enquanto o Código Tributário Nacional caracteriza o lançamento por declaração (art. 147, caput) e o lançamento por homologação (art. 150, *caput*), não o faz com relação ao lançamento de ofício (art. 149, *caput*)."

O referido autor(156) aponta ainda que os lançamentos de ofício e por declaração, ambos sob a perspectiva de estrutura do ato jurídico administrativo de lançamento, se identificam com o art. 142, e aponta diferenças procedimentais. O pagamento, *verbi gratia*, necessariamente é realizado após o lançamento de ofício, fato que não é essencial aos tributos lançados por homologação.

Outra questão interessante lembrada por *Souto Maior* é a inconvertibilidade do lançamento de ofício, característica essa que o diferencia das demais modalidades e que, no presente, termina sendo relevante.(157)

---

§ 2º Os erros contidos na declaração e apuráveis pelo seu exame serão retificados de ofício pela autoridade administrativa a que competir a revisão daquela.

(155) COELHO, Sacha Calmon Navarro. *Curso de direito tributário*. 8. ed. Rio de Janeiro: Forense, 2005. p. 79.

(156) Cf. *op. cit.*, p. 341.

(157) Observe-se que, a rigor, as contribuições sociais são lançadas por homologação. Contudo, questão fundamental ao presente estudo é identificar o procedimento adotado na Justiça do Trabalho, pós edição da Lei n. 10.035/00,

Souto Maior(158) conclui sua ponderação acerca de diferenças entre modalidades trazendo apontamento que o aproximaria um tanto da crítica elaborada pelo Prof. *Paulo de Barros* à nota n. 37 do presente estudo. Considere-se:

"Do exposto conclui-se que fora do âmbito das normas procedimentais a distinção entre lançamento de ofício ou por declaração, perde praticamente toda sua importância."

É de recobrar ainda que, o lançamento de ofício tem lugar, de forma subsidiária às hipóteses submetidas ao lançamento por homologação. Diante da impossibilidade de homologar-se o recolhimento praticado, surgiria o poder-dever de lançar de ofício os tributos eventualmente devidos pela diferença.

Por fim, tem-se o *lançamento por homologação.*

A referida modalidade resta delineada em seus aspectos gerais no *caput* do art. 150 do CTN(159).

Tem atuado como fundamento político do lançamento por homologação, como parece evidente, a impossibilidade de o sujeito ativo acompanhar e, mais ainda, tomar a iniciativa da constituição e cobrança dos créditos tributários decorrentes da totalidade dos fatos imponíveis aperfeiçoados. Sob a perspectiva pragmática, não resta sequer razoável exigir do Estado presença absoluta. Justamente por causa de tal limitação natural, até mesmo física, foi delegado aos sujeitos passivos a identificação do fato imponível, o levantamento da base de cálculo e alíquota, dentre outros elementos.

A referida modalidade sofre ataques diversos por parte da doutrina. Há quem sustente que a homologação sequer se caracteriza como modalidade de lançamento tributário. Considerando o conteúdo das críticas e de seu potencial destrutivo, seria de rigor ponderá-las.

Um dos críticos da eleição da mera homologação como modalidade de lançamento tributário é Prof. *Paulo de Barros*. Considere-se a crítica(160):

"A conhecida figura do lançamento por homologação é um ato jurídico administrativo de natureza confirmatória, em que o agente público, verificado o exato implemento das prestações tributárias de determinado contribuinte, declara, de modo expresso, que obrigações houve, mas que se encontram devidamente quitadas até aquela data, na estrita consonância dos termos da lei. Não é preciso despender

---

que regulamentou a execução das contribuições sociais em seu âmbito. Restaria mantida a modalidade originariamente concebida para os tributos em questão? Ou, eventualmente, teria havido uma conversão pontual? Eis o ponto a ser ponderado.

(158) *Op. cit.*, p. 341.

(159) Art. 150. O lançamento por homologação, que ocorre quanto aos tributos cuja legislação atribua ao sujeito passivo o dever de antecipar o pagamento sem prévio exame da autoridade administrativa, opera-se pelo ato em que a referida autoridade, tomando conhecimento da atividade assim exercida pelo obrigado, expressamente a homologa.

(160) CARVALHO, Paulo de Barros. *Curso de direito tributário.* 7. ed. São Paulo: Saraiva, 1995 p. 283-4.

muita energia mental para notar que a natureza do ato homologatório difere da do lançamento tributário. Enquanto aquele primeiro anuncia a extinção da obrigação, liberando o sujeito passivo, estoutro declara o lançamento do vínculo, em virtude da ocorrência do fato jurídico. Um certifica a quitação; outro certifica a dívida. Transportando a dualidade para outro setor, no bojo de uma analogia, poderíamos dizer que o lançamento é a certidão de nascimento da obrigação tributária, ao passo que a homologação é a certidão de óbito.

(...)

Quando é que o funcionário da fazenda lavra a homologação? Exatamente quando não pode celebrar o ato jurídico administrativo do lançamento. E por que o agente público exara o lançamento? Precisamente porque não pode realizar o ato administrativo da homologação. Eis a prova. Lançamento e homologação de lançamento são realidades jurídicas antagônicas, não podendo subsistir debaixo do mesmo epíteto."

A referida crítica foi abraçada inteiramente também por *Sacha Calmon*(161).

Posição adotada por *Souto Maior* não destoa das críticas dos autores acima. Considere-se(162):

"... não corresponderá, a rigor, o lançamento por homologação a uma subespécie de ato administrativo de lançamento, mas a uma categoria tributária diversa, conclusão que teria de enfrentar texto expresso do Código Tributário Nacional que trata o lançamento por homologação como modalidade de lançamento."

Contudo, em que pese a coerência da crítica, bem como o peso das ponderações em razão do argumento de autoridade, inevitável, em virtude da busca pela decidibilidade, da resposta efetiva e concreta, trabalhar com o conteúdo do direito positivo e, nesse sentido, o CTN considera a homologação modalidade de lançamento tributário.

Ponderando a opção terminológica realizada pelo legislador, inevitável se faz lembrar que já houve quem sustentasse a existência do chamado autolançamento ao ordenamento pátrio.(163) E o fazia mirando exatamente o chamado lançamento por homologação, sustentando que as operações de identificação do fato imponível, do responsável tributário e a quantificação do tributo restavam realizadas pelo sujeito passivo.

Dentre as críticas exaradas pela doutrina acerca da ideia do autolançamento enquanto lançamento realizado pelo sujeito passivo, tem-se argumento incisivo calcado no direito positivado, especificamente na definição de lançamento contido no art. 142 do CTN. A rigor, o lançamento é ato que "Compete privativamente à autoridade administrativa." (art. 142 CTN). Eis um bom argumento para afastar a tese pontuada.(164)

(161) Cf. *op. cit.*, p. 778-9.

(162) BORGES, José Souto Maior. *Lançamento tributário*. 2. ed. São Paulo: Malheiros, 1999. p. 375.

(163) Nesse sentido, ver Aliomar Baleeiro in *Direito tributário brasileiro*. 8. ed. Rio de Janeiro: Forense, 1976. p. 476.

(164) Nem se argumente que a atividade do sujeito passivo seria administrativa em sentido material pois, ainda assim, não seria praticada por autoridade administrativa como exige o CTN.

Complementando ainda o argumento lançado anteriormente, *Souto Maior*(165) pontua:

"Se o lançamento é ato privativo da autoridade administrativa, os momentos — 'atividade' do sujeito passivo — antecedentes à homologação não correspondem ao conceito legal do ato de lançamento. Logo, não se trata, em verdade, de um autolançamento, terminologia que, por envolver a ideia de reflexividade, somente seria admissível se essa 'atividade' prévia ao ato administrativo de homologação configurasse um ato de lançamento — o que, como visto — não ocorre."

Afastada, portanto, a figura do autolançamento.

Por outro lado, *Souto Maior* lembra posicionamento adotado por *Rubens Gomes de Souza*, inspirado em Tesouro (Il cosidetto autoaccertamento. In: *Revista Italiana de Diritto Finanziario*, 1/12, 1938). Considere-se *Souto Maior*(166):

"... considerada a atividade do sujeito passivo anterior à homologação como um autolançamento, houve quem pretendesse que ela corresponderia apenas a cumprimento de um dever administrativo, na terminologia do Código Tributário Nacional, de uma obrigação acessória."

Contudo, demonstra o referido autor que o argumento não é seguro, pois sujeito a contrapontos como o que segue(167):

"Mas a atividade do contribuinte ou de terceiro antecedente à homologação não tem apenas por objeto prestações positivas ou negativas estabelecidas no interesse da arrecadação e fiscalização de tributos, características das obrigações acessórias (CTN, art. 113 § 2º). Cumulativamente, tem por objeto o pagamento do tributo e, eventualmente, até de sanção pecuniária — a mora, característica da obrigação principal (art. 113, § 1º) Logo, a afirmação de que o 'autolançamento' corresponde a uma obrigação acessória, quando menos será incompleta, porque não explicará no seu todo, a categoria jurídica que pretende descrever."

O ato jurídico do lançamento por homologação corresponde, então, a mero ato confirmatório, ou, ainda, ato de verificação *a posteriori* da regularidade de dado recolhimento(168), ou contabilização. *Souto Maior*(169) afirma que: "A confirmação dessa circunstância, quer da prestação tributária, quer da contabilização formal do tributo, é a confirmação da simples regularidade da 'atividade' anterior do sujeito passivo."

Em razão até do fundamento político apontado ao lançamento por homologação, apresenta-se este de forma efetiva, concreta, diante da homologação expressa ou, diante da omissão, tem-se a chamada homologação tácita. Esta pode ser tomada por uma

(165) BORGES, José Souto Maior. *Lançamento tributário*. 2. ed. São Paulo: Malheiros, 1999. p. 372.

(166) *Op. cit.*, p. 731.

(167) *Op. cit.*, p. 371.

(168) Necessário ressaltar que há divergência doutrinária também quanto ao objeto da homologação. Há quem sustente que o objeto da homologação é o pagamento, enquanto outros sustentam que o referido objeto é exatamente a atividade de apuração do sujeito passivo.

(169) *Op. cit.*, p. 373.

presunção de regularidade havida em prol da estabilização das relações jurídicas e da segurança jurídica genericamente considerada. A referida diferenciação pode ser verificada de uma leitura apriorística a despretensiosa do § 4º do art. 150 do CTN.(170)

4.3.3. *Quanto à revisão do ato de lançamento tributário*

Relevante ainda acerca do ato de lançamento tributário observar que existe a possibilidade concreta de a administração pública proceder à sua revisão.

Eis um dos tópicos mais relevantes do presente estudo na medida em que há de viabilizar a rediscussão de lançamentos já realizados e que, em virtude de decisões proferidas na justiça obreira, necessitarão ser revisitados. *A posteriori* será abordado novamente o tema de forma mais específica.

Como regra, o ato de lançamento detém a característica de ser inalterável. Realizado o lançamento portanto e notificado o sujeito passivo, a autoridade administrativa responsável, fica definido o crédito tributário.

O CTN, no entanto, considerando talvez o fato de que o sistema tributário é concebido e operado por homens e ainda que homens são falíveis, viabilizou a possibilidade excepcional de operar-se ajustes, adaptações, correções a lançamentos já realizados. As hipóteses permissivas de eventuais alterações restam delineadas ao art. 145 do CTN. Considere-se:

> Art. 145. O lançamento regularmente notificado ao sujeito passivo só pode ser alterado em virtude de:
>
> I – impugnação do sujeito passivo;
>
> II – recurso de ofício;
>
> III – iniciativa de ofício da autoridade administrativa, nos casos previstos no art. 149.

As hipóteses contidas nos incisos I e II encerram eventos afeitos ao procedimento ligado ao contencioso administrativo, que transborda um tanto os limites do presente estudo. Interessa de forma mais estrita, o conteúdo do inciso III do dispositivo considerado acima.

O dispositivo encerra a chamada revisão por Iniciativa de ofício da autoridade administrativa. Tem cabimento nas hipóteses do art. 149 do CTN. Considere-se, portanto, o art. 149:

> Art. 149. O lançamento é efetuado e revisto de ofício pela autoridade administrativa nos seguintes casos:
>
> *I – quando a lei assim o determine;*

---

(170) § 4º Se a lei não fixar o prazo à homologação, será ele de 5 (cinco) anos, a contar da ocorrência do fato gerador; expirado esse prazo sem que a Fazenda Pública se tenha pronunciado, considera-se homologado o lançamento e definitivamente extinto o crédito, salvo se comprovada a ocorrência de dolo, fraude ou simulação.

II – quando a declaração não seja prestada, por quem de direito, no prazo e na forma da legislação tributária;

III – quando a pessoa legalmente obrigada, embora tenha prestado declaração nos termos do inciso anterior, deixe de atender, no prazo e na forma da legislação tributária, a pedido de esclarecimento formulado pela autoridade administrativa, recuse-se a prestá-lo ou não o preste satisfatoriamente, a juízo daquela autoridade;

IV – quando se comprove falsidade, erro ou omissão quanto a qualquer elemento definido na legislação tributária como sendo de declaração obrigatória;

V – quando se comprove omissão ou inexatidão, por parte da pessoa legalmente obrigada, no exercício da atividade a que se refere o art. seguinte;

VI – quando se comprove ação ou omissão do sujeito passivo, ou de terceiro legalmente obrigado, que dê lugar à aplicação de penalidade pecuniária;

VII – quando se comprove que o sujeito passivo, ou terceiro em benefício daquele, agiu com dolo, fraude ou simulação;

VIII – quando deva ser apreciado fato não conhecido ou não provado por ocasião do lançamento anterior;

IX – quando se comprove que, no lançamento anterior, ocorreu fraude ou falta funcional da autoridade que o efetuou, ou omissão, pela mesma autoridade, de ato ou formalidade especial.

Parágrafo único. A revisão do lançamento só pode ser iniciada enquanto não extinto o direito da Fazenda Pública. (grifo nosso)

Além de restringir a possibilidade de revisão sob uma perspectiva material ditando hipóteses permissivas a tanto, o dispositivo procede restrição temporal ao procedimento de revisão. Impõe que a revisão seja realizada enquanto não extinto o direito que detém a Fazenda Pública de constituir o crédito tributário. Pois bem. A referida restrição temporal, como notoriamente vinculada à decadência do direito de lançar, será tratada em tópico adiante, específico sobre o instituto da decadência.

4.3.4. Acerca do crédito tributário

Recapitulando, portanto, para relevante corrente doutrinária a previsão de certo iter para formação do crédito tributário permanece. Inicia-se com a precisão legal das hipóteses de incidência, e, diante do ocorrência do fato imponível, tem-se o surgimento da obrigação tributária que, seguida do ato de lançamento, dá ensejo ao chamado *crédito tributário.*[171]

---

(171) Ressalte-se, mais uma vez, que autores do porte de Paulo de Barros Carvalho e Sacha Calmon (*op. cit.*, p. 774) apontam para o surgimento simultâneo de obrigação e crédito diante da ocorrência do fato imponível. Sacha Calmon (*op. cit.*, p. 775) esclarece ainda acerca da tese defendida por Hugo de Brito: "... é erro rotundo dizer que o lançamento institui o crédito. O erro continua redondo para aqueles que querem conciliar correntes inconciliáveis e proclamam que o lançamento declara a obrigação e constitui o crédito. A obrigação nem sempre necessita ser declarada, e o crédito nasce sempre com ela. Portanto, o lançamento apenas confere exigibilidade ao crédito — quando isto for necessário — ao individualizar o comando impessoal da norma (como é da sua natureza de ato tipicamente administrativo)". Considerando o objeto do presente e os limites objetivos que a fixação deste terminam proporcionando, deixar-se-á de aprofundar as ponderações acerca de tão fecunda controvérsia.

A constituição do crédito tributário representa, na forma proposta acima, a fase final, o produto do iter descrito. Diante da constituição deste, definem-se o sujeito passivo e o aspecto quantitativo do tributo devido.

O crédito tributário, portanto, é o vínculo jurídico de natureza obrigacional, por força do qual o Estado (sujeito ativo) pode exigir do particular, o contribuinte ou responsável (sujeito passivo), o pagamento do tributo ou da penalidade pecuniária (objeto da relação obrigacional).[172]

4.3.5. Sobre a extinção do crédito tributário

O referido vínculo jurídico, nomeado pelo CTN de crédito tributário, terminou sendo regulado por título específico, Título III, do livro segundo do Código Tributário Nacional. Dos diversos capítulos que terminam compondo o título mencionado, interessa de forma específica ao presente estudo o capítulo referente à extinção do crédito tributário.[173]

Resta útil adentrar-se um tanto à questão da *extinção dos créditos tributários.*

A título de introdução, esclarecedoras as palavras de *Paulo de Barros*[174]. Considere-se:

> "A relação jurídica, como nexo abstrato mediante o qual uma pessoa, chamada de sujeito ativo, tem o direito subjetivo de exigir uma prestação, enquanto outra, designada de sujeito passivo, está encarregada de cumpri-la, nasce, como vimos, da ocorrência do fato típico descrito no antecedente da proposição normativa. No percurso de sua existência pode experimentar mutações que interferem nos elementos que a compõe ou nas gradações de sua eficácia. E depois se extingue, por haver realizado seus objetivos reguladores da conduta ou por razões que o direito positivo estipula."

Está-se diante, pois, da fase final, fase de encerramento do que o Prof. *Paulo de Barros* chamou de "... percurso de sua existência...".

Diversas são as hipóteses de extinção do crédito tributário. Considere-se o art. 156 do CTN:

> Art. 156. Extinguem o crédito tributário:
>
> I – o pagamento;
>
> II – a compensação;
>
> III – a transação;
>
> IV – remissão;
>
> *V – a prescrição e a decadência;*
>
> VI – a conversão de depósito em renda;

(172) MACHADO, Hugo de Brito. *Op. cit.*, p. 146.

(173) Eventual abordagem voltada às hipóteses de suspensão do crédito tributário transbordariam os limites definidos no presente estudo, daí sua exclusão das ponderações trazidas.

(174) *Op. cit.*, p. 298.

> VII – o pagamento antecipado e a homologação do lançamento nos termos do disposto no art. 150 e seus §§ 1º e 4º;
>
> VIII – a consignação em pagamento, nos termos do disposto no § 2º do art. 164;
>
> IX – a decisão administrativa irreformável, assim entendida a definitiva na órbita administrativa, que não mais possa ser objeto de ação anulatória;
>
> X – a decisão judicial passada em julgado.
>
> XI – a dação em pagamento em bens imóveis, na forma e condições estabelecidas em lei. (Inciso incluído pela Lei Complementar n. 104, de 10.1.2001)
>
> Parágrafo único. A lei disporá quanto aos efeitos da extinção total ou parcial do crédito sobre a ulterior verificação da irregularidade da sua constituição, observado o disposto nos arts. 144 e 149. (grifo nosso)

Embora cada uma das hipóteses mencionadas encerrem peculiaridades que, diante da relevância, merecessem ser ponderadas, fato é que o estudo presente mira de forma específica uma delas: a decadência tributária. Eis parte relevante do objeto do presente estudo.

Capítulo 5

Decadência — Aspectos Gerais

É de apontar desde logo que, de vetusto e superado, o estudo do instituto da decadência tem pouco, tendendo a nada.

Sem dúvida uma das análises mais interessantes acerca da decadência, especificamente sobre o papel do tempo em meio ao direito, foi realizada por *Eurico Marcos Diniz de Santi*. O citado autor ponderou o tempo como fato jurídico. Sustentou que: "Há tempo no suporte físico do Direito".(175) Considerando que o suporte físico do Direito termina sendo as normas postas pelo ordenamento positivo, há que se concordar com a colocação. Realmente, o tempo é relevante juridicamente, e relevante inclusive a ponto de ser considerado como fato jurídico. O fluir inexorável do tempo produz efeitos jurídicos concretos. E tal não poderia ser diferente na medida em que, em sendo considerado irrelevante o tempo, situações de incerteza perpetuar-se-iam, causando certo incômodo à sociedade.

Nesse sentido vale ressaltar que parte da doutrina aponta(176), dentre os diversos valores salvaguardados pelo ordenamento, dois em particular, em razão de seu relevo. Apontam a segurança jurídica e a justiça como pilares do ordenamento. Parece absolutamente fundamental ressaltar-se o fato de que a pretensa segurança jurídica não encerra o único valor a ser tutelado. Algo de justiça(177) deve nortear as posturas do aplicador do direito, salvo se se optar por postura kelseniana, em que o justo e o legal devem manter-se afastados e que a justiça encontraria lugar apenas em meio à Ética, enquanto ciência, e não no Direito.

Enfim, encerram valores relevantes ao ordenamento pátrio tanto a justiça como a segurança. Eis um ponto interessante, que deverá ser apreciado oportunamente em face do ideal da proporcionalidade, enfim, da equitativa ponderação dos valores em conflito.

---

(175) SANTI, Eurico Marcos Diniz de. *Decadência e prescrição no direito tributário.* 3, ed. São Paulo: Max Limonad, 2004. p. 40.

(176) Nesse sentido cf. MACHADO, Hugo de Brito. *Uma introdução ao estudo do direito.* São Paulo: Dialética, 2000. p. 23.

(177) No sentido de aprofundar um tanto os conceitos de justiça, de rigor proceder-se análise do conteúdo das obras *Ética a Nicômaco*, especificamente o livro V, e *Política* de Aristóteles.

Esclarecendo ainda a ação do tempo em meio ao direito, aduz *Carlos Augusto Jeniér*(178):

"Na verdade o Direito, apresentando-se como sistema autoconceptivo, em que ele próprio regula os meios de sua criação legítima ("direito cria direito"), também se apresenta como sistema *autofágico*, em que certos direitos conferidos pelo plexo normativo e não exercidos pelos cidadãos perecem por determinação da própria ordem jurídica, como meio de garantia da estabilização das relações sociais. Nesse patamar, é importante destacar, como muito bem já advertia *Pontes de Miranda*, que a necessidade de implantação desses institutos não se remonta sobres as fracas bases da simples e medíocre aplicação do brocardo latino *dormientibus non sucurrit ius*, mas sim ao verdadeiro espírito da ordem jurídica que é a conferência de solidez às relações interindividuais, como forma única e eficaz de produção da segurança jurídica e da paz pública."

Portanto, o direito positivado fica responsável, além de regular as condutas, pelo processo de criação de outras normas. Curiosamente, as referidas normas, que trazem novos direitos, por vezes impõem restrições ao seu exercício. Dentre as restrições impostas, podem ser dispostas restrições de ordem temporal. Com isso, o exercício de um dado direito deverá, ao menos em tese, ser exercido em determinado tempo.

Nota-se ainda do texto transcrito acima que *Pontes de Miranda* já aborda a motivação, o fundamento das consequências impostas à ação do tempo. Em que pese servir também à consecução da chamada segurança jurídica, fato é que *há sim um conteúdo nitidamente sancionatório à fixação de consequência à ação do tempo* ligado à inércia do eventual titular de direitos.

Ainda sobre o tempo e o direito, esclarece *Eurico Marcos Diniz de Santi*(179):

"O tempo consome os fatos e o direito que deles advém. No tempo nascem os fatos, no tempo nasce o direito, no tempo morrem os fatos, pelo tempo o direito extingue o direito. Tal qual Chronos (Saturno), o direito implacável, devora o direito que de sua seiva surge. Decadência e prescrição são formas que o direito encontrou para conviver com esse deus tão poderoso: o tempo."

Resta interessante notar como o referido autor ultrapassa questão conceitual afeitas à prescrição e decadência, bem como a diferenciação entre os institutos. A crítica à doutrina corrente e o posicionamento adotados merecem consideração(180). Observe-se:

"Essa problemática decorre, em parte, do enleio que a Doutrina do Direito Civil faz entre 'ciência' e 'direito'. A aparente confusão entre prescrição e decadência não é identificada pela Doutrina civilista, que exara sua coerência sobre o direito

(178) JENIÊR, Carlos Augusto. *Lançamento tributário e decadência.* In: MACHADO, Hugo de Brito (Coord.). *Lançamento tributário e decadência.* São Paulo: Dialética: Fortaleza: Instituto Cearense de Estudos Tributário, 2002. p. 42.

(179) *Op. cit.*, p. 45.

(180) *Op. cit.*, p. 40.

positivo, reconduzindo esses conceitos ao reino de sua razão. Mas essa intromissão tem um preço, implica automática transfiguração do direito como objeto: doutrina não é fonte do direito e, quando pretende sê-lo, ao constituí-lo, simplesmente, o desconstitui. Assim, o que se verifica no estudo da prescrição e da decadência no direito civil, são proposições sem base empírica, mais referenciais criativos do que genuinamente descritivos, que se legitimam simplesmente pela afirmação de que *tempus fugit* e *jus non sucurrit dormientibus.*

No entanto, a decadência e prescrição são, como diz Pontes de Miranda, conceitos jurídico positivos. Portanto, não pode reduzir-se ou explicar-se por plexos circunstanciais do mundo real e social, como o inexorável fluir do tempo ou a inércia daqueles que não exercem seus direitos (o que aliás, é também um direito). No fundo, decadência e prescrição são formas extintivas de direitos subjetivos, que se diferenciam pelo caráter desses direitos. Contingências como a interrupção ou não do prazo que as configura ou da legitimidade ou não dos juízos para alegá-las de ofício, são, para esse efeito, juridicamente irrelevantes: 'prescrição ou decadência?', pois, eis aí uma falsa questão.

Ambas são mecanismos do sistema jurídico para absorção de incertezas, limites impostos pelo próprio ordenamento à sua positivação, seja mediante o exercício do próprio direito, decadência, ou o exercício da ação, prescrição." (grifo nosso)

5.1. Conceito de decadência

Em que pese restar certa coerência à crítica aos conceitos lançados pela doutrina, sob uma perspectiva racionalista, razoável se faz trabalhar a prévia definição dos institutos que se pretende estudar. E tal, de qualquer forma, é a tendência majoritária encontrada na doutrina.

Nesse sentido, resta interessante lembrar que, existem formas diversas de ponderar, de constituir conceitos. É possível optar por critério semântico(181), baseados na origem e evolução das palavras ou, ainda, utilizar critérios analíticos ou descritivos.

Sob a perspectiva semântica, sobre a palavra decadência, considerem-se as palavras de *Antonio Carlos Martins Melo*(182):

"Decadência (> lat. *decadentia*, ae) é ato de decair — verbo derivado do mesmo latim *de* + *cadere*, sendo o *de* preposição ou prefixo, com o sentido de (movimento de) *separação, afastamento, de cima para baixo, privação* como em de + post > depois; *cadere* (paroxítono — 3ª conjugação), sujas *formae principales* são cado (eu caio),

(181) S.f., Ling., estudo da linguagem humana do ponto de vista do significado das palavras e dos enunciados; semasiologia; sematologia; na linguística moderna é a disciplina que estuda as palavras e os enunciados como sendo objectos abstractos com um conjunto de propriedades e entre os quais se estabelecem relações que se definem nos termos predicação, tempo, aspecto, modalidade, valores de verdade etc. Disponível em: <http://www.priberam.pt/dlpo/definir_resultados.aspx>.

(182) MELLO, Antonio Carlos Martins. Lançamento tributário e decadência. In: MACHADO, Hugo de Brito (Coord.). *Lançamento tributário e decadência*. São Paulo: Dialética: Fortaleza: Instituto Cearense de Estudos Tributários, 2002. p. 13.

cadis (paroxítono — tu cais), *cecidi* (proparoxítono — eu caí), *casum* (paroxítono — caído), isto é, cair, como numa expressão muito a propósito de Quintus Curtius Rufus, historiador de Claudio, pouco mais novo que a época de Cristo, para quem cadunt tela (*ou lanceae*) *in hostes* — os lançamentos caem sobre os inimigos, inspiração supina da origem que imputo à apelidada atividade impositiva. Da mesma raiz etimológica vêm (1) *caducus*, a, um — adjetivo triforme da 1ª e 2ª declinações — sem dono, ser herdeiro, caído, caduco; (2) *caduceus*, lança que mercurio e seus arautos portavam, certamente para tanger seus contribuintes; (3) *caducarius*, a, um — diz-se de pessoas epiléptica ou riqueza sem dono, como em caduca — neutro, plural nominativas de coisas sem dono."

Ainda, *Antonio Luiz Câmara Leal*[183] conceitua decadência sob a perspectiva semântica conforme segue:

"... é o vocábulo de formação vernácula, tendo, porém, como étimo remoto o verbo latim cadere — cair. É formado pelo prefixo latino de (de cima de) pela forma verbal cado, de cadere, e pelo sufixo ência, do latim entia que denota ação ou estado. Literalmente, pois, decadência é a ação de cair ou o estado daquilo que caiu.

Aplicado à linguagem jurídica, foi introduzido em sua terminologia para indicar a queda ou perecimento do direito pelo decurso do prazo fixado ao seu exercício, sem que seu titular o tivesse exercido. Da mesma estrutura morfológica são a expressão francesa *déchéane* e a italiana *decadenza.*"

Sob a perspectiva analítica ou descritiva, *Helio Graça Castanheira*[184], citando *Câmara Leal*, coloca:

"Dá-se a decadência quando a lei, ou a vontade do homem, prefixa um termo ao exercício de um direito (cumprimento de um ato qualquer ou proposição da ação), de modo tal que, decorrido o tempo, ao interessado fica precluso o cumprimento do ato ou o exercício da ação."

Considere-se ainda *Caio Mario*[185] acerca da conceituação de decadência:

"Efeito do tempo na relação jurídica é, também a decadência ou caducidade, que muito se aproxima da prescrição, diferindo, entretanto, nos seus fundamentos e no modo peculiar de operar. Decadência é o perecimento do direito potestativo, em razão do seu não exercício em um prazo predeterminado."

Kiyoshi Harada[186] aduz ainda acerca do conceito analítico de decadência o quanto segue:

---

(183) LEAL, Antonio Luiz Câmara. *Da prescrição e da decadência* — teoria geral do direito civil. 3. ed. Rio de Janeiro: Forense, 1978. p. 99.

(184) ARANHA, Helio Graça. *Decadência e prescrição.* v. 2. São Paulo: Resenha Tributária, 1976. p. 591.

(185) *Op. cit.*, p. 689.

(186) HARADA, Kiyoshi. *Direito financeiro e tributário.* 11. ed. São Paulo: Atlas, 2003. p. 464.

"Doutrinariamente, a decadência é conceituada como sendo o perecimento do direito por não ter sido exercitado dentro de determinado tempo. É um prazo de vida do direito."

5.2. Diferenças entre prescrição e decadência

Ab initio, é de se reconhecer, por óbvio, aspecto comum tanto à prescrição como à decadência. Nesse sentido considere-se *Fabio Fanucchi*(187):

"Ambos os institutos possuem em comum o princípio em que se assentam: a perecibilidade do direito pela inércia de seu titular no sentido de afirmá-lo existente, pela manifestação de vontade ou pela atuação em juízo quando esse direito for violado ou negado."

As similitudes, contudo, terminam no exposto.

Quanto aos aspectos gerais que diferenciam ambos os institutos, certa evolução pode ser notada em relação aos Códigos Civis de 1916 e 2002. O trato pouco claro conferido aos institutos pelo vetusto código foi substituído por título específico, em meio ao livro destinado aos fatos jurídicos. Considerem-se nesse sentido as palavras de *Caio Mario da Silva Pereira*(188):

"O Código Civil de 1916, sob a epígrafe genérica *Da Prescrição* reunia todas as hipóteses de extinção do direito por ação do tempo, relegando à doutrina a sua extremação da *Decadência*. Esta distinção não é fácil e, tem desafiado os melhores juristas. O Código Civil de 2002, ao contrário do de 1916, destacou a prescrição e a decadência, não apenas sob o aspecto de sua colocação, dedicando à primeira os arts. 189 a 206, enquanto aludiu à decadência nos arts. 207 a 211. O que sobretudo o caracteriza, neste particular, é referir-se à prescrição englobadamente em um único capítulo, ao passo que menciona os casos de decadência, destacadamente, sempre que condiciona o exercício de um direito potestativo a um prazo preclusivo."

A doutrina costuma diferenciar os institutos da decadência a da prescrição apontando, como regra, os mesmos elementos, sem grande variação. O objeto fulminado por cada instituto termina sendo o primeiro elemento a ser apontado. Como regra, aponta-se que a decadência extinguiria o direito material pertinente, enquanto, por outro lado, a prescrição atuaria extinguindo o direito de ação. Nesses sentido, considere-se *Hélio Graça Aranha*(189), citando *Câmara Leal*:

"(...) a decadência extingue, diretamente, o direito e, com ele, a ação que o protege; ao passo que a prescrição extingue diretamente a ação e, com ela, o direito que o protege."

(187) *Op. cit.*, p. 39.

(188) PEREIRA, Caio Maria da Silva. *Instituições de direito civil*. v. I, 21. ed. Rio de Janeiro: Forense, 2005. p. 680.

(159) ARANHA, Helio Graça. *Decadência e prescrição*. v. 2. São Paulo: Resenha Tributária, 1976. p. 595.

No mesmo sentido, *Fabio Fanucchi*(190) esclarece:

"A distinção entre ambos, já acentuada pela doutrina, é encontrada no fato de a decadência extinguir o direito e a prescrição extinguir a ação capaz de fazer prevalecer o direito".

Doutrina moderna já deixa de apontar o direito de ação como vítima da prescrição, focando, em verdade, o direito à pretensão. Tal se dá pois o direito de ação é exercido concretamente ainda que verificada a prescrição, e o acolhimento desta motiva a extinção com julgamento com base no art. 269 do CPC. Nesse sentido, resta interessante rememorar a literalidade do art. 189 do vigente CCB. Considere-se:

> Art. 189 – Violado o direito, nasce para o titular a pretensão, a qual se extingue, pela prescrição nos prazos a que aludem os art. 205 e 206.

Observe-se ainda o posicionamento adotado por *Caio Mario*(191) exatamente acerca do elemento diferenciador ponderado acima:

"(...) decadência é a perda do direito potestativo pela falta de exercício em tempo prefixado, enquanto a prescrição extingue a pretensão um direito subjetivo que não tinha prazo para ser exercido, mas que veio a encontrar mais tarde um obstáculo com a criação de uma situação contrária, oriunda da inatividade do sujeito."

Outro elemento diferencial aponta no sentido de que a decadência não admitiria interrupção ou suspensão de seu prazo, enquanto tal não se verificaria com a prescrição, que termina assimilando esses elementos acidentais, de acordo com as hipóteses ditadas pelos art. 197 e 202 do CCB.

Como regra, e nos termos do art. 194 do CCB, a prescrição não pode ser reconhecida de ofício pelo magistrado, salvo para beneficiar incapazes, enquanto a decadência constitui matéria de ordem pública, reconhecível, portanto, de ofício pelo juiz de acordo com o art. 210 do CTN.

Prazos de prescrição, a princípio, não poderão ser alterados pelas partes da relação jurídica, nos termos do art.192 do CCB. Tal não se verifica com os prazos decadenciais, observado o conteúdo do art. 211 do CCB.

Os prazos decadenciais fluem ainda desde o nascimento do direito, enquanto a prescrição flui a partir da violação do direito, momento em que se detém o direito de ação.

Fabio Fanucchi(192) lembra ainda mais um aspecto que diferencia os institutos da prescrição e decadência. Considere-se:

"... na decadência não se verifica só a extinção de um direito. Correspondendo ao desaparecimento do direito ofensivo do sujeito ativo, estará se constituindo

(190) *Op. cit.*, p. 39.

(191) *Op. cit.*, p. 689.

(192) FANUCCHI, Fabio. *A decadência e a prescrição em direito tributário.* Tese apresentada no curso de especialização em Direito Tributário, da Faculdade de Direito da Universidade de São Paulo. 1969.

um direito atuante do sujeito passivo. Por isso, a decadência sempre se reveste de duplo sentido quando a análise de suas consequências se faça de forma mais ampla que a exclusiva em relação ao titular do direito que desapareceu com a sua ocorrência. Nessa análise mais ampla de todas as suas consequências, inclusive na avaliação do tipo de direito que faz nascer em substituição ao extinto, conclui-se que a decadência, em todos os casos, sem alternativa, é, a um só tempo: extintiva do direito atuante do sujeito ativo em uma relação jurídica; e, constitutiva de direito atuante para o sujeito passivo dessa mesma relação. Em direito tributário, a exemplo de todas as relações obrigacionais, essa feição da decadência se afirma de maneira mais positiva. Com esse aspecto não se reveste a prescrição. O desaparecimento do direito de agir em juízo, por parte do titular desse direito, não chega a criar, para o sujeito oposto da relação jurídica, pelo menos novo direito ofensivo, atuante e definitivo."

Ainda em meio a um quadro geral de informações que terminam diferenciando os institutos da prescrição e decadência, *Fabio Fanucchi*, citando lição de *Câmara Leal* obtempera:

> "É de decadência o prazo estabelecido pela lei, ou pela vontade unilateral ou bilateral, quando prefixado ao exercício do direito pelo seu titular. E é de prescrição, quando fixado, não para o exercício do direito, mas para o exercício da ação que o protege. Quando, porém, o direito deve ser exercido por meio da ação, originando-se ambos do mesmo fato, de modo que o exercício da ação represente o próprio exercício do direito, o prazo estabelecido para ação deve ser tido como prazo prefixado ao exercício do direito, sendo, portanto, de decadência, embora aparentemente se afigure de prescrição.
>
> Eis como, em poucas palavras, fica o instituto da decadência claramente definido e explicado..."

Em que pesem os elementos diferenciais expostos, nem sempre é fácil identificar a natureza de cada um dos prazos ditados pelo direito privado. Em meio ao direito privado, hipóteses existem em que direito e ação surgem de forma concomitante, e tal dificulta a definição da natureza do prazo.(193)

5.3. Decadência em meio ao ramo tributário da ciência do direito

Com o intuito de introduzir o tópico presente, relevante resta ponderar um tanto a própria inserção dos institutos da decadência e prescrição ao ramo tributário da ciência do direito. Realmente é de se ponderar a adequação e a utilidade da referida inserção em termos doutrinários.

Exatamente nesse sentido *Luciano Amaro*(194) fez observações interessantes a respeito do tema. Em linhas gerais, sustenta o autor que o Código Tributário Nacional não

(193) No sentido de verificar a referida dificuldade e, de forma concomitante, contatar critério pretensamente técnico de diferenciação, conferir AMORIM FILHO, Agnelo. Critério científico para distinguir a prescrição da decadência e para identificar as ações imprescritíveis. *Revista dos Tribunais*, São Paulo, RT: 1960.

(194) *Op. cit.*, p. 389.

teria feito a melhor opção ao atrair para o ramo tributário da ciência do direito os institutos da decadência e prescrição, típicos do direito privado. Considere-se:

> "... o Código Tributário Nacional poderia ter-se limitado a disciplinar um prazo para que o Fisco, não satisfeito pelo sujeito passivo, ingressasse em juízo com a ação de cobrança, estabelecendo o lapso de tempo que entendesse adequado, e fazendo-o contar a partir do nascimento da obrigação tributária, com as causas de interrupção ou suspensão que fossem adequadas. Aliás, como lembra *Fabio Fanucchi*, essa era a posição adotada no Anteprojeto do Código, preparado por *Rubens Gomes de Souza*, ao tratar da prescrição.
>
> (...) o Código Tributário Nacional optou por cindir a problemática dos prazos extintivos do direito do credor da obrigação tributária, fixando dois prazos, sendo o primeiro lapso de tempo dentro do qual deve ser 'constituído' o crédito tributário mediante a consecução do lançamento, e o segundo, o período no qual o sujeito ativo, se não satisfeita a obrigação tributária, deve ajuizar a ação de cobrança.
>
> O Código chamou de decadência o primeiro prazo e designou o segundo como prescrição. Assim sendo, se se esgota o prazo dentro do qual o sujeito ativo deve lançar, diz-se que decaiu de seu direito; este se extingue pela decadência (ou caducidade). Se, em tempo oportuno, o lançamento é feito, mas o sujeito ativo, à vista do inadimplemento do devedor, deixa transcorrer o lapso de tempo que tem para ajuizar a ação de cobrança, sem promovê-la, dá-se a prescrição da ação.
>
> *O risco dessa importação de institutos (ou de rótulos) de direito privado está, em primeiro lugar, em* ***trazer para o direito tributário as perplexidades e inconsistências com que a doutrina lá se defrontava.*** *Mas, mais do que isso, está em atrair, para o seio dos tributos, os problemas da distinção entre institutos diversos (a prescrição e a decadência) que, efetiva ou supostamente, reportam-se a direitos de natureza diferente, para serem aplicados sobre direitos (do credor fiscal) que não apresentam a dualidade (ou pluralidade) existente no direito privado.* Com efeito, se, no direito privado, há interesses individuais de natureza distinta (que ora envolvem direitos disponíveis, ora atêm-se a preocupações de ordem pública, insuscetíveis de afetação pela vontade das partes), no direito tributário temos uma mesma relação material (a relação jurídica tributária, que enlaça o devedor e o credor do tributo), uma só origem (a lei, dada a natureza *ex lege* da obrigação tributária). Optou o Código pela definição de prazos distintos para o lançamento e para ação de cobrança (desconhecendo relevo à inscrição da dívida). *Ao batizar esses prazos com as designação de* ***decadência e prescrição****, atraiu, porém, a contextura teórica que esses institutos possuem no âmbito do direito privado.* Com isso, a doutrina padece ao examinar as características dos prazos extintivos no direito tributário, na tarefa de identificar o regime próprio de cada um (renunciabilidade ou não, possibilidade de interrupção ou suspensão, de decretação de ofício etc.), já que, na falta de maiores configurações *tributárias* desses institutos, os autores têm entendido aplicável o regime jurídico respectivo, construído na doutrina do direito privado."
> (grifo nosso)

Independente das críticas, é fato que a opção foi feita e, em meio a um quadro constitucional caracterizado pelo estado de direito, há que se trabalhar com o direito positivado independente de suas eventuais mazelas.

Recapitulando, *Hugo de Brito Machado*(195) elabora a conceituação que segue:

> "Entende-se como decadência a extinção de um direito potestativo(196) causada pela inércia de seu titular. O direito de lançar é um direito potestativo da Fazenda Pública. Fixa a Lei um prazo para seu exercício. Decorrido esse prazo sem que o direito seja exercido, consuma-se sua decadência."

5.4. Quanto à diferença entre decadência e prescrição em meio ao Direito Tributário

Diferentemente do que ocorre em meio ao direito privado, no ramo tributário da ciência do direito, o labor intelectivo no sentido de elaborar clara diferenciação entre os institutos da prescrição e decadência restam despiciendos. E tal se sustenta, pois os institutos subsistem em momentos distintos do iter necessário à formação do crédito tributário.

Enquanto a decadência tem lugar no lapso temporal existente entre a ocorrência do fato imponível e o lançamento, a prescrição dá-se do surgimento definitivo do crédito tributário até a sua efetiva execução.

Com isso, ao menos em meio ao direito tributário, dispensável resta maior aprofundamento teórico acerca das diferenças entre os institutos sob análise. Exatamente nesse sentido, considerem-se as palavras de *Kiyoshi Harada*(197) acerca das diferenças entre os institutos da prescrição e decadência em meio ao direito tributário:

> "No direito tributário, a distinção não oferece maiores dificuldades porque existe o lançamento, que serve de marco divisor entre um e outro instituto. Constituído o crédito tributário pelo lançamento, cessa a cogitação de decadência para iniciar-se a cogitação da prescrição. Onde termina a primeira, começa imediatamente a segunda, sem qualquer hiato"

5.5. Pontuais crises teóricas apontadas pela doutrina

Conforme visto, as hipóteses de extinção do crédito tributário restam delineadas no art. 156 do CTN. Dentre as diversas hipóteses mencionadas, no inciso V fez constar o legislador os institutos da prescrição e decadência tributária.

---

(195) MACHADO, Hugo de Brito. Lançamento tributário e decadência. In: MACHADO, Hugo de Brito (Coord.). *Lançamento tributário e decadência*. São Paulo: Dialética: Fortaleza: Instituto Cearense de Estudos Tributários, 2002. p. 235.

(196) Prerrogativa jurídica de impor a outrem, unilateralmente, a sujeição ao seu exercício. Disponível em: <http://www.dji.com.br/dicionario/direito> Acesso em: 12 out. 2005.

(197) HARADA, Kiyoshi. *Direito financeiro e tributário*. 11. ed. São Paulo: Atlas, 2003. p. 465.

a) Ocorre que há quem critique justamente a inserção dos institutos no rol mencionado. No que concerne à decadência, esta não deveria figurar ao rol mencionado, haja vista que a decadência não extingue o crédito tributário. Em verdade, terminada a fluência do prazo decadencial pelo lançamento, surge o crédito tributário. Observe-se que, realmente resta um tanto incongruente a extinção do crédito pela decadência, pois esta precede àquele sob a perspectiva lógico-temporal.

Ponderando a problemática mencionada, *Kiyoshi Harada*(198) coloca:

"O art. 156 do CTN arrola a 'prescrição e a decadência' entre as modalidades de extinção do crédito tributário, mas a decadência que vem disciplinada, em primeiro lugar, no art. 173, deve ser entendida como extinção do direito à constituição do crédito tributário, pelo lançamento."

b) Críticas surgem ainda com relação à inserção da prescrição no rol mencionado. A prescrição não caberia no referido rol pois, da mesma forma, não extinguiria o crédito tributário. É de arguir, afinal, qual o objeto da fúria destrutiva do instituto da prescrição.

Lembra *Hugo de Brito Machado*(199) que:

"Na Teoria Geral do Direito a prescrição é a morte da ação que tutela o direito, pelo decurso do tempo previsto em lei para esse fim. O *direito* sobrevive, mas sem proteção. Distingue-se, nesse ponto, da decadência, que atinge o próprio direito".

Para a teoria geral do direito então, a prescrição atingiria o direito de ação(200).

À doutrina tributária, há quem aplique as ideias provenientes da teoria geral do direito. Nesse sentido, *Hélio Graça Aranha*(201), citando *Câmara Leal*, comenta:

"(...) a decadência extingue, diretamente, o direito, e, com ele, a ação que o protege; ao passo que a prescrição extingue diretamente a ação e, com ela, o direito que a protege."

Conforme já apontado, concepção um tanto mais moderna, aponta como vítima da prescrição não mais o direito de ação, mas, a chamada pretensão. Ponderando o texto do CPC pátrio, tal se justificaria na medida em que, eventual acolhimento de prejudicial de mérito de prescrição, encerraria extinção do processo com julgamento do mérito (ver art. 269 CPC).

Em sentido aproximado, *Kiyoshi Harada*(202) obtempera:

"Como decorrência da difusão da teoria autonomista da ação, surgiu o conceito de pretensão, que no dizer de *Carnellutti*, citado por *Frederico Marques*, nada

(198) *Op. cit.*, p. 465.

(199) *Op. cit.*, p. 189.

(200) Na sequência, o referido autor aduz que o CTN conferiu trato diferenciado ao instituto da prescrição, na medida em que passou a fulminar o crédito tributário, a relação material tributária, entendo desarrazoada eventual negativa de certidão negativa de débito, por exemplo (*op. cit.*, p. 189).

(201) *Op. cit.*, p. 595.

(202) *Op. cit.*, p. 464.

mais é do que a exigência de subordinar o interesse alheio ao interesse próprio. Daí o conceito de lide como uma pretensão resistida. Se o devedor não opuser resistência à pretensão do credor, o conflito de interesses se comporá amigavelmente, não dando ensejo à lide a ser dirimida pelo Judiciário. Daí, também, a moderna doutrina no sentido de que tanto a prescrição como a decadência atingem a pretensão, que não se confunde nem com a ação nem com o direito."

No sentido das críticas acima, considere-se *Fábio Fanucchi*(203):

Quando da preparação dos originais da segunda edição do livro, que deu ao público o meu estudo e sem introduzir qualquer modificação ao texto original (visto tratar-se de uma tese), incluí nele um adendo que não estribou ou analisou qualquer produção doutrinária ou jurisprudencial superveniente, pois elas não existiam até 1971. Até então, nada surgira que pudesse ser referido e o adendo aduziu novas conclusões àquelas que defendi em 1969. *Uma delas, e a mais importante, foi a de contestar a afirmação do texto do art. 156 do Código Tributário Nacional, de que a decadência e a prescrição pudessem ser formas de extinção do crédito tributário. A primeira, definitivamente não é, visto como, ocorrendo antes do lançamento, segundo a incontestável localização que ensinou BLUMENSTEIN, impede que o crédito apareça, no sistema adotado pelo CTN. Logo, não poderia extinguir o que não existe e jamais existirá, sendo ela, isto sim, forma de exclusão do crédito. Quanto à segunda, por comportar renúncia de seus efeitos por parte do prescrebente, pode ocorrer e ainda assim o crédito ser extinto normalmente pelo pagamento.*

De forma equivocada, poderão ser consideradas estéreis ou meramente acadêmicas as críticas alinhadas ao itens *a* e *b* passados. Contudo, tal impressão sucumbe diante de um mais acurado debruçar. Especificamente com relação à prescrição, tem-se relevante questão a ser dirimida em razão das críticas supra. Considere-se a colocação realizada por *Fábio Fanucchi*(204), tomando o mesmo rumo da maior parte da doutrina pátria:

"(...) em direito tributário... quem paga o tributo cuja ação de cobrança acha-se prescrita, não terá direito de reivindicar sua restituição; todavia, quem pague um tributo que era devido mas que foi lançado *após a verificação da decadência, não perderá o direito de solicitar a restituição do indébito*, da mesma forma que não o perde aquele que satisfaz um tributo falto de fato gerador."

Considerando a crítica realizada alhures, se a prescrição extingue o crédito tributário, não se justificaria a repetição de indébito, da mesma forma que não se justifica a repetição diante da decadência.(205) Outras questões seguem correlatas a estas, *verbi gratia*, a remessa da devedora ao CADIN diante de crédito prescrito, ou, ainda, a negativa de CND em circunstâncias similares.

---

(203) FANUCCHI, Fábio. A decadência e prescrição no imposto de renda. In: *Decadência e prescrição*. São Paulo: Resenha Tributária, 1976. p. 427-8.

(204) *Op. cit.*, p. 27.

(205) Nesse sentido, talvez não esteja equivocada a corrente que aponta inexistir qualquer diferença entre prescrição e decadência em direito tributário, mormente em se considerando que, nos termos do 173 II, a decadência se submete até mesmo à interrupção de seu prazo diante da anulação de lançamento por vício formal.

5.6. Linhas gerais acerca da decadência em matéria tributária

O CTN encerra regra geral acerca da decadência ao seu art. 173. Considere-se:

> Art. 173 – O direito de a Fazenda Pública constituir o crédito tributário extingue-se após 5 (cinco) anos, contados:
>
> I – do primeiro dia do exercício seguinte àquele em que o lançamento poderia ter sido efetuado;
>
> II – da data em que se tornar definitiva a decisão que houver anulado, por vício formal, o lançamento anteriormente efetuado.
>
> Parágrafo único. O direito a que se refere este art. extingue-se definitivamente com o decurso do prazo nele previsto, contado da data em que tenha sido iniciada a constituição do crédito tributário pela notificação, ao sujeito passivo, de qualquer medida preparatória indispensável ao lançamento.

A prescrição resta regulada ao art. 174, contudo, considerando os limites materiais do presente estudo, reserva-se a outra oportunidade abordagem mais detida acerca de tal instituto.

O referido art. 173 aplica-se tanto aos lançamentos ditos de ofício, quanto aos por declaração. Os lançamentos por homologação encontram-se regidos por regramento decadencial específico, a saber: o § 4º do art. 150 do CTN. Pondere-se:

> Art. 150 – *O lançamento por homologação*, que ocorre quanto aos tributos cuja legislação atribua ao sujeito passivo o dever de antecipar o pagamento sem prévio exame da autoridade administrativa, opera-se pelo ato em que a referida autoridade, tomando conhecimento da atividade assim exercida pelo obrigado, expressamente a homologa.
>
> § 1º O pagamento antecipado pelo obrigado nos termos deste art. extingue o crédito, sob condição resolutória da ulterior homologação do lançamento.
>
> § 2º Não influem sobre a obrigação tributária quaisquer atos anteriores à homologação, praticados pelo sujeito passivo ou por terceiro, visando à extinção total ou parcial do crédito.
>
> § 3º Os atos a que se refere o parágrafo anterior serão, porém, considerados na apuração do saldo porventura devido e, sendo caso, na imposição de penalidade, ou sua graduação.
>
> § 4º *Se a lei não fixar o prazo à homologação, será ele de 5 (cinco) anos, a contar da ocorrência do fato gerador; expirado esse prazo sem que a Fazenda Pública se tenha pronunciado, considera-se homologado o lançamento e definitivamente extinto o crédito, salvo se comprovada a ocorrência de dolo, fraude ou simulação.* (grifo nosso)

5.7. Aplicação no tempo de regramentos afeitos à decadência tributária[206]

Considerando a intensa sucessão de leis tributárias no tempo, dúvidas podem surgir quanto à lei aplicável a determinada competência, ou ainda determinado crédito tributário. Irrefutável a necessidade de se abordar ao presente tópico, de início, ponderação constitucional.

(206) Com o intuito de complementar eventual estudo acerca do direito intertemporal e as noções de direito adquirido, irretroatividade e ultra-atividade das normas, bem como acerca da aplicação imediata das normas, de rigor considerar clássico *Irretroatividade das leis e o direito adquirido* de Limongi França. São Paulo: Saraiva, 1998.

Tendo como fundamento a segurança jurídica, a Constituição Federal, acolhendo o princípio geral da irretroatividade das leis, restringiu sensivelmente o potencial retroativo da legislação genericamente considerada.

Acerca do referido princípio, *Hugo de Brito Machado*(207) esclarece:

"Irretroatividade, princípio geral que se pode considerar da própria essência do Direito, tamanha é a sua importância para preservação da segurança jurídica, quer dizer que a lei deve ser anterior ao fato que qualifica juridicamente."

Diferente do princípio geral supra mencionado, o ramo tributário da ciência do direito encerra princípio específico, de guarida expressa pela Constituição Federal. Trata-se do princípio da anterioridade. O referido princípio resta inserido na CF na alínea *b* do inciso III do art. 150 da CF. Pondere-se:

> Art. 150 – Sem prejuízo de outras garantias asseguradas ao contribuinte, é vedado à União, aos Estados, ao Distrito Federal e aos Municípios:
>
> (...)
>
> III – cobrar tributos:
>
> a) em relação a fatos geradores ocorridos antes do início da vigência da lei que os houver instituído ou aumentado;
>
> b) no mesmo exercício financeiro em que haja sido publicada a lei que os instituiu ou aumentou;

Embora majoritariamente vislumbre-se ao dispositivo a regra geral da irretroatividade das leis, há quem relativize a referida noção, sustentando em verdade que foi instituída a retroação como regra. A retroação teria sido instituída como regra, não restando viável, contudo, que a retroação permitida prejudicasse o direito adquirido, o ato jurídico perfeito e a coisa julgada. Nesse sentido, considere-se *Luciano Amaro*(208):

"Como princípio geral, a Constituição prevê a irretroatividade relativa da Lei, ao determinar que esta não pode atingir o direito adquirido, o ato jurídico perfeito e a coisa julgada (art. 5º, XXXVI); há, ainda, outras vedações à aplicação retroativa da lei (de que é exemplo a que decorre do item XXXIX do mesmo artigo: "não há crime sem lei anterior que o defina, nem pena sem prévia cominação legal") Obedecidas as restrições, a lei pode, em princípio, voltar-se para o passado, se o disser expressamente ou se isso decorrer da própria natureza da lei; se nada disso ocorrer, ela vigora para o futuro."

Levando em conta as alíneas *a* e *b*, do inciso III, do art. 150 da CF não resta equivocado concluir que, inclusive sob a perspectiva tributária, a Constituição Federal adotou regra no sentido da irretroatividade das normas para abarcar, regular fatos passados. Sob o enfoque constitucional, portanto, normas tributárias regem os fatos geradores

(207) *Op. cit.*, p. 42.

(208) *Op. cit.*, p. 118.

futuros, ou seja, aqueles que venham a ocorrer após a sua entrada em vigor(209). Aplica-se, nesses termos, a máxima *tempus regit actum* no sentido de definir as regras aplicáveis a cada fato gerador.

Partindo ao espectro legislativo infraconstitucional, tem-se o CTN como norte apriorístico.

Ponderando de forma específica o texto do Código Tributário Nacional tem-se, ao art. 144, apontamento no sentido de aplicar-se a norma vigente no momento do fato gerador. Considere-se o texto:

> Art. 144 – O lançamento reporta-se à data da ocorrência do fato gerador da obrigação *e rege-se pela lei então vigente, ainda que posteriormente modificada ou revogada.*
>
> § 1º Aplica-se ao lançamento a legislação que, posteriormente à ocorrência do fato gerador da obrigação, tenha instituído novos critérios de apuração ou processos de fiscalização, ampliado os poderes de investigação das autoridades administrativas, ou outorgado ao crédito maiores garantias ou privilégios, exceto, neste último caso, para o efeito de atribuir responsabilidade tributária a terceiros.
>
> § 2º O disposto neste art. não se aplica aos impostos lançados por períodos certos de tempo, desde que a respectiva lei fixe expressamente a data em que o fato gerador se considera ocorrido.

Procedendo interpretação a princípio literal do dispositivo supra, observa-se que o CTN instituiu, de forma concomitante, regra no sentido da irretroatividade de eventuais alterações legislativas posteriores à ocorrência de um dado fato imponível e, de certa forma, instituiu a ultra-atividade da lei tributária. Em última análise, a legislação tributária vigente ao momento da ocorrência do fato imponível continuaria a regê-lo ainda que revogada *a posteriori*. Tal caracteriza, inegavelmente, certo efeito ultra-ativo.

Em que pese a interpretação realizada, é de se reconhecer que a literalidade não encerra o ideal, único e suficiente método interpretativo. Salutar resta adentrar um tanto mais na ponderação e proceder a consideração do sistema. Nesse sentido, é de se observar que o artigo transcrito acima bem como a interpretação que lhe foi conferida ao presente estudo coadunam-se, mantêm estreita relação com os arts. 101, 105 e 106 do CTN.

O art. 101 do CTN atrai a aplicação da Lei de introdução ao Código Civil, que termina sendo lei de introdução de todas as demais leis em verdade. Restam atraídos, de forma específica, os arts. 1º e 2º, que tratam exatamente da questão da vigência das leis. A regra atraída aponta no sentido de que as leis vigem até o momento em que outra, tácita ou expressamente, a derroguem(210).

O art. 105, por sua vez, é definitivo no sentido de definir os fatos aos quais poderão ser aplicados, dada norma jurídica. Considere-se:

(209) Vale lembrar a necessidade de se manter clara a diferença entre os institutos jurídicos da vigência e eficácia. Nesse sentido, de rigor considerarem-se os ensinamentos da Prof. Maria Helena Diniz na obra *Lei de introdução ao Código Civil interpretado.* 6. ed. São Paulo: Saraiva, 2001. p. 48.

(210) Derrogação. Lembrar diferenças entre tácita e expressa. Revogação e ab-rogação.

> Art. 105-A – A legislação tributária aplica-se imediatamente aos fatos geradores futuros e aos pendentes, assim entendidos aqueles cuja ocorrência tenha tido início mas não esteja completa nos termos do art. 116.

Definitivamente, não pode restar dúvida quanto à aplicação das normas tributárias apenas a fatos futuros. Leis tributárias aplicam-se a fatos futuros, restando de duvidosa recepção a menção aos fatos geradores pendentes.

É fundamental que não se restrinja o espectro do dispositivo. O dispositivo não se refere estritamente ao conteúdo das normas referentes a alíquota, base de cálculo ou mesmo ao aspecto material do fato gerador. Diz-se que a legislação tributária, e esta deve ser concebida em sua inteireza, se aplica apenas aos fatos geradores futuros. Tal reflexão leva a crer que, inclusive, as regras referentes ao instituto da decadência tributária aplicam-se tão somente aos fatos geradores futuros.

Seria de se arguir se a máxima *tempus regit actum* encerraria exceções. Justamente nesse sentido segue o art. 106 do CTN. Dispõe o referido dispositivo, que restaria assimilável a retroação das normas tributárias nas seguintes hipóteses:

> I – em qualquer caso, quando seja expressamente interpretativa, excluída a aplicação de penalidade à infração dos dispositivos interpretados;
>
> II – tratando-se de ato não definitivamente julgado:
>
> a) quando deixe de defini-lo como infração;
>
> b) quando deixe de tratá-lo como contrário a qualquer exigência de ação ou omissão, desde que não tenha sido fraudulento e não tenha implicado falta de pagamento de tributo;
>
> c) quando lhe comine penalidade menos severa que a prevista na lei vigente ao tempo da sua prática.

O art. 106 do CTN constitui exemplo de dispositivo seriamente ameaçado pela promulgação da Constituição Federal de 1988.

As chamadas leis interpretativas, caso assimiladas de forma retroativa subverteriam o objetivo constitucional de tutelar a segurança jurídica. Da teoria geral do direito não se concebe a classificação das normas em interpretativas e inaugurais, ou detentoras de determinações inaugurais. Leis interpretativas encerrariam nova normatização e, nesses termos, inviável a compatibilização com o art. 153, III, alínea *b* da CF. Não recepcionada, portanto, o inciso I do art. 106 do CTN.

As mesmas críticas já não caberiam ao inciso II na medida em que trata de hipóteses de regulações mais interessantes aos contribuintes. Seria de se ponderar a restrição referente ao "... ato não definitivamente julgado:", mas tal aprofundamento teórico transborda um tanto os limites deste livro.

Do presente tópico, de rigor que se apreenda o ideal de que se aplica quanto à decadência as normas vigentes à ocorrência do fato gerador. Tal ponderação justifica certo aprofundamento acerca das diversas legislações que terminaram por reger o instituto da decadência, mormente no que diz respeito às contribuições voltadas ao custeio da seguridade social.

CAPÍTULO 6

DECADÊNCIA EM MATÉRIA TRIBUTÁRIA PREVIDENCIÁRIA

Levando em conta o tópico relativo à aplicação das normas referentes à decadência tributária no tempo, observou-se que restaria simplória e insuficiente a menção da regulação hodierna concernente à decadência das contribuições sociais voltadas ao custeio da seguridade social. É fundamental que se pondere a evolução da regulação no tempo.

Sob a égide da Constituição de 1946, Constituição que instituiu no seu art. 157, XVI o custeio tripartite do que chamou de previdência social, foi editada a Lei n. 3.807/60. A referida norma foi nomeada de Lei Orgânica da Previdência Social (LOPS). Tratava no seu art. 144 o tema relativo à prescrição, trazendo a tanto prazo de trinta anos. Curiosamente, não trouxe qualquer prazo de decadência, havendo quem sustentasse que qualquer prazo decadencial existiria. Contudo, tal conclusão não parece adequada, uma vez que o art. 80 da referida lei impunha a guarda de documentos por até cinco anos. Terminou surgindo certa divergência quanto à existência de prazo decadencial para constituição dos créditos relativos às contribuições sociais, após o advento da LOPS.

Cerca de seis anos após a edição do texto supra mencionado, foi editado o Código Tributário Nacional, instituído no ordenamento pátrio pela Lei n. 5.172, de 25.10.66. O referido texto trazia regulamentação quanto à decadência tributária nos seus arts. 173, 174 e 150, § 4º, conforme ponderado alhures. Considerando a momentânea natureza tributária da exação, sustentou-se, a princípio, sua aplicação.

A referida natureza tributária, ou, ainda, as divergências quanto à referida natureza perduraram até o advento da EC n. 08/77, momento em que terminou-se por considerar afastada a natureza tributária das contribuições ditas naquele momento histórico "previdenciárias".

No sentido de ilustrar as ilações implementadas acima, considere-se esclarecedor julgado do extinto Tribunal Federal de Recursos:

> Emissor: Tribunal Federal de Recursos
>
> Referência: Apelação Cível n. 72.624 — Minas Gerais
>
> Relator: Exmo. Sr. Ministro José de Jesus Filho
>
> Publicado em: 10.12.87

Pág.: 2.811

Serralheira Vera Cruz Ltda.

IAPAS

CONTRIBUIÇÕES PREVIDENCIÁRIAS. SUA NATUREZA JURÍDICA. EXECUÇÃO FISCAL. CERTIDÃO DE DÍVIDA ATIVA. CTN. ARTS. 142 E 204.

I – Até o advento da Emenda Constitucional n. 8/77, as contribuições para Previdência Social, tem natureza tributária, logo, se regem pelos princípios e normas gerais do sistema tributário, destacando-se, na espécie em exame, a constituição do crédito (art. 142) e a presunção de certeza é liquidez da dívida inscrita, presunção está só afastada por prova inequívoca a cargo do sujeito passivo da obrigação ou de quem a aproveite (CTN, Lei n. 6.830/80, art. 3º).

II – Apelação desprovida.

4ª Turma.

Julgamento em 4.11.87.

Recurso improvido. Unânime.

Com a promulgação da EC n. 08/77, restaram afastados os arts. 173 e 174 do CTN e, em razão de tal fato, tornou-se à aplicação do vetusto art. 144 da LOPS, não havendo que se falar em qualquer repristinação.(211) Considere-se no sentido proposto alguns acórdãos proferidos pelo extinto TFR:

Emissor: Tribunal Federal de Recursos

Referência : Apelação Cível n. 130.440 — SP (CF) (JI)

Relator: Sr. Ministro Antônio de Pádua Ribeiro

Publicado em: 03.12.87

Pág.: 27.441

IAPAS

Paiva e Rogara Ltda.

EXECUÇÃO FISCAL. CONTRIBUIÇÕES PREVIDENCIÁRIAS. FATOS GERADORES OCORRIDOS APÓS A VIGÊNCIA DA EC N. 8, DE 1977.

Inaplicação dos arts. 173 e 174 do C.T.N.

Apelação provida.

Quarta Turma.

Julgamento em 4.11.87.

Deram provimento a apelação. Unânime.

Emissor: Tribunal Federal de Recursos

Referência : Apelação em Mandado de Segurança n. 107.431 — SP (CF) (JI)

---

(211) É de se relembrar que o texto do art. 144 da LOPS não foi revogado, tendo sido afastado em função da alteração do posicionamento pretoriano quanto à natureza da exação em questão. Afastado o entendimento pela natureza tributária, tornou-se à adequação anterior.

Relator: Exmo. Sr. Ministro José de Jesus Filho

Publicado em: 08.10.87

Pág.: 21.697

Cartona Cartão Photo Nacional S/A

IAPAS — Recurso adesivo: IAPAS

TRIBUTÁRIO. CONTRIBUIÇÕES PREVIDENCIÁRIAS. PRESCRIÇÃO. EMENDA INSTITUCIONAL N. 8, DE 1977.

I – A partir da Emenda Constitucional n. 8, de 1977, a prescrição das contribuições previdenciárias devidas, deve observar o disposto no art. 144 da Lei n. 3.807/60.

Quarta Turma.

Julgamento em 10.06.87.

Provimento parcial da apelação e do recurso adesivo. Maioria.

Conforme ponderado alhures neste livro, parcela relevante, notadamente a maioria dos doutrinadores relevantes, tem sustentado que, após a promulgação da Constituição Federal de 1988, não cabe mais qualquer dúvida acerca da natureza tributária das contribuições sociais destinadas ao custeio da seguridade social.(212)

Procedendo breve apanhado acerca da evolução delineada alhures, *Eduardo Rocha Dias*(213) leciona:

> "(...) os prazos de prescrição e decadência das contribuições previdenciárias, de acordo com a data da ocorrência do fato gerador, conforme deflui do art. 144 do Código Tributário Nacional, são os seguintes: para os fatos geradores ocorridos entre a Lei n. 3.807/60 e o advento do Código Tributário Nacional, cinco anos para decadência e trinta anos para prescrição; a partir da vigência do Código Tributário Nacional até a Emenda Constitucional n. 08, de 1977, os prazos são de cinco anos tanto para a prescrição quanto para decadência; a partir da referida Emenda n. 08/77 até o advento da Constituição de 1988, os prazos são de cinco anos para decadência e trinta anos para prescrição; finalmente, a partir da vigente Carta Magna, os prazos de prescrição e decadência são os fixados pelo Código Tributário Nacional."

A evolução das normas relativas à decadência das contribuições para seguridade social não termina, contudo, no texto da atual Constituição. Mais uma problemática surge.

Ocorre que a Constituição hodierna traçou as linhas gerais relativas ao custeio da seguridade social no seu art. 195 e, em razão da complexidade do tema, o legislador constituinte originário previu a possibilidade de o referido custeio ser regulamentado por meio de lei ordinária. Considere-se o *caput* do dispositivo:

(212) Remete-se o leitor à análise do tema realizada neste livro, de forma introdutória.

(213) DIAS, Eduardo Rocha. Considerações acerca do lançamento tributário e da decadência. In: MACHADO, Hugo de Brito (Coord.). *Lançamento tributário e decadência.* São Paulo: Dialética: Fortaleza: Instituto Cearense de Estudos Tributários, 2002. p. 165.

Art. 195 – A seguridade social será financiada por toda a sociedade, de forma direta e indireta, *nos termos da lei*, mediante recursos provenientes dos orçamentos da União, dos Estados, do Distrito Federal e dos Municípios, e das seguintes contribuições sociais:

Do *caput* transcrito, observa-se que a lei estabelecerá a forma pela qual a sociedade financiará a seguridade social. E lei ordinária terminou regulando o custeio, tendo inclusive ditado as regras referentes à decadência das contribuições que lhe são necessárias. Considere-se nesse sentido *caput* e incisos do art. 45 da Lei n. 8.212/91:

Art. 45 – O direito da Seguridade Social apurar e constituir seus créditos extingue-se após 10 (dez) anos contados:

I – do primeiro dia do exercício seguinte àquele em que o crédito poderia ter sido constituído;

II – da data em que se tornar definitiva a decisão que houver anulado, por vício formal, a constituição de crédito anteriormente efetuada.

6.1. Quanto à constitucionalidade do art. 45 da Lei n. 8.212/91

Independente de a Constituição haver alocado o custeio da seguridade em uma lei ordinária específica, doutrina relevante, inclusive majoritária, tem apontado, no que diz respeito à regulação da decadência, a necessidade de regulação por Lei Complementar nos termos do art. 146 III, mencionado no texto do art. 149 da CF. Considerem-se os dispositivos:

Art. 149. Compete exclusivamente à União instituir contribuições sociais, de intervenção no domínio econômico e de interesse das categorias profissionais ou econômicas, como instrumento de sua atuação nas respectivas áreas, observado o disposto nos arts. 146, III, e 150, I e III, e sem prejuízo do previsto no art. 195, § 6º, relativamente às contribuições a que alude o dispositivo.

Art. 146. Cabe à lei complementar:

I – dispor sobre conflitos de competência, em matéria tributária, entre a União, os Estados, o Distrito Federal e os Municípios;

II – regular as limitações constitucionais ao poder de tributar;

III – estabelecer normas gerais em matéria de legislação tributária, especialmente sobre:

a) definição de tributos e de suas espécies, bem como, em relação aos impostos discriminados nesta Constituição, a dos respectivos fatos geradores, bases de cálculo e contribuintes;

b) obrigação, lançamento, crédito, *prescrição e decadência tributários*;

c) adequado tratamento tributário ao ato cooperativo praticado pelas sociedades cooperativas.

Exatamente no sentido da necessidade de se regularem os institutos da decadência e prescrição, independente da espécie tributária, por meio de lei complementar, *José Augusto Moreira de Carvalho*(214) coloca:

---

(214) CARVALHO, José Augusto Moreira de. Aspectos gerais e controvertidos das contribuições especiais. In: *Revista Tributária de Finanças Públicas*, ano 13, jan./fev. 2005, Revista dos Tribunais. p. 72.

"(...) uma vez consideradas tributos, as contribuições deverão obedecer, também, às normas do Código Tributário Nacional, principalmente aquelas que se referem à prescrição, decadência, obrigação etc."

De forma mais incisiva, obtempera ainda o referido autor[(215)]:

"Na mesma esteira do que já foi anteriormente mencionado, poder-se-ia afirmar que os prazos de decadência e prescrição previstos no Código Tributário Nacional também são aplicáveis às contribuições, tendo em vista a remissão do art. 149 ao art. 146, inciso III, que em sua alínea b contém expressa previsão a respeito da prescrição e decadência".

Parcela majoritária da doutrina sustenta, pois, que o custeio da seguridade social, em termos constitucionais, realmente deve implementar-se, regulamentar-se, enfim, por lei ordinária, restando, contudo, excepcionada as matérias constantes do art. 146, III. É de se ressaltar o fato de que decadência e prescrição constam da alínea *b* do inciso III do art. 146.

Embora não se reconheça, como regra, hierarquia entre leis complementares e ordinárias, fato é que atuam os diplomas em âmbitos distintos, diferenciando-se ainda pelo *quorum* necessário à aprovação. Há quem sustente inclusive que, especificamente no campo tributário, haveria de ser reconhecida certa hierarquia justamente em razão do art. 146, III, da Constituição. Acerca da relação sob a perspectiva constitucional entre as leis complementares e as leis ordinárias, de rigor considerar-se a lição conferida por *Manoel Gonçalves Ferreira Filho*[(216)]. Pondere-se:

"É de se sustentar, portanto, que a lei complementar é um *tertium genus* interposto, na hierarquia dos atos normativos, entre a lei ordinária (e os atos que têm a mesma força que esta — a lei delegada e o Decreto-lei) e a Constituição (e suas emendas). Não é só, porém o argumento de autoridade que apoia essa tese; a própria lógica o faz. A lei complementar só pode ser aprovada por maioria qualificada, a maioria absoluta, para que não seja, nunca, o fruto da vontade de uma minoria ocasionalmente em condições de fazer prevalecer sua voz. Essa maioria é assim um sinal certo da maior ponderação que o constituinte quis ver associada ao seu estabelecimento. Paralelamente, deve-se convir, não quis o constituinte deixar ao sabor de uma decisão ocasional a desconstituição daquilo para cujo estabelecimento exigiu ponderação especial. Aliás, é princípio geral de direito que, ordinariamente, um ato só possa ser desfeito por outro que tenha obedecido à mesma forma.

Da inserção da Lei complementar entre a Constituição e a Lei ordinária decorrem consequências inexoráveis e óbvias.

Em primeiro lugar, a lei complementar não pode contradizer a Constituição. Não é outra forma de emenda constitucional, embora desta se aproxime pela matéria. Daí decorre que pode incidir em inconstitucionalidade e ser, por isso, inválida.

(215) *Op. cit.*, p. 88.

(216) FERREIRA FILHO, Manoel Gonçalves. *Do processo legislativo*. 5. ed., rev., ampl. e atual. São Paulo: Saraiva, 2002. p. 246.

Em segundo lugar, a lei ordinária, o Decreto-lei e a lei delegada estão sujeitos à lei complementar. Em consequência disso, não prevalecem contra ela, sendo inválidas as normas que a contradisserem."

Tomando a linha ditada pelo autor supra, em tempos hodiernos, prepondera a doutrina que afasta os dispositivos da lei de custeio, art. 45 e 46, atraindo em virtude dos dispositivos constitucionais mencionados, o texto do Código Tributário Nacional, especificamente art. 173, 174 e 150, § 4º[(217)].

Considerando que a problemática ponderada, a princípio, não encerra questão constitucional, relevante resta considerar os precendentes mais recentes advindos do Superior Tribunal de Justiça. Nesse sentido, examinando exatamente a questão da constitucionalidade dos arts. 45 e 46 da Lei n. 8.212/91, tem-se precedente da primeira turma em meio ao qual foi assimilada a tese da inconstitucionalidade e sobrestado o

(217) Considerando no entanto que unanimidades não costumam ser interessantes, é de ressaltar que há quem discorde. Exatamente nesse sentido, Prof. Roque Antonio Carraza leciona: "3. Concordamos em que as chamadas 'contribuições previdenciárias' são tributos, devendo, por isso mesmo, obedecer às 'normas gerais em matéria de legislação tributária'. Também não questionamos que as normas gerais em matérias de legislação tributária devem ser veiculadas por meio de lei complementar. Temos, ainda, por incontroverso que as normas gerais em matérias de legislação tributária devem disciplinar a prescrição e a decadência tributárias. O que, porém, pomos em dúvida é o alcance destas 'normas gerais em matéria de legislação tributária', que, para nós, nem tudo podem fazer, inclusive nestas matérias. De fato, *também a alínea b do inciso III do art. 146 da CF não se sobrepõe ao sistema constitucional tributário.* Pelo contrário, com ele deve se coadunar, inclusive obedecendo aos princípios federativo, da autonomia municipal e da autonomia distrital. *O que estamos tentando dizer é que a lei complementar, ao regular a prescrição e da decadência tributárias, deverá limitar-se a apontar diretrizes e regras gerais. Não poderá, por um lado, abolir os institutos em tela (que foram expressamente mencionados na Carta Suprema) nem, por outro, descer a detalhes, atropelando a autonomia das pessoas políticas tributantes.* O legislador complementar não recebeu um "cheque branco" para disciplinar a decadência e a prescrição tributárias. Melhor esclarecendo, *a lei complementar poderá determinar — como de fato determinou (art. 156, V, do CTN) — que a decadência e a prescrição são causas extintivas de obrigações tributárias.* Poderá, ainda, estabelecer — como de fato estabeleceu (arts. 173 a 174 do CTN) — o *dies a quo* destes fenômenos jurídicos, não de modo a contrariar o sistema jurídico, mas a prestigiá-lo. Poderá, igualmente, elencar — como de fato elencou (arts. 151 e 174, parágrafo único, do CTN) — as causas impeditivas, suspensivas e interruptivas da prescrição tributária. Neste particular, poderá, aliás, até criar causas novas (não contempladas no Código Civil brasileiro), considerando as peculiaridades do direito material violado. Todos estes exemplos enquadram-se, perfeitamente, no campo das normas gerais em matéria de legislação tributária. Não é dada, porém, a esta mesma lei complementar entrar na chamada 'economia interna', vale dizer, nos assuntos de peculiar interesse das pessoas políticas. Estas, ao exercitarem suas competências tributárias, devem obedecer, apenas, às diretrizes constitucionais. A criação *in abstrato* de tributos, o modo de apurar o crédito tributário e a forma de se extinguirem obrigações tributárias, inclusive a decadência e a prescrição, estão no campo privativo das pessoas políticas, que lei complementar alguma poderá restringir, nem, muito menos, anular. Eis por que, segundo pensamos, a fixação dos prazos prescricionais e decadenciais depende de lei da própria entidade tributante. Não de lei complementar. Nesse sentido, os arts. 173 e 174 do Código Tributário Nacional, enquanto fixam prazos decadenciais e prescricionais tratam de matéria reservada à lei ordinária de cada pessoa política. Portanto, nada impede que uma lei ordinária federal fixe novos prazos prescricionais e decadenciais para um tipo de tributo federal. No caso, para as 'contribuições previdenciárias'. *Falando de modo mais exato, entendemos que os prazos de decadência e de prescrição das 'contribuições previdenciárias' são, agora, de 10 (dez) anos, a teor, respectivamente, dos arts. 45 e 46 da Lei n. 8.212/91, que, segundo procuramos demonstrar, passam pelo teste da constitucionalidade. 12...*" (Grifos nossos). (CARRAZA, Roque Antônio. *Curso de direito constitucional tributário.* 14. ed. Malheiros, p. 586 a 588).

julgamento em função da cláusula de reserva de plenário constante do art. 97 da Constituição Federal. Considere-se:

> PROCESSUAL CIVIL E TRIBUTÁRIO. AÇÃO DECLARATÓRIA. IMPRESCRITIBILIDADE. INOCORRÊNCIA. CONTRIBUIÇÕES PARA A SEGURIDADE SOCIAL. PRAZO DECADENCIAL PARA O LANÇAMENTO. INCONSTITUCIONALIDADE DO ART. 45 DA LEI N. 8.212/1991. OFENSA AO ART. 146, III, *B*, DA CONSTITUIÇÃO.
>
> 1. Não há, em nosso direito, qualquer disposição normativa assegurando a imprescritibilidade da ação declaratória. A doutrina processual clássica é que assentou o entendimento, baseada em que (a) a prescrição tem como pressuposto necessário a existência de um estado de fato contrário e lesivo ao direito e em que (b) tal pressuposto é inexistente e incompatível com a ação declaratória, cuja natureza é eminentemente preventiva. Entende-se, assim, que a ação declaratória (a) não está sujeita a prazo prescricional quando seu objeto for, simplesmente, juízo de certeza sobre a relação jurídica, quando ainda não transgredido o direito; todavia, (b) não há interesse jurídico em obter tutela declaratória quando, ocorrida a desconformidade entre estado de fato e estado de direito, já se encontra prescrita a ação destinada a obter a correspondente tutela reparatória.
>
> 2. As contribuições sociais, inclusive as destinadas a financiar a seguridade social (CF, art. 195), têm, no regime da Constituição de 1988, natureza tributária. Por isso mesmo, aplica-se também a elas o disposto no art. 146, III, b, da Constituição, segundo o qual cabe à lei complementar dispor sobre normas gerais em matéria de prescrição e decadência tributárias, compreendida nessa cláusula inclusive a fixação dos respectivos prazos. Consequentemente, padece de inconstitucionalidade formal o art. 45 da Lei n. 8.212/1991, que fixou em dez anos o prazo de decadência para o lançamento das contribuições sociais devidas à Previdência Social.
>
> *3. Instauração do incidente de inconstitucionalidade perante a Corte Especial (CF, art. 97; CPC, arts. 480-482; RISTJ, art. 200).*
>
> (AgRg no REsp 616.348/MG, Rel. Ministro TEORI ALBINO ZAVASCKI, PRIMEIRA TURMA, julgado em 14.12.2004, DJ 14.02.2005 p. 144)"[(218)].

Quando da elaboração deste trabalho, o incidente de inconstitucionalidade não havia ainda sido julgado pelo órgão especial. O julgamento acontecera aos 15.8.07, quando então posicionou-se o STJ acerca do tema conforme acórdão que segue:

> AI no RECURSO ESPECIAL N. 616.348 — MG (2003/0229004-0)
>
> Relator: Ministro Teori Albino Zavascki
>
> Recorrente: COMPANHIA MATERIAIS SULFUROSOS — MATSULFUR
>
> Advogado: CLÁUDIA HORTA DE QUEIROZ E OUTRO(S)
>
> Recorrido: INSTITUTO NACIONAL DO SEGURO SOCIAL — INSS
>
> Procurador: ANDRÉ GUSTAVO B. MOTA E OUTRO(S)
>
> *EMENTA CONSTITUCIONAL, PROCESSUAL CIVIL E TRIBUTÁRIO. INCIDENTE DE INCONSTITUCIONALIDADE. DO ART. 45 DA LEI n. 8.212/1991. OFENSA AO ART. 146, III, B, DA CONSTITUIÇÃO.*

(218) Até o momento, não há qualquer notícia acerca do posicionamento tomado pelo órgão especial do STJ a respeito da conformidade do dispositivo com o texto do CTN e CF.

> 1. As contribuições sociais, inclusive as destinadas a financiar a seguridade social (CF, art. 195), têm, no regime da Constituição de 1988, natureza tributária. Por isso mesmo, aplica-se também a elas o disposto no art. 146, III, *b*, da Constituição, segundo o qual cabe à lei complementar dispor sobre normas gerais em matéria de prescrição e decadência tributárias, compreendida nessa cláusula inclusive a fixação dos respectivos prazos. Consequentemente, padece de inconstitucionalidade formal o art. 45 da Lei n. 8.212, de 1991, que fixou em dez anos o prazo de decadência para o lançamento das contribuições sociais devidas à Previdência Social.
>
> *2. Arguição de inconstitucionalidade julgada procedente.*
>
> *ACÓRDÃO*
>
> Vistos e relatados estes autos em que são partes as acima indicadas, decide a Egrégia Primeira Corte Especial do Superior Tribunal de Justiça, preliminarmente, conhecer, por maioria, da arguição de inconstitucionalidade, vencido o Sr. Ministro José Delgado, e, no mérito, após o voto-vista do Sr. Ministro José Delgado e os votos dos Srs. Ministros Fernando Gonçalves, Felix Fischer, Aldir Passarinho Junior, Gilson Dipp, Eliana Calmon, Paulo Gallotti, Francisco Falcão e Luiz Fux acompanhando o voto do Sr. Ministro Relator, por unanimidade, declarar a inconstitucionalidade do art. 45 da Lei n. 8.212/1991, nos termos do voto do Sr. Ministro Relator. Na preliminar os Srs. Ministros Antônio de Pádua Ribeiro, Francisco Peçanha Martins, Humberto Gomes de Barros, Fernando Gonçalves, Felix Fischer, Aldir Passarinho Junior, Gilson Dipp, Eliana Calmon, Paulo Gallotti, Francisco Falcão e Luiz Fux votaram com o Sr. Ministro Relator.
>
> No mérito os Srs. Ministros Antônio de Pádua Ribeiro, Francisco Peçanha Martins, Humberto Gomes de Barros, Cesar Asfor Rocha, José Delgado, Fernando Gonçalves, Felix Fischer, Aldir Passarinho Junior, Gilson Dipp, Eliana Calmon, Paulo Gallotti, Francisco Falcão e Luiz Fux votaram com o Sr. Ministro Relator.
>
> Não participaram do julgamento os Srs. Ministros Nilson Naves, Barros Monteiro, Hamilton Carvalhido, João Otávio de Noronha e Arnaldo Esteves Lima. Ausentes, justificadamente, a Sra. Ministra Laurita Vaz e, ocasionalmente, os Srs. Ministros Cesar Asfor Rocha e Carlos Alberto Menezes Direito.
>
> Brasília, 15 de agosto de 2007.
>
> MINISTRO ARI PARGENDLER
>
> Presidente
>
> MINISTRO TEORI ALBINO ZAVASCKI
>
> Relator

No entanto, em que pese a questão restar, realmente, pacificada ao STJ, é fato que fundamental restaria colher o posicionamento do STF, mormente diante do fato de que a questão encerra em seu fundo, matéria de índole eminentemente constitucional. E, nesse sentido, necessário se faz lembrar que, recentemente, o pleno do Supremo Tribunal Federal, por unanimidade, manifestara-se acerca do tema. Ao julgar improcedente os RE ns. 556.664, 559.882, 559.943 e 560.626, o Supremo colocou termo à divergência que perdurava por demais, trazendo incômoda situação de insegurança aos jurisdicionados.

Se a declaração de inconstitucionalidade já encerrara relevante inconveniente para o fisco federal, tal foi sensivelmente otimizado com a modulação dos efeitos da declaração de inconstitucionalidade. Por maioria de votos, o Supremo considerou que créditos já ajuizados, assim como os que estiverem inscritos aguardando ajuizamento e os a serem inscritos, submeter-se-ão às novas diretrizes em termos de decadência.

O prejuízo poderia ter sido maior; inclusive, o Supremo Tribunal Federal não retroagiu de forma absoluta os efeitos e, portanto, aqueles contribuintes que não se insurgiram contra a cobrança, pagando-a, não terão direito à restituição dos valores.

E para colocar fim de forma definitiva à questão, o STF editou a Súmula vinculante n. 08, no sentido da inconstitucionalidade.

Considere-se a notícia(219) divulgada pelo *site* do STF aos 12.6.2008:

> Quinta-feira, 12 de junho de 2008
>
> **Plenário define efeitos do julgamento sobre prazos quanto à exigência de contribuições sociais**
>
> Os ministros do Supremo Tribunal Federal (STF) decidiram na tarde desta quinta-feira (12) *modular os efeitos da declaração de inconstitucionalidade dos dispositivos que tratam dos prazos de prescrição e decadência em matéria tributária.* Por maioria de votos, o Plenário decidiu que a Fazenda Pública *não pode exigir as contribuições sociais com o aproveitamento dos prazos de 10 anos* previstos nos dispositivos declarados inconstitucionais, na sessão plenária de ontem. A restrição *vale tanto para créditos já ajuizados, como no caso de créditos que ainda não são objeto de execução fiscal.* Nesse ponto, a *decisão teve eficácia retroativa*, ou seja, a partir da edição da lei.
>
> A modulação dos efeitos da *decisão faz uma ressalva, no entanto, quanto aos recolhimentos já realizados pelos contribuintes, que não terão direito a restituição*, a menos que já tenham ajuizado as respectivas ações judiciais ou solicitações administrativas até a data do julgamento (11 de junho).
>
> Dessa forma, o presidente do Supremo Tribunal Federal (STF), ministro Gilmar Mendes, explicou que *"são legítimos os recolhimentos efetuados nos prazos previstos nos arts. 45 e 46 e não impugnados antes da conclusão deste julgamento"*.
>
> Assim, os contribuintes que ajuizaram ações até ontem (11), data do julgamento no STF, serão beneficiados com a declaração de inconstitucionalidade e deverão receber de volta o tributo que foi recolhido indevidamente. Já aqueles contribuintes que não ajuizaram ações até a última quarta-feira, não terão direito a reaver o que já pagaram.
>
> Ao negar provimento aos Recursos Extraordinários ns. 556.664, 559.882, 559.943 e 560.626, na quarta-feira, o Plenário reconheceu que apenas lei complementar pode dispor sobre normas gerais em matéria tributária. No caso, foram considerados inconstitucionais os arts. 45 e 46 da Lei Ordinária n. 8.212/91, que haviam fixado em dez anos os prazos decadencial e prescricional das contribuições da seguridade social, e também reconheceram a incompatibilidade constitucional do parágrafo único do art. 5º do Decreto-lei n. 1.569/77. Esse dispositivo determinava que o arquivamento administrativo das execuções fiscais de créditos tributários de pequeno valor seria causa de suspensão do curso do prazo prescricional.

---

(219) Disponível em: <http://www.stf.gov.br/portal/cms/verNoticiaDetalhe.asp?idConteudo=91116> Acesso em: 19 jun. 2008.

Essa proposta de modulação, inédita no âmbito do Supremo, foi feita pelo presidente da Corte, ministro Gilmar Mendes, e tem o poder de garantir a necessária segurança jurídica na resolução da matéria. *A Procuradoria da Fazenda Nacional havia se pronunciado, durante o julgamento de ontem, alegando que a questão envolve em torno de R$ 96 bilhões*, entre valores já arrecadados e em vias de cobrança pela União com base nas leis declaradas inconstitucionais.

Súmula Vinculante n. 8

Após ouvir a opinião favorável do vice-procurador-geral da República, Roberto Monteiro Gurgel, os ministros aprovaram a *Súmula Vinculante n. 8*, sobre o tema julgado, que passa a vigorar com a seguinte redação: *"São inconstitucionais os parágrafo único do art. 5º do Decreto-lei n. 1.569/77 e os arts. 45 e 46 da Lei n. 8.212/91, que tratam de prescrição e decadência de crédito tributário"*.

Com a decisão prolatada pelo STF as divergências havidas passam a restar esvaziadas, mormente diante do fato de encerrar manifestação inequívoca e unânime do Pleno do Tribunal, cuja função precípua é, exatamente, interpretar a Constituição Federal.

O precedente é sem dúvida relevante tanto para o ramo tributário como para o ramo previdenciário da ciência do direito. *Ocorre que, curiosamente, a discussão acerca do prazo não é o que mais importa neste livro.* Importa pouco no momento, o prazo pelo qual operar-se-á a decadência. *Importa sim, e importa muito, o termo inicial da fluência do referido prazo.* Eis o cerne, o ponto deste livro. Eis o que se pretende: muito menos que definir, repensar.

Aplicado o texto da Lei n. 8212/91, tem-se dez anos contados:

> I – *do primeiro dia do exercício seguinte àquele em que o crédito poderia ter sido constituído;*[220]
>
> II – da data em que se tornar definitiva a decisão que houver anulado, por vício formal, a constituição de crédito anteriormente efetuada. (grifo nosso)

Por outro lado, caso se conclua pela necessidade de Lei Complementar, necessário socorro às normas constantes do CTN acerca da decadência. Nesses termos, resta fundamental lembrar ponderações já trazidas nesta obra no sentido de que *os prazos decadenciais terminam sofrendo leve variação em virtude da modalidade de lançamento adotada.*

É de se rememorar o fato de que contribuições sociais submetem-se ao chamado lançamento por homologação. Tal resta regulado pelo art. 150 do CTN. Interessa no presente momento, de forma específica, o § 4º do referido artigo. Dispõe ele:

> § 4º Se a lei não fixar o prazo à homologação, será ele de 5 (cinco) anos, a contar da ocorrência do fato gerador; expirado esse prazo sem que a Fazenda Pública se tenha pronunciado, considera-se homologado o lançamento e definitivamente extinto o crédito, salvo se comprovada a ocorrência de dolo, fraude ou simulação.

(220) Inciso marcante, que toma papel de relevo extremo nesta obra, merecendo ser memorizado.

Pois bem. Grande avanço já fora realizado. Definiram-se dois caminhos, duas opções de ponderação. Ou se concebe a regulação da decadência por lei ordinária e aplicar-se-ia o art. 45 da Lei n. 8.212/91 ou sustenta-se a necessidade de Lei complementar e aplicável restará o § 4º do art. 150 do CTN. Que a maior parte da doutrina, sob a perspectiva quantitativa mesmo, aponta para a regulação do tema por lei complementar é fato; contudo, *vale a pena ponderar um tanto se as diferenças são tão grandes no que concerne à fixação do marco inicial.* Relembre-se de que é evidente a diferença no que se refere aos prazos mas, não estão estes em mira nesta obra, não importando esse dado por enquanto. A ponderação proposta haverá de ser aventada a seguir. Por enquanto, *urge seja interpretado o § 4º do art. 150 do CTN, justamente para se verificar se o marco apontado pelo CTN é diferente do marco apontado pela Lei de custeio.*

6.2. Interpretando o § 4º do art. 150 do CTN

O § 4º do art. 150 encerra, a princípio, duas relevantes problemáticas. Considere-se sua literalidade *ab initio:*

> § 4º *Se a lei não fixar o prazo à homologação*, será ele de 5 (cinco) anos, a contar da ocorrência do fato gerador; expirado esse prazo sem que a Fazenda Pública se tenha pronunciado, considera-se homologado o lançamento e definitivamente extinto o crédito, *salvo se comprovada a ocorrência de dolo, fraude ou simulação.* (grifo nosso)

O conteúdo fulcral do dispositivo supra, sem dúvida, aponta para a fixação de um prazo e critério de fluência para consideração da decadência do direito de lançar, no que concerne aos tributos lançados por homologação. Contudo, *o dispositivo retro encerra duas relevantes condicionantes para sua aplicação.*

A primeira condicionante deriva exatamente da primeira parte do texto. Considere-se:

> Se a lei não fixar o prazo à homologação,...

A consideração do prazo de cinco anos contados da ocorrência do fato gerador fica condicionado, a princípio, à inexistência de regra específica que disponha em contrário.

A segunda condicionante traduz-se pela parte final do texto, conforme se verifica:

> ... salvo se comprovada a ocorrência de dolo, fraude ou simulação.

Não se aplicaria ainda a regra geral dos cinco anos contados da ocorrência do fato gerador diante da ocorrência de dolo, fraude ou simulação.

Portanto, decai o direito de lançar, no que diz respeito aos tributos lançados por homologação, em cinco anos contados da ocorrência do fato gerador, salvo:

a) se lei dispuser em contrário;

b) diante de dolo, fraude ou simulação.

6.2.1. Ponderação acerca da ressalva a

A primeira condicionante poderia, a curto prazo, em meio a um juízo apriorístico, ser tomada como a tábua de salvação daqueles que sustentam a constitucionalidade do art. 45 da Lei n. 8.212/91. Contudo, tal conclusão parece precipitada. De rigor prosseguir-se a análise.

Eis um momento adequado para adentrar uma questão absolutamente relevante ao presente estudo. É fundamental que se adote o fluxo interpretativo adequado à dogmática pertinente ao ordenamento jurídico pátrio. *É fundamental, ao proceder a interpretação de dado dispositivo no sentido de dirimir eventual dúvida jurídica, que se tome como ponto de partida a Constituição Federal.*

Ora, o texto constitucional constitui o fundamento de validade de todas as demais normas jurídicas. Não é outra a lição que se depreende do clássico kelseniano *Teoria Pura do Direito*. Tal ilação justifica a direção conferida ao vetor interpretativo.

Resta fundamental portanto que, ao ponderar a primeira ressalva do § 4º do art. 150 do CTN, parta-se da Constituição Federal. Procedendo dessa forma, fundamental recobrar o conteúdo da alínea *b* do inciso III do art. 146 da CF. Tal dispositivo exige que determinadas matérias tributárias sejam veiculadas por lei complementar. Dentre as matérias mencionadas, aponta o legislador constituinte originário a prescrição e a decadência. Então, prescrição e decadência em matéria tributária devem ser reguladas por lei complementar. Pois bem. A conclusão é coerente, embora encerre divergências conforme visto.[221]

É de se questionar, contudo, se a primeira condicionante do texto do § 4º do art. 150 restou recepcionada pela ordem constitucional hodierna. Eis o primeiro obstáculo a ser ultrapassado por aqueles que pretendem sustentar a constitucionalidade do art. 45 da Lei n. 8.212/91 por meio da pretensa permissividade constante da primeira condicionante.

É de se arguir se, ao legislador constituinte derivado, restou viabilizada a possibilidade de delegar à lei ordinária a regulação de temas que, a princípio, o legislador constituinte originário optou regular por lei complementar.

Embora o elemento literal constitua faceta um tanto pobre do processo interpretativo, fato é que constitui sem dúvida um ponto de partida, um juízo apriorístico que não deve ser desprezado. Nesse sentido, da literalidade do art. 146, III, alínea *b* conclui-se que *qualquer outra opção foi conferida ao legislador constituinte derivado*. Dispõe a CF que cabe à lei complementar regular normas gerais acerca do direito tributário. Caso houvesse a regulação constitucional findado sua redação na referida determinação, viável ainda restaria discutir-se o conceito, a extensão da expressão "normas gerais". Contudo, especificamente no que tange à decadência e prescrição, o aprofundamento teórico no sentido de detalhar o conteúdo da expressão retro resta desnecessário. E é desnecessário porque a CF optou por traçar rol exemplificativo de conteúdos que

(221) Seria de se questionar se, diante da declaração de inconstitucionalidade do art. 45 da Lei n. 8.212/91, restariam repristinadas as normas referentes à decadência e prescrição pertinentes à LOPS. Tal não foi abordado ao acórdão que definiram a matéria, mas valeria ser ponderado.

tomariam parte no espectro abrangido pela expressão "normas gerais"; constou do referido rol, dentre outros institutos, a decadência. É o que se abstrai da expressão "... especialmente sobre...".

Observe-se que a restrição não comportou qualquer flexibilização expressa. Nesse sentido, não se faz razoável diferenciar onde o legislador constituinte originário não o fez. *Como corolário de tal ilação, conclui-se que, à lei complementar a que alude o art. 146, não se pode permitir alterar o rol de institutos a serem regidos por lei complementar.* E, observe-se, é o que se pretende com a tese de que a primeira condicionante foi recepcionada e autorizaria leis específicas a tratar de prazos e critérios para fluência destes no que diz respeito à prescrição e à decadência.(222)

Tendência interessante traduz-se pelo caminho trilhado pelo mestre *Paulo de Barros Carvalho*. O autor identifica o art. 146 da Constituição vigente como reflexo da assimilação do que chamava de "escola bem-comportada do direito tributário brasileiro".(223) A referida escola se caracterizava pela interpretação ortodoxa do § 1º do art. 18 da Constituição de 1967. Apontava a necessidade de Lei complementar para regular a) conflitos de competência; b) limitações ao poder de tributar e c) normas gerais em matéria tributária. Escola mais moderna, da qual tomara parte Prof. *Paulo de Barros*, sustentava a necessidade de leis complementares para regular normas gerais tributárias, a saber: as referentes aos conflitos de competência e às limitações ao poder de tributar. Prossegue o referido autor, ponderando o texto da CF/88, especificamente o texto do art. 146. Embora aponte a opção realizada pelo legislador constituinte originário como manifestação da "escola bem-comportada do direito tributário", resta interessante observar como o autor não intenta qualquer abuso interpretativo para abstrair do texto um significado adequado às suas concepções. Considerando a inexistência de alternativas interpretativas menos restritivas às leis ordinárias, o autor(224) se restringe a tecer suas críticas. Considere-se a literalidade destas:

> "Não pretendemos exagerar na crítica à sensibilidade do constituinte de 1988, mas a forma escolhida para verter o comando do art. 146 sacode as estruturas do sistema, mexe com seus fundamentos e provoca fenda preocupante na racionalidade que ele, sistema, deve ostentar.
>
> Em poucas palavras, preceituou o legislador constitucional que toda a matéria da legislação tributária está contida no âmbito de competência da lei complementar.

---

(222) Outro caminho interpretativo poderia contudo ser trilhado sem a mesma coerência sob a perspectiva constitucional. Poder-se-ia sustentar que a lei complementar, no caso o CTN, à primeira condicionante trazida pelo § 4º do art. 150, fizera juízo acerca dos temas afeitos à prescrição e decadência que deveriam ser regulados por lei ordinária. Fizera juízo acerca do que considerava relevante. O legislador infraconstitucional, portanto, ditara os componentes relativos à prescrição e decadência, que poderiam regular-se de forma diversa a cada ente tributante. Tal não me parece o mais adequado, mormente diante do fato, já apontado, de que a CF impõe regulação por lei complementar dos institutos da prescrição e decadência e, qualquer exceção fora feita. Logo, em tese ao menos, qualquer exceção restaria constitucional.

(223) A referida escola fora identificada, a princípio, pela interpretação literal do art. 18 § 1º da constituição anterior, que terminava hiperbolizando o poder da União em matéria tributária e, como consequência, limitando sensivelmente o papel dos demais entes tributantes.

(224) *Op. cit.*, p. 134.

Aquilo que não cair na vala explícita da sua 'especialidade', caberá, certamente, no domínio da implicitude de sua 'generalidade'. Que assunto poderia escapar de poderes tão amplos? Eis aí o aplicador do direito novamente atônito! Pensará: como é excêntrico o legislador da Constituição! Demora-se por delinear, pleno de cuidados, as faixas de competência da União, dos Estados, do Distrito Federal e dos Municípios e, de entremeio, torna tudo aquilo supérfluo, na medida em que põe nas mãos do legislador complementar a iniciativa de regrar os mesmos assuntos, fazendo-o pelo gênero ou por algumas espécies que lhe aprouve consignar, esquecendo-se de que as eleitas, como as demais espécies, estão contidas no conjunto que representa o gênero.

Contudo, *concessa venia*, por mais que faça sentido a argumentação despendida, fato é que a Constituição elaborou determinado rol de temas que, independente da noção doutrinária conferida à expressão "*normas gerais tributárias*", deverão ser veiculados por lei complementar. Dentre os temas selecionados, como sói repisado, encontram-se a decadência e a prescrição tributárias.

Destarte, definitivamente, *não resolve a divergência existente quanto à constitucionalidade do art. 45 da Lei n. 8212/91, a primeira ressalva, ou a primeira condicionante constante do § 4º do art. 150 do CTN.* Em outras palavras, a primeira condicionante não viabiliza a última palavra acerca da constitucionalidade do art. 45 da Lei n. 8.212/91. Necessário, portanto, que se aprofundem as ponderações.

Recapitulando, tem-se: o art. 45 da Lei n. 8.212/91 resta inconstitucional conforme visto. Por submeter-se a contribuição social a lançamento por homologação, aplicável o § 4º do art. 150 do CTN. Esse dispositivo encerra duas condicionantes à aplicação de seu conteúdo. A primeira delas, que aparentemente atrairia à constitucionalidade o art. 45 da Lei n. 8.212/91, não foi recepcionada. Nestes termos, até o momento, não há salvação para o dispositivo da lei de custeio da seguridade social.

A primeira condicionante não opera a ponto de afastar concretamente o conteúdo do § 4º do art. 150 do CTN. Não opera haja vista que não foi recepcionada. Contudo, independente da ilação formulada acima e seus fundamentos, há quem discorde e, apenas a título de esclarecimento, aborda parte da doutrina discordante.

É fundamental que se tenha clara a consequência de considerar-se recepcionada a primeira parte do § 4º do art. 150. Tal posicionamento equipara-se a considerar que é possível à LC, ao CTN especificamente, delegar parcela do que teria que regular, para leis ordinárias.

Considerando recepcionada a primeira ressalva e sustentando que cada lei poderá trazer em seu bojo dispositivo acerca do prazo decadencial do tributo tratado, Prof. *Paulo de Barros*[(225)] obtempera:

> "Quanto à parte inicial, parece-nos clara, compreendida em sintonia com o que já expusera o pensamento legislativo esposado nesse Estatuto. Vale dizer, *cabe à lei correspondente a cada tributo estatuir prazo para que se promova a homologação.* Silenciando acerca desse período, será ele de cinco anos, a partir do acontecimento factual."

(225) *Op. cit.*, p. 288.

Resta imperioso que se note o fato de que Prof. *Paulo* considera a primeira ressalva recepcionada e, mais ainda, recepcionada sem qualquer restrição, marco ou critério condicionante conforme o trecho transcrito.

Souto Maior Borges(226), por sua vez, além de considerar recepcionada a primeira condicionante, pondera se o § 4º do art. 150 faria referência a lei ordinária ou complementar. Considere-se:

> "*Na dicção do CTN, art.150 § 4º, salvo disposição expressa de lei em contrário, o prazo para homologação da atividade exercida pelo obrigado será de cinco anos, a partir da ocorrência do fato jurídico. Lei, aí, é a Lei ordinária da União, Estados-membros, Distrito Federal e Municípios*, dado que essa matéria se insere na competência legislativa das pessoas constitucionais. Se lei complementar fora, a questão se resolveria pelo princípio *lex posterior derogat priori*. Isso não ocorre na hipótese, precisamente porque o dispositivo autoriza, em alternativa, a alteração por lei ordinária do prazo que ele próprio estabelece."

Eis mais um relevante estudioso considerando recepcionada a primeira ressalva constante do § 4º do art. 150 do CTN. Recobre-se que considerar recepcionada a referida ressalva resolveria o problema do prazo decadencial, por exemplo, na medida em que atrairia para a esfera da legalidade e da constitucionalidade o art. 45 da Lei n. 8.212/91.

Contudo, mais curioso do que considerar recepcionada a primeira condicionante constante do § 4º do art. 150, apresenta-se a interpretação conferida ao dispositivo por *Sacha Calmon Navarro Coelho*(227). Considere-se:

> "E se não houver homologação expressa? O § 4º prescreve que, se não houver lei federal, estadual ou municipal *prevendo prazo menor* para a realização do ato homologatório expresso, a potestade para fazê-lo precluirá em cinco anos, a contar do fato gerador da obrigação e do crédito." (grifo nosso).

> Tomando o mesmo caminho interpretativo, *Luciano Amaro*(228) obtempera:

> "Põe-se aqui, em primeiro lugar, a questão de saber se a lei pode fixar livremente qualquer outro prazo, maior ou menor, ou apenas pode estabelecer prazo menor para homologação. O Código não diz expressamente qual a solução. Ela tem de ser buscada a partir de uma visão sistemática da disciplina da matéria, que nos leva para a possibilidade de a lei fixar apenas prazo menor, como já sustentamos alhures."

Ainda no mesmo sentido, aduz *Edvaldo Pereira de Brito*(229): "O prazo nesse tipo de lançamento, tem o limite de 5 (cinco) anos, mas a lei emitida pelo sujeito ativo, no exercício de sua potestade, tem a faculdade de ficar tempo menor; obviamente nunca maior."

(226) *Op. cit.*, p. 395.

(227) *Op. cit.*, p. 798.

(228) *Op. cit.*, p. 396.

(229) BRITO, Edvaldo Pereira de. *Decadência e prescrição tributárias no direito brasileiro.* 1997. Tese (Mestrado em direito) Universidade de São Paulo, São Paulo. p. 103.

Resta de intrincada, de trabalhosa assimilação a condição imposta pelo autor, para a admissão de disposição de lei federal que conflite com o prazo e critério de fluência ditado pelo CTN. O autor sustenta em última análise que a disposição em contrário só se admite se fixar prazo menor de decadência, daquele que institui o CTN. Sustenta a referida ideia na necessidade de "... partir-se de uma visão sistemática...", contudo não traz argumentos contundentes no sentido de restringir onde a lei não o fez. Não parece razoável ainda sustentar que o CTN garantiria proteção mínima aos contribuintes, podendo a legislação ordinária apenas otimizar a referida proteção, pois essa ideia de garantia mínima proveniente do CTN encerraria construção sem fundamento. Não há, definitivamente, nada que de forma contundente leve a tal ideia à redação do dispositivo sob análise.

Ora, o CTN admite legislação que disponha em contrário. Nada trouxe como condição para aplicação da legislação que dispusesse em contrário.

Observe-se que não se sustenta sequer a recepção da primeira condicionante, mas, aos que entendem recepcionada, e isso resolveria sérios problemas do fisco, razoável restaria recepcioná-la sem qualquer restrição, haja vista que o CTN não a respaldaria. Dessa forma, em sendo considerada recepcionada, qualquer restrição aplicar-se-ia e, com isso, tornar-se-ia aplicável, dentre outras, a regra do art. 45 da Lei n. 8.212/91. Tal linha realmente facilitaria a argumentação e, dispositivo que já fora considerado em tópico passado inconstitucional (art. 45 da Lei n. 8.212/91), tornaria ao ordenamento, tornaria ao presente estudo, atraído pela força da primeira condicionante do § 4º do art. 150 do CTN. Realmente, resolveria o problema na medida em que o prazo decadencial fluiria a partir "... do primeiro dia do exercício seguinte àquele em que o crédito poderia ter sido constituído;" e restaria ponderar exatamente a partir de quando poderia ter sido constituído o crédito tributário.

Contudo, como não se considerando recepcionada a condicionante mencionada, as dificuldades persistem e torna-se necessário insistir no estudo do CTN, especificamente do mencionado § 4º do art. 150 do CTN, tendência esta que resta interessante, mesmo para identificar linha coerente de raciocínio que abarque o maior espetro de interpretações e possibilidades possíveis.

À Segunda condicionante.

6.2.2. Ponderação acerca da ressalva b

Pondere-se mais uma vez o dispositivo:

> § 4º *Se a lei não fixar o prazo à homologação*, será ele de 5 (cinco) anos, a contar da ocorrência do fato gerador; expirado esse prazo sem que a Fazenda Pública se tenha pronunciado, considera-se homologado o lançamento e definitivamente extinto o crédito, *salvo se comprovada a ocorrência de dolo, fraude ou simulação.* (grifo nosso)

Interessa a parte final do dispositivo.

Mais uma vez, de forma preambular, fundamental ponderar o aspecto literal do dispositivo.

A rigor, a aplicação do prazo decadencial de cinco anos, contados a partir da ocorrência do fato gerador, fica condicionada à inexistência de dolo, fraude ou simulação em meio ao bojo da relação jurídica tributária. Contudo, o que parece coerente, não resiste ao segundo olhar. *O CTN criara um problema para o intérprete na medida em que, diante da ocorrência de dolo, fraude ou simulação, afastou o critério constante do § 4º do art. 150; todavia, não inseriu qualquer outro em seu lugar.*

Em razão da referida omissão, interpretações diversas restaram possíveis.

Trabalhando exatamente as diversas opções interpretativas, pondera *Souto Maior Borges*(230) o quanto segue:

> "Dado que o art. 150, § 4º, não dispõe sobre o prazo que, em substituição, deve ser computado nos casos de dolo, fraude ou simulação, surge o problema de se fixar outro prazo para a decadência, com base em diverso critério legal...
>
> Diante desse impasse, defronta-se o intérprete e aplicador com *várias alternativas de interpretação e aplicação do Código Tributário Nacional:* a) considerar que, na imprevisão específica do prazo, o lançamento poderá ser efetuado a qualquer tempo, não fluindo, então, prazo decadencial; b) aplicar subsidiariamente prazo decadencial previsto no Direito Privado; c) aplicar o prazo estabelecido no art. 173 do CTN, contando-se como termo inicial o primeiro dia do exercício seguinte àquele em que o tributo poderia ter sido lançado *ex officio*; d) aplicando, ainda, o art. 173, contar-se o termo inicial a partir do exercício seguinte àquele em que o Fisco tomasse conhecimento da ocorrência das apontadas circunstâncias agravantes da ilicitude tributária."

Eis o momento de maior relevo do presente estudo que, desde seu início, mirava a interpretação das normas jurídicas como fator a ser considerado. Na primeira parte deste livro, observou-se que dogmatizar de forma absoluta a interpretação não resta factível. Aliás, foi esta inclusive a conclusão do positivista *Hans Kelsen*, conforme ponderado no último capítulo de sua *Teoria Pura do Direito*. A complexidade do tema ponderado exsurge exatamente da multiplicidade de conteúdos abstraíveis do texto do § 4º do art. 150 do CTN. Acertadas restam as colocações exaradas por *Souto Maior* na medida em que, efetivamente, as interpretações supra, a princípio, caberiam em meio aos limites da moldura proporcionados pelo texto da norma. Resta apontar a interpretação mais razoável, mais coerente e argumentar no sentido de sustentá-la.

Parece claro à problemática instalada que evidente conflito entre valores, entre princípios, toma a sua base. *Há de um lado aqueles que miram a tutela da segurança jurídica e da estabilidade das relações sociais, e outros, ainda, que têm certo apreço considerável pelo valor genericamente concebido como **justiça**.* Resta interessante ponderar um

---

(230) *Op. cit.*, p. 406.

tanto acerca do valor justiça sob a perspectiva filosófica[(231)], mormente diante da torrencial defesa que a segurança jurídica detém na doutrina pátria.

Em meio à filosofia do direito, talvez um dos temas que mais atraíram os pensadores foi realmente a justiça.[(232)] Tema intrincado, denso, tomado relativismos e subjetivismos tormentosos mas que, curiosamente, desperta o interesse dos estudiosos do direito enquanto ramo autônomo da ciência.

A justiça enquanto valor foi considerada pelo direito de formas diversas ao longo da história. Exatamente nesse sentido, obtemperam *Eduardo Bittar* e *Guilherme Assis de Almeida*[(233)] o quanto segue:

> "A ideia de justiça, independentemente de qualquer tomada de posição, traduz uma complexidade de expectativas que tornam difícil sua conceituação. Reconhecendo a pluralidade de perspectivas em que se desdobra a ideia de justiça, podem-se detectar no curso da história do pensamento ocidental, inúmeras correntes para o justo e o injusto, que se assinalam como habilitadas à discussão e à resposta para a pergunta: o que é a justiça? De fato, são inúmeras as tendências acerca da justiça, e entre elas podem-se apontar as seguintes: teoria sofista; teoria socrática; teoria platônica; teoria aristotélica; doutrina cristã; teoria agostiniana; teoria tomista; teoria rousseniana; teoria kantiana; teoria hegeliana; teoria kelseniana; teoria rawlsiana.
>
> No entanto, entre essas todas ressalta-se o fato de que o pensamento ocidental e, inclusive, os ordenamentos jurídicos e as doutrinas jurídicas sofreram profundas e diretas influências das seguintes ideias:
>
> a) de Platão advém uma herança segundo a qual a justiça é virtude suprema;
>
> b) de Aristóteles advém uma herança segundo a qual a *justiça é igualdade/proporcionalidade*;

---

(231) Há quem deixe de conferir o devido valor ao papel da filosofia, especificamente da filosofia do direito, em tempos hodiernos. Há quem a pondere com frieza e incredulidade; contudo, o pensar filosófico pode efetivamente auxiliar na correção das mazelas sociais e políticas vivenciadas. Professor Eduardo C. Bittar, em sua obra *Curso de filosofia do direito* (3. ed. São Paulo: Atlas, 2004. p. 23), intenta responder exatamente se os filósofos podem mudar o mundo. Nesse sentido, pondera: "Seria demasiado exagero considerar que é pretensão dos filósofos modificarem o mundo. Suas ideias, porém, não se lançam ao mundo sem motivo, sem objetivos, sem finalidades. O pensamento se exerce de forma tão presencial entre os homens do mundo que, uma vez acolhidas e adotadas como formas de comportamento, trazem como desencadeamento certa modificação do mundo, pois seu rastro é sua marca impressa sobre as coisas e as pessoas, à medida que suas ideias são recepcionadas, dispersas pela comunidade a que se destinam. Essa modificação decorre do fato de as pessoas abraçarem a ideologia apregoada na seara filosófica, de modo a criar-se na prática o que no pensamento foi arquitetado pelo pensador. Este não age sozinho, mas com o respaldo, com o auxílio, com o concurso, com a empreitada de adeptos, continuadores, idealizadores de suas ideias..." Pretende-se mesmo buscar influências inclusive da filosofia geral e do direito no sentido de encontrar-se o mais adequado caminho interpretativo à problemática estudada.

(232) Texto rico acerca da evolução do conceito de justiça e, especificamente, sobre as teorias de Rawls acerca desta foi desenvolvido por José Alexandre Franco, mestrando em Direito Processual pela UERJ: *A justiça de Rawls e o pós-positivismo*. Disponível em: <http://www.viannajr.edu.br/revista/dir/doc/art_20001.pdf>.

(233) BITTAR, Eduardo C. B.; ALMEIDA, Guilherme Assis de. *Curso de filosofia do direito*. 3. ed. São Paulo: Atlas, 2004. p. 442.

c) dos juristas romanos advém uma herança segundo a qual a justiça é a *vontade de dar a cada um o seu (justitia est constans et perpetua voluntas ius suun cuique tribuendi).*

Independente da assunção de qualquer resposta mais imediata à dimensão filosófica da justiça, deve-se ressaltar o fato de que inclusive as tendências mais modernas da teoria jurídica tem dado importância desta para a vivência das experiências jurídicas, contrapondo-se, dessa forma, ao mero formalismo decorrente do predomínio da filosofia positivista ao seio das ideias jurídicas do século XX. *Chegar o juiz a uma decisão justa, esta deve ser a meta de toda a atividade jurisdicional; orientar o juiz nesse empreendimento, esta deve ser a meta da doutrina e da teoria do direito.* Nesse sentido, contribuem as posições e as ideias de inúmeros pensadores contemporâneos."

Conforme mencionado, então, já não basta uma decisão conforme à lei para que se harmonize o espírito humano. Busca-se hoje um tanto mais, busca-se uma decisão justa. A questão é trabalhar exatamente qual o critério adequado para se considerar justa uma determinada solução.

Os autores supra apontam[234] *Chaïm Perelman*[235] como um dos mais importantes autores acerca da temática da justiça. Comentam:

> "*Chaïm Perelman* ocupa papel central na discussão sobre justiça. Isso porque, além de tratar da questão da justiça, trazendo-a novamente para o seio das preocupações jurídicas, vê como saída para o impasse de sua conceituação o uso da teoria da argumentação. Ora, para *Perelman*, *os conflitos em torno da justiça, e de seus possíveis enfoques, pode ser dirimido ante um método argumentativo, em que todas as oportunidades são oferecidas para a discussão dos valores envolvidos, emergindo do diálogo a razoabilidade das respostas.*
>
> *Chaïm Perelman*, nesse ensaio sobre a justiça, não admite que seja um valor absoluto, mas relativo e impossível de ser definido pelo conhecimento; o valor é relativo e depende da crença de cada qual. Ora, dessa forma. *Perelman aponta como saída para o problema a elevação da questão para o nível da razoabilidade prudencial do diálogo e da argumentação.* Portanto, a discussão é racional, sobre valores mais ou menos aceitos, que constitui o objeto de conhecimento sobre a justiça. Estudar justiça, segundo *Perelman*, é estudar valores, e valores relativos, que se discutem historicamente, socialmente, culturalmente."

---

(234) *Op. cit.*, p. 443.

(235) Apontado como fundador da Retórica moderna, Chaïm Perelman dedicou-se ao estudo da ciência do direito e, mais ainda, à questão jusfilosófica da justiça. O estudioso nasceu em Varsóvia, em 1925, tendo emigrado posteriormente para a Bélgica, onde desenvolveu sua carreira. Lecionou Lógica, Moral e Filosofia na Universidade de Bruxelas até 1978. O estudioso reabilitou a retórica e a argumentação, prejudicadas ao pensamento filosófico desde Platão, que combatia os chamados sofistas, mestres da argumentação e retórica pública. Longe de limitar a argumentação ao plano discursivo, Perelman conseguiu mostrar que a Filosofia, o Direito ou a História, para citar somente essas disciplinas, atuavam, cada uma de sua maneira, argumentando. Em meio à sua obra, o labor de maior relevo, sem dúvida, é o *Tratado da argumentação*, que desenvolveu com Lucie Olbrechts Tyteca.

Ainda acerca do papel desenvolvido por *Perelman* na definição do valor Justiça, *Karl Larenz*, citado em nota por *Bittar* e *Almeida*(236), leciona:

> "*Perelman* aponta em um de seus arts. (Über die Gerechtigkeit) seis conceitos de justiça: '1. A cada um o mesmo; 2. A cada um segundo os seus méritos; 3. A cada um segundo as suas obras; 4. A cada um segundo as suas necessidades; 5. A cada um segundo a sua posição; 6. A cada um o que lhe é devido por Lei' (LARENZ, *Metodologia da ciência do direito*, 1989, p. 206)."

Tomar-se-á a sugestão conferida por Perelman como vetor para definição da solução mais justa ao deslinde da questão sob análise. Nesses termos, o valor justiça, em função do relativismo que toma sua essência, exige diálogo e argumentação densa no sentido de concretizá-lo. É o que se pretende.

Retomando o rumo da argumentação principal, dois valores relevantes tomam o cerne do presente estudo, a saber: a segurança jurídica de um lado e a justiça em um lado oposto. O que parece, a princípio, tendência um tanto maniqueísta à abordagem, há de esclarecer-se após dirimido o pseudoconfronto.

O dito pseudochoque(237) provocado pelas tendências, pelos posicionamentos, resta absolutamente compreensível, e a ideia era realmente provocar uma rediscussão do óbvio. Uma reavaliação da absoluta necessidade de submissão do crédito tributário à decadência. Uma reavaliação da necessidade de submissão absoluta da justiça na tributação, ao princípio da segurança jurídica.

Nesse sentido, é fundamental que se trabalhe a ponderação dos valores envolvidos, que se vasculhe o ponto de equilíbrio entre eles na medida em que há a necessidade premente de que eles convivam de forma harmoniosa.

Há quem sustente que essa convivência entre princípios, que aparentemente se chocariam, restaria pautada pelo chamado princípio da proporcionalidade. Resta necessária breve ponderação acerca do princípio mencionado, até mesmo para averiguar-se a sua existência enquanto princípio.

Segue breve ponderação sobre a proporcionalidade e a razoabilidade em meio ao processo interpretativo, necessária para encontrar-se a tendência mais adequada no trato da decadência das contribuições sociais.

6.2.3. Quanto à proporcionalidade e razoabilidade na ponderação dos valores envolvidos

Com origem na noção substancial do devido processo legal (*substantive due process*), remonta à Magna Carta de 1215, especificamente à Cláusula *Law of the Lend*(238).

(236) *Op. cit.*, p. 443.

(237) Diz-se pseudo pois, em verdade, o entrechoque compõe-se pelo encontro do caminho do meio, da alternativa que evita os extremos, que soluciona a questão e compõe os interesses.

(238) Acerca da evolução do conceito no tempo, ver BARROSO, Luiz Roberto. *Interpretação e aplicação da Constituição*. 6. ed. São Paulo: Saraiva, 2004. p. 218 e ss.

Em que pese a mencionada origem, *Canotilho*(239) leciona que o princípio da proporcionalidade expandiu-se deveras após a Segunda Guerra Mundial, justamente no sentido de atender ao anseio de cidadãos e juristas de um direito materialmente justo.

Parte de doutrina não reconhece qualquer diferença relevante entre proporcionalidade e razoabilidade, reconhecendo certa sinonímia entre os princípios apontados. Exatamente nesse sentido observa *Luiz Roberto Barroso*(240):

"De logo é conveniente ressaltar que a Doutrina e a jurisprudência, assim na Europa continental como no Brasil, costumam fazer referência, igualmente, ao princípio da *proporcionalidade*, conceito que em linhas gerias mantém uma relação de fungibilidade com o princípio da razoabilidade."

De forma indistinta serão ponderadas tanto a razoabilidade quanto a proporcionalidade no presente estudo.

Professor *Barroso*(241) traz ainda em nota no texto transcrito doutrina que terminou trilhando o rumo da sinonímia, conforme apontado. Considere-se:

Embora não faça essa assemelhação e refira-se sempre ao princípio da proporcionalidade, Willis Santiago Guerra Filho lembra "a sinonímia e origem comum, na matemática dos termos razão (lat. *Ratio*) e proporção (lat. *Proportio)*" (Sobre o princípio da proporcionalidade, mimeografado, p. 13-4). Em sintonia com essa ideia, v. Daniel Sarmento, *A ponderação de interesses na Constituição Federal,* cit., p. 87; Gustavo Binenbojm, *A nova jurisdição constitucional Brasileira,* p. 181; Fabio Corrêa Souza de Oliveira, *Por uma teoria dos princípios:* o princípio constitucional da razoabilidade, cit., p. 87-8."

Tomando caminho similar, *Germana Oliveira de Moraes*(242) obtempera: "inexiste sobreposição entre os princípios da razoabilidade e da proporcionalidade. De toda sorte, embora com matriz histórica diversa e conteúdos distintos, guardam vários pontos de identidade".

Aliás, inclusive o status de princípio acaba sendo criticado por alguns, que terminam sustentando que a razoabilidade e a proporcionalidade encerram tão somente critérios para interpretar o ordenamento e, principalmente, para viabilizar o convívio entre princípios. Atuariam os referidos regramentos diante da ação concreta de quaisquer dos princípios constitucionais, balizando-se a aplicação. Nesse sentido, considere-se *Eros Roberto Grau*(243):

(239) Cf. CANOTILHO, J. J. Gomes. *Direito constitucional e teoria da constituição.* Coimbra: Almedina, 1998, p. 261.

(240) *Op. cit.*, p. 224.

(241) *Op. cit.*, p. 224. (n. 187)

(242) MORAES, Germana de Oliveira. *Controle jurisdicional da administração pública*. São Paulo: Dialética, 1999. p. 132.

(243) GRAU, Eros Roberto. *Ensaio e discurso sobre a interpretação/aplicação do direito.* 2. ed. São Paulo: Malheiros, 2003. p. 178.

"O chamado 'princípio' da proporcionalidade consubstancia um *postulado normativo aplicativo*. Como tal, impõe — qual observa Humberto Bergmann Ávila [1999:170] — uma *condição* formal ou estrutural de conhecimento concreto (= aplicação) de outras normas. Desdobra-se em três postulados: o da *adequação*, o da *necessidade* ou *indispensabilidade* e o da *proporcionalidade em sentido estrito* [Alexy 1986:100; Bonavides 2003:396 e ss.; Guerra Filho 1989: 69 e ss.].

A proporcionalidade não consubstancia princípio, dado que como salienta Alexy [1986: 100, nota 84] — adequação, necessidade e proporcionalidade em sentido estrito não são ponderadas em relação a algo diferente; não se passa que algumas vezes tenham precedência, outras não; o que se pergunta é se essas exigências são satisfeitas ou não e se sua não satisfação traz como consequência a ilegalidade; daí por que essas três exigências, nas quais se desdobra a proporcionalidade em sentido amplo são classificadas como regras."

Intentando definir o "princípio" da proporcionalidade, Prof. *Barroso* comenta(244):

"*O princípio da razoabilidade é um parâmetro de valoração dos atos do Poder Público para aferir se eles estão informados pelo valor superior inerente a todo ordenamento jurídico: a justiça.* Sendo mais fácil de ser sentido do que conceituado, *o princípio se dilui num conjunto de proposições que não o libertam de uma dimensão excessivamente subjetiva.* É razoável o que seja conforme a razão supondo equilíbrio, moderação e harmonia; o que não seja arbitrário ou caprichoso; o que corresponda ao senso comum aos valores vigentes em dado momento ou lugar."

O referido autor complementa ainda seus ensinamentos trabalhando alguns requisitos para que se torne viável apurar a razoabilidade/proporcionalidade de dado texto, tendência ou interpretação. Considere-se o trecho:

"A doutrina — tanto lusitana(245) quanto brasileira — que se abebera no conhecimento jurídico produzido na Alemanha reproduz e endossa essa tríplice caracterização do princípio da proporcionalidade, como é mais comumente referido pelos autores alemães. Assim é que dele se extraem os requisitos *(a) da adequação, que exige que as medidas adotadas pelo Poder Público se mostrem aptas a atingir os objetivos pretendidos; (b) da necessidade ou exigibilidade, que impõe a verificação da inexistência de meio menos gravoso para atingimento dos fins visados;* e (c) da proporcionalidade em sentido estrito, que é a *ponderação entre o ônus imposto e o benefício trazido*, para constatar se é injustificável a interferência na esfera dos direitos dos cidadãos.

E, de forma enriquecedora, complementa *Barroso*(246) citando *Willis Santiago Guerra Filho*:

---

(244) *Op. cit.*, p. 224.

(245) Refere-se a J. J. Gomes Canotilho. *Op. cit.*

(246) *Op. cit.*, p. 229.

"Resumidamente, pode-se dizer que uma medida é adequada, se atinge o fim almejado, exigível, por causar o menor prejuízo possível e, finalmente, proporcional em sentido estrito, se as vantagens que trará superarem as desvantagens."

Diante da noção perfunctória traçada acerca do ideal de proporcionalidade/razoabilidade de rigor *repassar o que se tem construído até o momento, no que diz respeito ao cerne do presente estudo.*

A pergunta central aponta para exato termo inicial para fluência do prazo decadencial para constituição dos créditos tributários decorrentes de contribuições sociais devidas. A princípio fora apontado o art. 45 da Lei n. 8.212/91, que fora afastado por inconstitucionalidade. Atraído o CTN e, de imediato o art. 150 § 4º, na medida em que a exação em questão se submete a lançamento por homologação. O dispositivo encerra duas ressalvas, das quais apenas a segunda sobrevive e interessa ao presente estudo.

A ressalva afasta a aplicação do dispositivo em casos de dolo, fraude ou simulação, sem contudo apontar novos critérios para fixar o início da fluência do prazo decadencial. Diversas soluções foram conferidas pelos intérpretes que se propuseram a dirimir a crise e, em meio a estas opções, um choque entre valores, entre princípios foi aventado. A justiça na imposição das exações terminou afrontando, de certa forma, a noção de segurança jurídica daqueles autores das eventuais fraudes, que terminam sentindo-se ameaçados com a possibilidade de seu crime(247) ser descoberto a qualquer tempo.

Ponderada a noção de proporcionalidade, resta possível analisar cada uma das opções interpretativas, verificando exatamente a adequação, a necessidade e a proporcionalidade em sentido estrito destas. Pondere-se.

6.2.4. Opção interpretativa a — *inexistência de decadência*

Com o intuito de manter relação estrita com o elenco de interpretações concebidas por *Souto Maior Borges*(248), ponderar-se-á, a princípio, a hipótese de ausência completa de decadência.

Uma interpretação apriorística, baseada na literalidade, ou, ainda, na ausência de parâmetros literais tão somente, pode levar à conclusão no sentido de que, diante da ausência de previsão de qualquer critério a substituir o principal ditado pelo § 4º do art. 150 da CTN, qualquer decadência ocorreria. Resta possível sustentar, *verbi gratia,* um silêncio eloquente por parte do legislador. Isso implicaria a possibilidade de constituição do crédito tributário a qualquer tempo, independente inclusive da ciência do fisco quanto à ocorrência do fato gerador.

Ora, tal não é o que se pretende no presente estudo. Definitivamente não resta razoável deixar de impor uma consequência desagradável ao fisco inerte, ao Estado

(247) Ver art. 168-A e 337 do CP.

(248) *Op. cit.*, p. 406.

omisso. Havendo inércia estatal, não resta dúvida que razoável resta a imposição da decadência.

Necessária a ponderação sobre a perspectiva principiológica no sentido de manter a coerência. Sustentar a ausência completa do instituto da decadência implicaria fazer sucumbir em absoluto o valor segurança jurídica e, tal, definitivamente, não é a solução que se abstrai da aplicação do princípio da proporcionalidade. O referido princípio sugere que os valores se adaptem, que convivam harmoniosamente.

Souto Maior Borges(249) descarta sumariamente a possibilidade de afastar-se de forma absoluta a decadência. Considere-se:

> "Ao se aceitar a tese de que não decai o direito de lançar nas hipóteses de dolo, fraude ou simulação, estar-se-ia desconsiderando valores fundamentais nas relações entre fisco e contribuinte — a segurança, certeza e estabilidade, valores, afinal, consagrados pelo próprio Código Tributário Nacional, que expressamente — e até com impropriedade — inclui a decadência entre as hipóteses de extinção do crédito tributário (art. 156, V)."

Em linhas gerais, não se reconhece o que o professor Barroso chamou alhures de proporcionalidade em sentido estrito à hipótese interpretativa. Não há proporcionalidade entre *o ônus imposto e o benefício trazido*. O ônus da insegurança eterna não é assimilável diante de um estado que, ainda que ciente da ocorrência do fato gerador de dado tributo, não lança.

6.2.5. Opção interpretativa b *— aplicação das regras de decadência do direito comum*

Já houve quem sustentasse a possibilidade de aplicar-se as regras pertinentes à decadência ao ramo civil da ciência do direito. Tal posicionamento, contudo, esbarraria no *caput* do art. 149 da CF, que faz referência ao art. 146 III também da CF e exige Lei complementar a regular decadência em matéria tributária. Levando em conta que o CC pátrio encerra lei ordinária, inviável sua aplicação.

Pela inaplicação ainda, *Souto Maior Borges*(250) aduz:

> "Essa posição, contudo, segundo pretende autorizada doutrina, esbarra diante da objeção de que o Código Tributário Nacional, enquanto lei de normas gerais, regulou toda a matéria relativa à decadência, e, portanto, os prazos extintivos do direito da Fazenda Pública lançar o tributo."

Inviável, portanto, a aplicação dos dispositivos constantes do CC à problemática presente.

---

(249) *Op. cit.*, p. 406.

(250) *Op. cit.*, p. 406.

6.2.6. Opção interpretativa c — aplicação do inciso I do art. 173 do CTN em razão da omissão do § 4º do art. 150

A terceira hipótese interpretativa apontada por *Souto Maior Borges*(251) constitui, basicamente, o suprimento de pontual lacuna contida ao dispositivo sob análise pelo próprio sistema ditado pelo CTN. Nesse sentido, sustentam alguns que, diante da ausência de critério para imposição da decadência nos casos de dolo, fraude ou simulação, deveria restar aplicada a regra geral constante do art. 173 do CTN:

> Art. 173. O direito de a Fazenda Pública constituir o crédito tributário extingue-se após 5 (cinco) anos, contados:
>
> I – do primeiro dia do exercício seguinte àquele em que o lançamento poderia ter sido efetuado;

No sentido da presente opção interpretativa tratada, Prof. *Paulo de Barros*(252) aponta após considerar a primeira ressalva constante do § 4º do art. 150.

> "*O problema, porém, não se demora aí e sim na ressalva final: salvo se comprovada a ocorrência de dolo, fraude ou simulação.* A realidade cotidiana nos mostra que numerosas situações de falta de recolhimento de tributos, em termos parciais ou globais, no quadro de impostos que se sotopõe a esse regime, abrigam dolo, fraude ou simulação, muito embora diversas outras causas possam motivar o mesmo efeito. Pois bem, que prazo teria o Poder Público para deduzir suas pretensões tributárias, tomando-se como pressuposto que a legislação em vigor se mantém silente, omitindo-se sobre a hipótese? *A questão é tormentosa e as soluções encontradas pelos autores são divergentes.* Teria cabimento lançar mão dos prazos estipulados pelo art. 173 do Código? A exigência se perpetuaria, à míngua da instituição de qualquer limite? Seria admissível aplicar-se, subsidiariamente, o art. 177 do Código Civil, chegando-se ao período de vinte anos?
>
> Para nós, diante da lacuna causada pela omissão do legislador ordinário em disciplinar esse prazo, entendemos que a regra que mais condiz com o espírito do sistema é a do art. 173, I, do Código Tributário Nacional, isto é, havendo dolo, fraude ou simulação, adequadamente comprovadas pelo fisco, *o tempo de que dispõe para efetuar o lançamento de ofício é de cinco anos, a contar do primeiro dia do exercício seguinte àquele em que poderia ter sido praticado o lançamento.* São, portanto, duas situações diferentes: a) falta de recolhimento do tributo, em termos totais ou parciais, todavia sem dolo, fraude ou simulação — intervalo temporal para fins de lançamento é de cinco anos, a partir da ocorrência do fato jurídico tributário; e b) falta de recolhimento, integral ou parcial, de tributo, cometida com dolo, fraude ou simulação — o trato de tempo para a formalização da exigência e para a aplicação de penalidades é de cinco anos, contados do primeiro dia do exercício seguinte àquele em que o lançamento poderia ter sido realizado."

(251) Cf. *op. cit.*, p. 406.

(252) CARVALHO, Paulo de Barros. *Curso de direito tributário.* 7. ed. São Paulo: Saraiva, 1995. p. 288.

Tomando o mesmo posicionamento acerca do tema, *Leandro Paulsen*(253) pondera:

"A identificação da regra aplicável nestes casos de dolo, fraude ou simulação apresenta certa dificuldade, pois a norma não é clara, apenas excluindo tais hipóteses. A tendência, por isso, é advogar-se a aplicação da regra geral do art. 173 I, do CTN."

Pugnando pela aplicação do art. 173, I, *Zelmo Denari*(254) pondera ao referir-se ao § 4º do art. 150 do CTN:

"O parágrafo comentado ressalva *in fine* a ocorrência de dolo, fraude ou simulação. Nos termos dessa ressalva — supondo-se ação ou omissão dolosa do contribuinte, tendente a impedir, retardar, dissimular ou, o que é pior, ocultar, a ocorrência de pressupostos, de modo a reduzir o montante do imposto devido — não mais prevalece o prazo ali previsto, aplicando-se à espécie o disposto no art. 173, inciso I. Consequentemente, amplia-se o prazo de decadência, permitindo à fiscalização apurar eventual diferença no prazo de 5 (cinco) anos contados do primeiro dia do exercício seguinte ao da ocorrência do fato gerador."

Ainda no mesmo sentido, *Hugo de Brito Machado*(255) afirma:

"A aplicação do art. 173 I do CTN resta bem cotada em meio à doutrina nacional. Realmente, de forma majoritária, tem-se apontado a aplicação do dispositivo no sentido de colmatar a lacuna deixada pela segunda ressalva contida ao § 4º do art. 150."

Exatamente neste ponto vale a pena relembrar a solução preconizada com a aplicação do art. 45 da Lei n. 8.212/91, considerando-se, evidentemente, corrente que o considera constitucional, por exemplo, em razão da primeira ressalva do § 4º do art. 150 do CTN.(256) A aplicação do inciso I do 173 do CTN leva ao mesmo lugar, encerra a mesma solução, em última análise, daquele apontada pelo art. 45 da Lei n. 8.212/91. Ambos apontam *o primeiro dia do exercício seguinte àquele em que o lançamento poderia ter sido efetuado* como o termo inicial do prazo decadencial. Tal fato faz com que se torne, para o objeto do presente estudo, relativamente despicienda a discussão acerca da constitucionalidade do art. 45 da Lei n. 8.212/91. Constitucional ou não, de cinco ou dez anos(257), fato é que, o prazo de decadência deveria fluir do *primeiro dia do exercício seguinte àquele em que o lançamento poderia ter sido efetuado*, restando apenas discutir exatamente a partir de quando o lançamento poderia ser efetuado.

---

(253) PAULSEN, Leandro. *Direito tributário*. 6. ed., rev. e atual. Porto Alegra: Livraria do Advogado: ESMAFE, 2004. p. 1.010.

(254) DENARI, Zelmo. *Decadência e prescrição tributária*. Rio de Janeiro: Forense, 1984. p. 55.

(255) *Op. cit.*, p. 188.

(256) Manteve-se a construção do texto original da dissertação de mestrado apresentada, contudo, resta relevante relembrar a Súmula Vinculante n. 08 do TST.

(257) Diante da edição da Súmula Vinculante de n. 08 do STF, já não há mais que se discutir o tema referente ao prazo decadencial, restando de rigor o afastamento do art. 45 da Lei n. 8.212/91. Resta ainda ponderar se passar-se-á a aplicar a LOPS ou o CTN.

A dificuldade na solução da problemática, contudo, prossegue. Prossegue, pois, ainda que se assimile a aplicação do inciso I do art. 173 do CTN(258), este se mostra pouco claro quanto à fixação do termo inicial à fluência do prazo decadencial para constituir o crédito tributário.

Define o dispositivo:

> Art. 173 – O direito de a Fazenda Pública constituir o crédito tributário extingue-se após 5 (cinco) anos, contados:
>
> I – *do primeiro dia do exercício seguinte àquele em que o lançamento* ***poderia ter sido efetuado***; (grifo nosso)

No sentido de identificar bem a problematização proposta, de rigor é a formulação da questão base. *Afinal, é questionar-se a partir de quando, exatamente, poderia o fisco lançar o tributo.* Restam possíveis duas respostas, que terminam trazendo à tona inclusive a última alternativa interpretativa proposta por *Souto Maior Borges* ao § 4º do art. 150. Resta possível sustentar que possível restaria o lançamento a partir da ocorrência do fato gerador, bem como, poderia sustentar-se que o lançamento só poderia ser realizado diante do conhecimento do fisco acerca da ocorrência do fato gerador. *Eis a grande pendência do presente estudo.* Após tantos percalços, eis ao que se restringiu todo o debruçar intelectual, enfim, toda a reflexão.

Eis o momento de, tomando o rumo da argumentação proposto por Perelman, encontrar a justiça na solução. Eis o momento de, argumentando, apontar a interpretação que traduza melhor os ideais de justiça, de igualdade, de apreço pelo bem comum, dentre outros valores. A solução parece apontar novamente para a proporcionalidade, contudo, desta feita, aplicada em concreto, no sentido de adequar a segurança necessária e a justiça almejada e definir a melhor solução.

6.2.7. Ponderando a justiça de cada uma das interpretações do inciso I do art. 173

Conforme mencionado alhures, duas interpretações podem ser abstraídas, a princípio, do inciso I do art. 173 do CTN. A primeira no sentido de que fluiria o prazo decadencial a partir do primeiro dia do exercício seguinte ao da ocorrência do fato gerador, haja vista que o fisco poderia, de qualquer forma, lançar a partir da ocorrência deste. A segunda interpretação concebe que o prazo decadencial fluiria a partir da ciência do fisco quanto à ocorrência do fato gerador, uma vez que, dentre diversas interpretações, deve-se optar pela que encerre a solução mais coerente, mais razoável.

Sustentam alguns que a primeira interpretação, que aponta a fluência do prazo decadencial a partir do primeiro dia do exercício seguinte ao da ocorrência do fato gerador, traria como corolário extensão sensível no prazo para constituição do crédito, extensão de prazo suficiente para combater e compensar as condutas eivadas de dolo,

(258) Ou do art. 45 da Lei n. 8.212/91, pois a redação é a mesma e a falta de clareza, portanto, persiste.

fraude ou simulação. *Contudo, desde logo é fundamental que se aponte a nocividade dessa interpretação e, mais ainda, a falácia que existe no argumento de que o prazo restara majorado.*

Alterando-se o termo inicial fincado no fato gerador, passando-o para o primeiro dia do exercício seguinte à ocorrência deste, estende-se o prazo para constituição do crédito tributário *em menos de um ano necessariamente*. Em termos de decadência e combate às eventuais fraudes que se apresentam, o tempo ofertado resta insignificante e sequer incentiva o fisco a abraçar a interpretação apontada.(259) Em linhas gerais, a intenção de compensar o fisco pelas dificuldades somadas em razão da conduta delituosa não resta suficiente. Os que sustentam tal tese *partem da necessidade absoluta de solucionar a pendência tributária, em respeito ao valor, ao princípio da segurança jurídica. Contudo, há que se apontar aos profundos jusfilósofos que assim sustentam que, por mais evidente que possa parecer, a segurança jurídica não é o maior, o único ou o mais relevante valor tutelado pelo ordenamento pátrio*(260).

Não é, pois, valor algum que resta albergado de forma absoluta ao sistema pátrio. Sequer o direito à vida, bem jurídico indubitavelmente mais relevante, restou tutelado de forma absoluta pela ordem constitucional(261).

Envolvido ainda no seio da pendência sob análise está a justiça da solução a ser conferida. *Justiça* que juntamente com o valor *segurança* ocupam posição de proeminência no sistema constitucional pátrio desde o preâmbulo(262) da Constituição Federal. Considere-se:

---

(259) É de se atentar que as fraudes são complexas e, frequentemente, resultado da junção de forças de empregados e empregadores. Diante de tais hipóteses, a fiscalização resta absolutamente prejudicada pelas dificuldades que se impõem para o descortinamento da realidade fática. Um ano a mais, definitivamente, resta muito pouco como compensação pela conduta nociva implementada.

(260) Rememorar as noções básicas acerca da proporcionalidade como critérios para adequação entre valores, conforme ponderado alhures.

(261) Art. 5º, inciso XLVI, alínea *a*. XLVII – não haverá penas: a) de morte, salvo em caso de guerra declarada, nos termos do art. 84, XIX; ...

(262) Acerca da relevância do preâmbulo constitucional como elemento a nortear a interpretação e a integração das normas jurídicas, considerem-se as lições que seguem: José Cretella Júnior leciona acerca da relevância que deve ser conferida aos preâmbulos constitucionais: "dividem-se as colocações em dois grupos distintos, o primeiro acentuando a importância do *Preâmbulo*, ressaltando-lhe a relação com dispositivos do texto; o segundo procurando minimizar a relação entre a peça vestibular e o próprio texto articulado. Na interpretação dos dispositivos constitucionais subsequentes, os dizeres do Preâmbulo, se for o caso, se esclarecerem ou completarem o texto, devem ser levados em conta, para efeito de interpretação. *Como o Preâmbulo é elemento integrante da Constituição, assim que promulgada, não há a menor dúvida de que a ele se deve recorrer, quando surgem problemas de hermenêutica, desde que, nessa peça vestibular ou introdutória, haja princípios que se relacionem de modo direto ou indireto com os dispositivos constitucionais questionados*". (*Comentários à Constituição de 1988*. v. I, Arts. 1º a 5º, inc. LXVII. Rio de Janeiro: Forense Universitária, 1988, p. 76-77.) José Afonso da Silva classifica os preâmbulos como normas de *aplicabilidade da Constituição*. Faz inclusive referência (CARL FRIEDRICH, CARL SCHMITT, VEDEL, GARCIA-PALAYO) a autores que se posicionaram no sentido da força normativa do preâmbulo constitucional. Para AFONSO DA SILVA, "*têm, pois, eficácia interpretativa e integrativa*; mas, se mantêm uma declaração de direitos políticos e sociais do homem, valem como regra de princípio programático, pelo menos, sendo que a jurisprudência francesa, como anota LIET-VEAUX, lhes dá valor de lei, uma espécie de lei supletiva". *Aplicabilidade das normas constitucionais*. 3. ed. São Paulo: Malheiros, 1999.

> "Nós, representantes do povo brasileiro, reunidos em Assembleia Nacional Constituinte para instituir um Estado Democrático, destinado a assegurar o exercício dos direitos sociais e individuais, a liberdade, *a segurança*, o bem-estar, o desenvolvimento, a igualdade *e a justiça* como *valores supremos* de uma sociedade fraterna, pluralista e sem preconceitos, fundada na harmonia social e comprometida, na ordem interna e internacional, com a solução pacífica das controvérsias, promulgamos, sob a proteção de Deus, a seguinte CONSTITUIÇÃO DA REPÚBLICA FEDERATIVA DO BRASIL."

Conforme visto no tópico referente à conceituação do valor justiça, esta deteve relevância variável para o direito em meio à história. Sofreu abalo terrível na década de vinte com a escola positivista, traduzida na teoria pura do direito desenvolvida por *Hans Kelsen*. Dentre as ideias básicas preconizadas pelo autor, estava o afastamento completo de qualquer forma de subjetivismo da ciência do direito, restringindo o direito, basicamente, à norma. Contudo, após a Segunda Grande Guerra e a catastrófica postura adotada pelos alemães, justificada em termos positivistas em meio ao Tribunal de Nüremberg, os estudiosos do direito encontraram-se diante de um grande problema. Restringindo-se o direito à norma e permitindo a norma que atrocidades fossem cometidas, como escapar da conclusão de que o direito encamparia tais atrocidades? Eis o seio das tendências pospositivistas, da interpretação axiológica, da valoração mesmo da norma jurídica.

O pospositivismo, sem dúvida, marca um reencontro do direito com a ética, com o valor justiça. Tecendo comentário acerca dessa transição, coloca *José Alexandre Franco*(263), interpretando ensinamento de *Luiz Roberto Barroso*:

> "Em síntese, conclui *Barroso*, o pospositivismo identifica um conjunto de ideias difusas que ultrapassam o legalismo estrito do positivismo normativista, sem recorrer às categorias da razão subjetiva do jusnaturalismo. Sua marca é a ascensão dos valores, o reconhecimento da normatividade dos princípios e a essencialidade dos direitos fundamentais. Com ele, a discussão ética volta ao Direito. O pluralismo político e jurídico, a nova hermenêutica e a ponderação de interesses são componentes dessa reelaboração teórica, filosófica e prática, que fez a travessia de um milênio para o outro."

Enfim, a justiça da solução importa senão porque consta do preâmbulo constitucional, porque deve manter-se uma, ínsita ao direito, inclusive como objetivo deste. Nesse sentido, seguem argumentos que poderão fazer repensar a óbvia conclusão em favor da segurança jurídica, valorando aspectos relativos ao valor justiça, alicerçado em ideais como a isonomia, o bem comum e à noção básica de dar a cada um o que é seu.

6.2.8. A proporcionalidade na interpretação do inciso I do art. 173 do CTN

Observe-se desde logo que o que se persegue é apenas postergar no tempo o termo inicial da decadência. Em momento algum pretendeu-se que esta fosse afastada definitivamente.

(263) FRANCO, José Alexandre. *A justiça de* Rawls *e o pós-positivismo*. Disponível em: <http://www.viannajr.edu.br/revista/dir/doc/art_20001.pdf> Acesso em: 1º mar. 2006.

Afinal, a ideia não é evitar que operem as consequências da inércia estatal. Observe-se que, sem ciência do fato gerador não é possível falar-se em inércia. A inércia presume a possibilidade concreta de tomar as atitudes devidas. Pretende-se, em última análise, seja viabilizada chance concreta e efetiva de o Estado fazer valer o seu poder--dever de constituir o crédito advindo do fato imponível omitido.

Tornando ao cerne da questão, necessário que se demonstrem, que se oponham *os fundamentos, os argumentos, afinal*, que justificariam a interpretação do inciso I do art. 173, no sentido de que o prazo decadencial fluiria a partir do momento em que o fisco tomasse conhecimento da ocorrência do fato imponível ou fato gerador *in* concreto. Enfim, seguem as bases consideradas para sustentar-se interpretação que sacrificaria a concepção absoluta de segurança jurídica concebida por alguns tributaristas em prol de uma sociedade mais justa. Considere-se:

a-1. Princípios gerais de direito — noções básicas

Do art. 4º da LICC observa-se que eventuais lacunas contidas ao ordenamento devem ser colmatadas, dentre outros elementos, com os chamados *Princípios gerais de direito*. Seguindo o mesmo sentido, tem-se ainda os arts. 108 e 109 do CTN e, art. 8º da CLT.

Acerca dos referidos princípios, Prof. *Maria Helena Diniz*[(264)] pondera:

> "Os princípios gerais de direito, entendemos, não são preceitos de ordem ética, política, sociológica ou técnica, mas elementos componentes do direito. São normas de valor genérico que orientam a compreensão do sistema jurídico, em sua aplicação e integração, estejam ou não positivados."

Celso Antonio Bandeira de Mello[(265)] desenvolve ainda algumas linhas acerca dos referidos princípios gerais de direito. Considere-se:

> "Deveras, princípios gerais de direito são vetores normativos subjacentes ao sistema jurídico-positivo, não porém como um dado externo, mas como uma inerência da construção em que se corporifica o ordenamento. É que os diversos institutos nele compreendidos — quando menos considerados em sua complexidade íntegra — revelam, nas respectivas composturas, a absorção dos valores substanciados nos sobreditos princípios. Com efeito, nas palavras de *O. A. Bandeira de Mello*, tais princípios 'se infiltram no ordenamento jurídico de dado momento histórico' ou traduzem 'o mínimo de moralidade que circunda o preceito legal, latente na fórmula escrita ou costumeira', são as 'teses jurídicas genéricas que informam o ordenamento jurídico positivo do Estado', conquanto não se achem expressamente em texto legal específico."

(264) *Op. cit.*, 129.

(265) MELLO, Celso Antonio Bandeira de. *Curso de direito administrativo*. 15. ed. São Paulo: Malheiros, 2003. p. 112.

E, para aqueles que têm dificuldade em conceber o conteúdo normativo que toma a essência dos princípios gerais, de rigor considerar os ensinamentos de *Norberto Bobbio* ponderados por *Paulo Bonavides*(266):

"Os princípios gerais são, ao meu ver, normas fundamentais ou generalíssimas do sistema, as normas mais gerais. O nome de princípios induz engano, tanto que é velha questão entre juristas se os princípios são ou não são normas. Para mim não há dúvida: os princípios gerais são normas como todas as demais. E esta é a tese sustentada também pelo estudioso que mais amplamente se ocupou da problemática, ou seja, Crisafulli. Para sustentar que os princípios gerais são normas, os argumentos vêm a ser dois e ambos válidos: antes de tudo, se são normas aquelas das quais os princípios gerais são extraídos, através de um procedimento de generalização sucessiva, não se vê por que não devam ser normas também eles: se abstraio de espécies animais, obtenho sempre animais, e não flores ou estrelas. Em segundo lugar, a função para a qual são abstraídos e adotados é aquela mesma que é cumprida por todas as normas, isto é, a função de regular um caso: mas agora servem ao mesmo fim para que servem as normas expressas. *E por que então não deveriam ser normas*? (grifo nosso)"

Bonavides(267) procede ainda análise acerca da evolução da relevância dos princípios para o direito. Pondera os princípios em meio ao jusnaturalismo, ao positivismo e à mais recente tendência, a pospositivista. Considerados no jusnaturalismo como ideal de justiça inspirado na lei divina, passaram pelo positivismo, fase à qual tiveram mero papel supletivo e, eventualmente, norteador da interpretação de dispositivos duvidosos. Ao pospositivismo, contudo, além de inclusive serem incluídos nos textos constitucionais, passam a efetivamente conferir legitimidade ao ordenamento, passam a exigir, a impor um conteúdo valorativo mínimo ao ordenamento. A norma já não basta por si mesma; antes, necessário se faz que seja ética, justa, de acordo com os ditames principiológicos. Eis a fase presente.

Em linhas gerais, portanto, não resta equivocado considerar-se as normas jurídicas como gênero, do qual constituem espécies as regras e os princípios. Eis uma breve noção da relevância destes em meio ao ordenamento pátrio(268).

Não resta demasiado rememorar as funções essenciais dos princípios em meio a um dado ordenamento jurídico. Como regra, os princípios desenvolvem função informativa, supletiva e, ainda, interpretativa. Guardar as referidas funções haverá de ser útil ao presente estudo.

---

(266) BOBBIO *apud* BONAVIDES, Paulo. *Curso de direito constitucional*. 5. ed. São Paulo: Malheiros, 1994. p. 236.

(267) Cf. BONAVIDES, Paulo. *Curso de direito constitucional*. 5. ed. São Paulo: Malheiros, 1994. p. 237.

(268) Há quem desenvolva ainda classificação dos princípios em razão de constarem ou não expressamente do direito positivado. Nesse sentido, diz-se que, em tomando parte do ordenamento positivo, constituem *princípios positivos do direito*. Hipóteses de derivarem do sistema, restando, portanto, implícitos, denominar-se-iam *princípios gerais de direito*. Conferir ESPÍNDOLA, Rui Samuel. *Conceito de princípios constitucionais*. 1. ed., 2. tir. São Paulo: RT, 1999. p. 55.

Intentando enumerar alguns desses princípios, a Prof. citada leciona ainda[269]:

"Estão contidos no sistema jurídico civil, por exemplo, os princípios:

a) da moralidade;

b) *da igualdade de direitos e deveres dentro do ordenamento jurídico*;

c) *da proibição de locupletamento ilícito...*

h) *de ninguém pode invocar a própria malícia*;"

Celso A. Bandeira de Mello, inspirado na obra de *O. A. Bandeira de Mello*, também traça breve ponderação acerca dos mais evidentes princípios gerais de direito e, nesse sentido, aponta:

"No exemplário de tais princípios gerais o autor menciona, entre outros, o de que ninguém deve ser punido sem ser ouvido, o do enriquecimento sem causa, o de que ninguém pode se beneficiar da própria malícia etc."

Considerar que o tributo poderia ser lançado a partir da ocorrência do fato gerador independente do conhecimento do fisco, independente de eventuais práticas fraudulentas, sem dúvida alguma faz com que o fraudador se beneficie da própria malícia, enriquecendo, portanto, de forma ilícita.

Os princípios transcritos já restam suficientes a trazer o efeito pretendido do argumento, podendo-se, contudo, extrair outros ainda. Considerem-se estes, a princípio.

A moralidade constitui questão de fundo e termina restando vinculada de certa forma a todos os outros três princípios mencionados alhures.

a-2. A afronta à isonomia em concreto

Não se considera moral, não se faz socialmente assimilável, a sociedade não assimila o tratamento diferenciado de pessoas que se encontram em situações equivalentes. O princípio da igualdade, a isonomia, constitui um dos mais caros princípios ao ordenamento constitucional, tutelado no *caput* do art. 5º e no I.

Aqui não se faz referência à isonomia abstrata, pois diriam alguns que as regras de decadência, com a termo inicial ao fato gerador ou à ciência destes, aplicar-se-iam a todos indistintamente.

A questão é mais complexa. A questão é de isonomia em concreto. Isonomia material e não meramente formal diante da lei. Faz-se referência à isonomia ponderada sob perspectiva pragmática. Aquela isonomia que termina não sendo reconhecida pela sociedade quando um de seus elementos é beneficiado com o não recolhimento de

(269) *Op. cit.*, p. 128.

um tributo que todos seus pares terminam por recolher.(270) Sustentar interpretação que leve a situação em que contribuintes em situação equivalente tenham trato desigual em razão da prática de um delito, não parece razoável. Mormente quando se beneficia o delinquente.

Acerca das concepções de igualdade material e formal, pondera *Flávio Marcondes Soares Rodrigues*(271):

"... a aplicação da lei indistintamente a todos é um mero aspecto da isonomia, talvez o mais desimportante deles. Há que ficar patente que o princípio da isonomia com residência constitucional, implica que a lei em si considere todos os homens igualmente, ressalvadas as desigualdades que devem ser sopesadas para o prevalecimento da igualdade material em detrimento da obtusa igualdade formal, conforme já asseverado."

Ainda acerca do princípio da igualdade, uma das mais relevantes ponderações foi realizada pelo grego *Aristóteles* (384-322 a.C.) em sua obra *Ética a Nicômaco*. Embora pouco considerado em meio à Ciência do direito, permeando com proeminência as ciências filosóficas, resta de extrema utilidade prática, mormente de um quadro, de um momento em que se busca tanto a solução mais justa para as demandas.

Considerem-se breves ilações desenvolvidas por *Bruno Amaro Lacerda*(272) acerca do pensamento aristotélico:

"Na *Ética a Nicômaco*, Aristóteles expõe uma teoria do *ethos* e da justiça da Atenas do século IV a.C., discutindo conceitos como 'o bem', 'a virtude', 'a justiça', 'a lei', 'a amizade' e 'a felicidade'.

Dentre todos os bens, contudo, há um que é supremo, que deve ser buscado como fim último da *pólis*. Esse bem é a felicidade, entendida não como um estado, mas como um processo, uma atividade através da qual o ser humano desenvolve da melhor maneira possível suas aptidões.

(...)

Os meios para se atingir a felicidade são as virtudes (formas de excelência), discutidas por Aristóteles na *Ética a Nicômaco*. As virtudes são disposições de caráter cuja finalidade é a realização da perfeição do homem, enquanto ser racional. A virtude consiste em um meio-termo entre dois extremos, entre dois atos viciosos, um caracterizado pelo excesso e outro pela falta, pela carência.

---

(270) Embora soe um tanto atécnico, neste momento vale a pena ponderar a segurança jurídica de quem se tutela. A segurança da sociedade? Crê-se que não, na medida em que, como regra, aos contribuintes cumprem seus deveres. Vale diferenciar os inadimplentes dos venais. Tutela-se, sim, os venais quando se sustenta que criminosos restariam desobrigados do recolhimento de tributos camuflados.

(271) RODRIGUES, Flávio Marcondes Soares. *O princípio da isonomia e sua incidência nas isenções extrafiscais*. Disponível em: <http://jus2.uol.com.br/doutrina/texto.asp?id=4574> Acesso em. 30 mar. 2006.

(272) LACERDA, Bruno Amaro. *O pensamento de Aristóteles e as reflexões jusfilosóficas atuais*. Disponível em: <http://jus2.uol.com.br/doutrina/texto.asp?id=2046> Acesso em: 30 mar. 2006.

Aristóteles divide as virtudes em dianoéticas (ou intelectuais), às quais se chega pelo ensinamento, e éticas (ou morais), às quais se chega pelo exercício, pelo hábito. As virtudes éticas, enquanto virtudes do saber prático, não se destinam ao conhecer, como as dianoéticas, mas à ação. Para sua aquisição o conhecimento tem pouca ou nenhuma importância.

Das virtudes dianoéticas, a de maior importância é a *phrónesis* (prudência), capacidade de deliberar sobre o que é bom ou mal, correto ou incorreto. Das virtudes éticas, a mais importante é a justiça.

Aristóteles distingue a justiça em duas importantes classes: a universal e a particular. A justiça universal é o cumprimento da lei (lei, na Antiguidade, designava mais o modo de ser da *pólis* do que propriamente uma prescrição). O homem justo, portanto, é aquele que, como Sócrates, no diálogo platônico *Críton*, cumpre a lei. Neste caso, abrange as demais virtudes, pois o que a lei manda é cumprir todas as virtudes éticas particulares. A justiça particular é o hábito que realiza a igualdade, a atribuição a cada um do que lhe é devido. Neste caso, a justiça se coloca ao lado das demais virtudes, pois respeitar a igualdade implica, quando necessário, agir com coragem, ou com temperança etc.

A justiça particular divide-se em duas: a justiça distributiva e a justiça corretiva. A justiça distributiva é a mais importante, pois responsável pela manutenção da ordem e da harmonia da *pólis*. Consiste em atribuir a cada um o que lhe é devido, tendo em vista sua excelência, seu valor (*areté*) para a comunidade. Baseia-se numa igualdade geométrica, na qual quem valha 8 receba 4, e quem valha 2 receba 1. Já a justiça corretiva, ou retificadora, não se baseia numa igualdade geométrica, mas numa igualdade aritmética. A justiça corretiva não trata das relações dos indivíduos com a comunidade, mas das relações dos indivíduos entre si (interpessoais), como, por exemplo, as de troca de bens."

Da ideia de justiça particular corretiva observa-se que, tratando pessoas desiguais de maneira absolutamente equivalente, tem-se como resultado necessário a perpetuação das desigualdades. E é de se observar que tal não é objetivo preconizado pelo inciso III do art. 3º da CF. Impondo-se a mesma regra decadencial, a saber: impondo-se a fluência do prazo decadencial a partir do primeiro dia do exercício seguinte àquele da ocorrência do fato gerador, tratar-se-á todos os sujeitos passivos da mesma forma, não havendo qualquer trato diferenciado aos fraudadores, absolutamente distintos dos inadimplentes conforme se abordará adiante.

A fluência, portanto, do prazo decadencial para constituição dos créditos tributário em tributos submetidos ao lançamento por homologação, nas hipóteses da ressalva que consta da parte final do § 4º do art. 150 do CTN, dá-se em respeito à concepção aristotélica de igualdade e à noção de isonomia em concreto da ciência do fisco quanto à ocorrência do fato gerador.

a-3. Quanto ao princípio da vedação ao enriquecimento ilícito

Resta inegável ainda que aquele que frauda a folha de salários, deixa de registrar seus empregados, realiza pagamentos ditos "por fora", ou ainda "não contabilizados", pratica ilícito penal, crime de apropriação indébita previsto ao art. 337 do CP[(273)]. Considerando que a decadência flui independente da ciência, o crime passa a compensar. Praticando o crime com competência, mantendo o fato gerador camuflado, escondido, o contribuinte enriquecerá. Enriquecerá ilicitamente. Deixará de recolher os tributos como sói óbvio. Eis mais um princípio geral de direito violado pelos que sustentam a decadência independente da ciência.

a-4. Princípio que veda o benefício advindo da própria torpeza

Por fim, desde os bancos acadêmicos tem-se clara a ideia de que *a ninguém é dado beneficiar-se da própria torpeza*. Ou, de outra forma, como dito alhures, ninguém pode invocar a própria malícia. Sem dúvida, um dos mais relevantes elementos a sustentar seja diferido no tempo o termo inicial do prazo decadencial.

Do rol de princípios gerais traçados pelos autores supra considerados, a vedação quanto ao benefício da própria torpeza resta comum. Encerra valor fundamental da sociedade que termina tomando a essência da presente análise. Invocar a própria malícia é exatamente o que pretendem alguns. Invocar a competência criminosa é o que pretendem alguns devedores.

Considerado o primeiro fundamento apontado, considerado exatamente o papel desenvolvido pelos princípios gerais de direito na solução da problemática sob análise, duas opções sob a perspectiva macro se instalam. Pode-se conferir prevalência absoluta ao valor segurança em detrimento de todos os demais valores constitucionais e, com isso, viabilizar o prêmio aos fraudadores competentes com a decadência do direito de lançar. Por outro lado, resta possível posicionamento baseado na adequação de valores onde não restará afastada a decadência; contudo, a decadência restará adaptada às

---

(273) Art. 337 – A. Suprimir ou reduzir contribuição social previdenciária e qualquer acessório, mediante as seguintes condutas: I – omitir de folha de pagamento da empresa ou de documento de informações previsto pela legislação previdenciária segurados empregado, empresário, trabalhador avulso ou trabalhador autônomo ou a este equiparado que lhe prestem serviços; II – deixar de lançar mensalmente nos títulos próprios da contabilidade da empresa as quantias descontadas dos segurados ou as devidas pelo empregador ou pelo tomador de serviços; III – omitir, total ou parcialmente, receitas ou lucros auferidos, remunerações pagas ou creditadas e demais fatos geradores de contribuições sociais previdenciárias: Pena — reclusão, de 2 (dois) a 5 (cinco) anos, e multa. § 1º É extinta a punibilidade se o agente, espontaneamente, declara e confessa as contribuições, importâncias ou valores e presta as informações devidas à previdência social, na forma definida em lei ou regulamento, antes do início da ação fiscal. § 2º É facultado ao juiz deixar de aplicar a pena ou aplicar somente a de multa se o agente for primário e de bons antecedentes, desde que: I – (VETADO); II – o valor das contribuições devidas, inclusive acessórios, seja igual ou inferior àquele estabelecido pela previdência social, administrativamente, como sendo o mínimo para o ajuizamento de suas execuções fiscais. § 3º Se o empregador não é pessoa jurídica e sua folha de pagamento mensal não ultrapassa R$ 1.510,00 (um mil, quinhentos e dez reais), o juiz poderá reduzir a pena de um terço até a metade ou aplicar apenas a de multa. § 4º O valor a que se refere o parágrafo anterior será reajustado nas mesmas datas e nos mesmos índices do reajuste dos benefícios da previdência social.

circunstâncias fáticas que se apresentam. Restará apenas postergada no tempo a fim de efetivamente colocar cobro à inércia estatal. Frise-se que há que haver inércia.

Evidente que, salutar resta a atividade repressiva no sentido de coibir as eventuais fraudes e simulações que terminam viabilizando a torrente sonegação fiscal. Contudo, mais interessante do que reprimir, resta prevenir a prática. A prevenção dá-se por meio da educação do contribuinte. Esse processo de educação dá-se não somente por meio de campanhas, mas, também, pelos efeitos deletérios ao caixa dos fraudadores produzidos pela descoberta das práticas delituosas. Em outras palavras, a tentativa de se locupletar ilicitamente deve gerar um custo alto. Um custo que efetivamente desestimule a prática e que, nesse sentido, deve ser sensivelmente maior do que aquele originariamente devido.

a-5. Oportunidade ímpar de se corrigirem desvios de conduta

A terminologia utilizada no ramo tributário da ciência do direito, bem como as sucessivas alterações legislativas realmente tendem a dificultar a compreensão macro do sistema por parte do contribuinte. Por vezes, a doutrina pátria, curiosamente, deixa de ajudar, confundindo ainda mais o sujeito passivo. Tal resta notado com certa tranquilidade, *verbi gratia*, nos conceitos de elisão e evasão fiscal. A verdade é que o contribuinte necessita ser educado, resta necessário trabalhar a cultura da elisão/sonegação disfarçada de mera evasão.

O objeto do presente estudo encerra oportunidade ímpar no sentido de viabilizar lição eloquente aos sonegadores, aos que praticam a evasão fiscal. Educar, nesse caso, de uma forma muito mais eficiente do que aquelas tentativas implementadas por meio de meras campanhas. Resta curial que não se perca a presente oportunidade. Urge seja corrigido incômodo desvio de conduta por parte de alguns que, além de encetar o óbvio prejuízo ao erário, produzem nefasta sensação de injustiça ao contribuinte honesto e cumpridor de seus deveres.

Educar por meio de exações não encerra novidade alguma em meio ao direito tributário, que abarca tal ideal às diversas hipóteses de extrafiscalidade[274] que constam do sistema tributário.

Exatamente como ocorre com a utilização da extrafiscalidade, o objetivo, o fundamento da interpretação que viabiliza a fluência do prazo decadencial a partir da ciência do fisco nos tributos lançados por homologação não é arrecadar. Não se coloque a pecha de, seguindo clichê contemporâneo, mero reflexo da *sanha arrecadatória* do fisco. O objetivo termina sendo menos arrecadar do que desestimular a prática da fraude tributária.

---

(274) "... a extrafiscalidade é o emprego do arsenal tributário sem finalidades arrecadatórias, mas como instrumento de ação política... Como se pode notar, nesses casos o governo deixa de arrecadar, mas utiliza os tributos com o fito de perseguir o desenvolvimento de uma região ou indústria nacional, o que configura, a bem de ver, o instituto examinado". JARDIM, Eduardo Marcial Ferreira. *Manual de direito financeiro e tributário.* 5. ed. São Paulo: Saraiva, 2000. p. 218.

a-6. Dos efeitos deletérios produzidos ao mercado em que resta inserido o fraudador

Outro aspecto relevantíssimo a ser considerado diz respeito ao efeito que a impossibilidade de lançar traria ao mercado em que o fraudador restasse inserido. Sustentar que o prazo decadencial fluiria da ocorrência do fato gerador ou, ainda, do primeiro dia do exercício seguinte ao que esse tenha ocorrido implicaria desequilibrar o mercado e, lamentavelmente, prejudicar os empresários adimplentes e cumpridores de seus deveres para com o fisco. Pondere-se um tanto mais esse aspecto.

Resta inegável que os tributos compõem a coluna dos custos das mercadorias e serviços prestados. Tal resta muito evidente ao se considerar que, majorados tributos, a tendência é o repasse do percentual de reajuste ao custo final da mercadoria ou serviço.

Os empresários que se submetem à carga tributária imposta pelo Estado *latu sensu* detêm um determinado custo para sua produção. Aqueles que fraudulentamente se furtam a cumprir seus deveres para com o fisco terminam produzindo com um custo sensivelmente menor. Mitigando o custo final da produção é possível vender com deságio sensível o resultado do labor e, com isso, ganhar competitividade no mercado.

O problema é um tanto maior do que se observa a princípio, pois, além de deixar de recolher, o fraudador ganha mercado e, à medida que ganha em razão de seu preço final, outros produtores que honram suas obrigações tributárias perdem espaço. O fisco termina perdendo em progressão geométrica e submetido a um círculo vicioso. Perde e, em razão da perda inicial, perde mais. Para competir com o fraudador, os bons pagadores terminam caminhando para a fraude e a informalidade.

Acerca do tema, o Instituto Brasileiro de Ética Concorrencial manifestou-se(275) conforme segue:

> "O presente e o futuro da economia brasileira estão intimamente associados ao combate, sem tréguas, à concorrência ilegal.
>
> Coibir as práticas de sonegação de impostos, adulteração de marcas e contrabando é o caminho seguro para elevar a oferta de empregos, dar novo impulso à competitividade brasileira e neutralizar os impactos negativos do crime organizado.
>
> Diante das dimensões do Estado Paralelo, a conclusão inequívoca é que seus impactos negativos só serão superados com firme determinação do Governo, em todas as esferas, do empresariado e da sociedade."

Trabalhando ainda a relevância de uma concorrência ética, o referido Instituto obtempera(276):

---

(275) Instituto Brasileiro de Ética Concorrencial. *Impacto da ilegalidade na sociedade*. Disponível em: <http://www.etco.org.br/texto.php?SiglaMenu=ILG> Acesso em: 30 mar. 2006.

(276) Instituto Brasileiro de Ética Concorrencial. *Porque a concorrência leal é importante para a sociedade*. Disponível em: <http://www.etco.org.br/texto.php?SiglaMenu=ILG> Acesso em: 30 mar. 2006.

"A elevada tributação e os frequentes aumentos de tributos nos Estados brasileiros criaram uma distorção concorrencial nos últimos 10 anos, dando origem ao crescente comércio ilegal de produtos.

O comércio ilegal movimenta dezenas de bilhões de reais por ano e tem na sonegação fiscal, no contrabando e na falsificação os seus fundamentos econômicos.

Como consequências da concorrência desleal, temos:

• *Redução do número de empregos formais.*

• *Baixa utilização do parque industrial nacional, com alto percentual de capacidade ociosa;*

• *Queda na arrecadação dos governos federal, estadual e municipal;*

• *Evasão fiscal, com injeção de recursos no financiamento do crime organizado, criando estruturas empresariais com logística sofisticada.*

Quando a ética está presente no mercado, a sociedade só tem a ganhar:

• *O número de empregos aumenta;*

• *A arrecadação de impostos aumenta;*

• *Os investimento públicos crescem;*

• *A economia como um todo é estimulada;*

• *O crime organizado é desestimulado.*" (grifo nosso)

Além disso tudo, empresas que atuam com ética se envolvem na busca de soluções para os problemas da comunidade em que estão inseridas: têm *responsabilidade social.*

Qualquer interpretação no sentido da fluência do prazo decadencial a partir do fato gerador (§ 4º 150 do CTN) ou do primeiro dia do exercício seguinte àquele que poderia ser efetuado (considerando que poderia ser efetuado a partir da ocorrência do fato gerador) estimularia, sem a menor dúvida, a fraude. E estimularia até mesmo por uma questão de sobrevivência empresarial. Afastar a tese da fluência do prazo decadencial a partir da ciência do fisco quanto à ocorrência do fato gerador implica assimilar uma praga — uma praga que haverá de aniquilar do mercado os empresários que se submetem ao Estado.

É de recordar-se o fato de que os contribuintes que atuam de acordo com a legislação tributária geram empregos e, mais ainda, empregos formais. Empregos que viabilizam a inserção dos trabalhadores ao regime geral de previdência social, restando assim estes protegidos de eventuais inconvenientes que inviabilizem seu labor e, consequentemente, a percepção de seu sustento. Considere-se que a República Federativa do Brasil tem como objetivos fundamentais, nos termos do art. 3º da Constituição Federal, construir uma sociedade livre, justa e solidária e, mais ainda, erradicar a pobreza e reduzir desigualdades.

Ora, *concessa venia,* os únicos beneficiados pela decadência advinda de uma interpretação desfavorável ao fisco, conforme analisado alhures, serão os contribuintes que lesam o fisco, que fraudam, que se locupletam ilicitamente, que não vislumbram significado à solidariedade que consta do art. 3º e do art. 195 da CF. É curioso notar o objetivo contido ao inciso IV do art. 3º, que é, exatamente, promover o bem de todos. Ora, das interpretações possíveis, não há dúvida que as que mais se aproximam do bem de todos apontam para o afastamento da decadência.

Enfim, pondere-se mais esse fundamento. Pondere-se que manter a fluência do prazo decadencial à ocorrência do fato gerador, ou, ainda, no primeiro dia do exercício seguinte à ocorrência deste, implica estímulo à prática das fraudes inclusive para os contribuintes que observam a legislação, bem como às consequências de tal propagação.

a-7. Breve paralelo com a nova sistemática afeita à prescrição penal

Resta fundamental ponderar algumas linhas acerca dos ramos penal e processual penal da ciência do direito, no sentido de abordar-se mais um argumento a embasar a interpretação que posterga no tempo o termo inicial da decadência do direito de lançar.

Na esteira do primado pela segurança jurídica e pela estabilização das relações sociais, foi elencada dentre as hipóteses de extinção da punibilidade a prescrição. Nesse sentido, considere-se o art. 107 do CP:

> Art. 107 – Extingue-se a punibilidade:
>
> I – pela morte do agente;
>
> II – pela anistia, graça ou indulto;
>
> III – pela retroatividade de lei que não mais considera o fato como criminoso;
>
> IV – pela prescrição, decadência ou perempção;
>
> V – pela renúncia do direito de queixa ou pelo perdão aceito, nos crimes de ação privada;
>
> VI – pela retratação do agente, nos casos em que a lei a admite;
>
> VII – pelo casamento do agente com a vítima, nos crimes contra os costumes, definidos nos Capítulos I, II e III do Título VI da Parte Especial deste Código;
>
> VIII – pelo casamento da vítima com terceiro, nos crimes referidos no inciso anterior, se cometidos sem violência real ou grave ameaça e desde que a ofendida não requeira o prosseguimento do inquérito policial ou da ação penal no prazo de 60 (sessenta) dias a contar da celebração;
>
> IX – pelo perdão judicial, nos casos previstos em lei.

Contudo, problemas surgiram em razão das regras de prescrição adotadas. Passou a causar certo incômodo à sociedade o fato de que criminosos contumazes terminavam ficando impunes por serem competentes em sua insubmissão ao Estado, concretizada por intermédio da fuga. Competentes em se furtar ao *ius puniendi.*

Considerando justamente a situação de acusados que, diante da possibilidade de serem denunciados pelo Ministério Público, deixam de se submeter ao Estado e empreendem fuga, o legislador ordinário editou a Lei n. 9.271/96, que terminou trazendo nova redação ao art. 366 do CPP. Considere-se:

> Art. 366 – Se o acusado, citado por edital, não comparecer, nem constituir advogado, ficarão suspensos o processo e o curso do prazo prescricional, podendo o juiz determinar a produção antecipada das provas consideradas urgentes e, se for o caso, decretar prisão preventiva, nos termos do disposto no art. 312.

O dispositivo terminou por suspender o prazo prescricional imposto ao exercício do *ius puniendi* do Estado. Resta evidente que os institutos da prescrição e decadência não se identificam; contudo, o argumento não resta prejudicado em razão das diferenças existentes, haja vista que o fundamento de ambos é a segurança jurídica.

Embora o Código Penal preveja diversas espécies de pena, de resposta do Estado a delitos cometidos, não há dúvida que a mais gravosa termina sendo a restrição da liberdade ambulatorial dos condenados. Considera-se a mais gravosa das penas, pois as demais, restritivas de direito e de multas, afetam bens jurídicos de relevo um tanto mais restrito. A liberdade ambulatorial encerra valor dos mais relevantes ao indivíduo, juntamente com a incolumidade física e a vida. Por evidente, tais valores ocupam posição de proeminência em relação ao valor do patrimônio.

Resta essencial que se note o fato de que se assimilou a relativização da segurança jurídica, da estabilidade das relações, quando sob análise o bem jurídico *liberdade ambulatorial*. A segurança sucumbiu em virtude do valor justiça, que demonstrou restar muito caro à sociedade. Portanto, entre a justiça e a segurança jurídica absoluta, esta cedeu espaço àquela. É de se frisar que não sucumbiu de todo o ideal de segurança, restando apenas relativizado, haja vista que não se eliminou a prescrição; antes, esta restou mantida. O que houve foi apenas a postergação da fluência até que o acusado se submetesse ao Estado. Observe-se que o trato se deu pois não havia mora estatal. Havia sim competência em evitar-se o Estado.

Contribuição social, relembrando apenas, constitui espécie do gênero tributo, que, nos termos do art. 3º do CTN, resta definido como "... toda prestação pecuniária compulsória...". Tributo, portanto, encerra pagamento em dinheiro. O valor tutelado pela decadência em matéria tributária é a segurança patrimonial dos contribuintes, mormente diante de um sistema que adota a responsabilidade patrimonial como regra.

Diante do quadro apresentado, necessário se faz novamente o socorro aos ensinamentos desenvolvidos pelo Prof. *Tércio Sampaio Ferraz Jr.* Interessam, especificamente, as linhas traçadas pelo autor acerca da chamada dogmática da decisão ou teoria da argumentação. Após identificado o que é efetivamente o direito pela dogmática analítica e extraído seu conteúdo por meio da dogmática hermenêutica, resta à dogmática da decisão a aplicação do direito aos casos concretos, a argumentação necessária a tornar palatável à sociedade a decisão tomada. Em meio à referida dogmática da decisão ou ainda à dogmática da argumentação jurídica, tem-se o que o mestre nomeia de *argumento a maiori ad minus*. Considere-se suas palavras(277):

> "Trata-se de argumento por meio do qual, na argumentação jurídica, passamos da validade de uma disposição mais extensa para a validade de outra menos extensa. Por exemplo, pode-se raciocinar que se é justo e assentado que dos atos legais de desapropriação por parte da autoridade decorra a legitimidade da devida indenização, é evidente que a mesma consequência deverá ser reconhecida com mais razão toda vez que houver interferência ilegal da autoridade na propriedade alheia. Notamos que o argumento procura mostrar que aquilo que é aceito e reconhecido num caso deve ser aceito e reconhecido com mais razão ainda num segundo. A relação envolve e apoia-se, sem dúvida, em juízo de valor e na construção de hierarquias."

O referido argumento efetivamente serve bem ao que se pretende no presente tópico. Considerando que restou relativizada a segurança jurídica do valor liberdade ambulatorial em razão da justiça, por causa da insubmissão do acusado ao *ius puniendi* do Estado, mais ainda resta assimilável a relativização do valor segurança quando o objeto de tutela é o patrimônio do indivíduo. Ou se aceita a lógica proposta ou se sustenta que a escala de valores apontada resta equivocada e, absurdamente, o patrimônio ocupe posição de proeminência em relação à liberdade.

Portanto, em virtude de mais este argumento, sustenta-se como razoável a ideia de que a decadência fluiria da ciência da administração pública acerca da ocorrência do fato gerador. Sustenta-se que resta sim aplicável o art. 173, I, do CTN, mas necessário se faz fixar entendimento que o lançamento só poderá ser feito após desmascarada, desmistificada a fraude ou a simulação cometida.

a-8. Necessário tratamento diferenciado entre o fraudador e o inadimplente

Relevante resta ainda observar que absolutamente diferentes restam as figuras do mero inadimplente e do sujeito ativo de crimes tributários. No sentido de bem compreender a ilação supra, de rigor rememorar que a obrigação tributária pode desmembrar-se em obrigação principal (de pagar) e obrigações acessórias (por exemplo, informar o fisco quanto a dados relevantes acerca do fato gerador).

No presente estudo não se tem em mira o inadimplente, enfim, aquele que embora cumpra as obrigações acessórias, embora se submeta ao poder estatal e declare a ocorrência do fato imponível, não detém recursos para adimplir com a exação devida. A ideia é conferir uma resposta adequada, justa, proporcional àquele que deixa de cumprir obrigações acessórias, deixa de informar o fisco e, portanto de se submeter ao Estado, com o intuito de deixar de recolher ou recolher a menor dado tributo.

---

(277) *Op. cit.*, p. 336.

Mais uma vez, sob a perspectiva aristotélica, abstraída da obra *Ética a Nicômaco*, concebe-se a isonomia como tratar os desiguais desigualmente, na medida da sua desigualdade. É o que se pretende. Tratar o criminoso, aquele sujeito passivo que pretende burlar o fisco de forma diferente do mero inadimplente.

Ao mero inadimplente, não se aplica a ressalva constante da parte final do § 4º do art. 150 do CTN, fluindo o prazo decadencial da ocorrência do fato gerador do tributo. Ao criminoso, o trato deve ser rigoroso. Deve ser desagradável descumprir a norma. Deve incomodar a resposta estatal.

O criminoso, no mínimo, deve ressarcir os cofres públicos quanto aos prejuízos causados.

Ora, se justiça mantém, conforme visto, relação estrita com a isonomia em sentido material, concreta, de rigor que a todos seja imposta a mesma carga tributária. A mesma carga tributária inclusive aos criminosos competentes. Estes não devem efetivamente beneficiar-se da segurança jurídica, não devem relaxar, não devem permanecer impunes. Devem permanecer indefinidamente apreensivos, pois isso é o mínimo que pode ser imposto pelo Estado ludibriado.

Em que pesem os argumentos despendidos, fato é que a interpretação do § 4º do art. 160, bem como do inciso I do art. 173, encerram questões abertas, questões ainda por merecer resposta adequada. A doutrina, definitivamente, ainda não se pacificou acerca do tema. Curiosamente, em que pese haver estudado com profundidade o instituto do lançamento tributário, no que concerne especificamente à decadência dos tributos que se submetem a lançamento por homologação, *Souto Maior Borges*[278] permanece imerso em dúvidas. Não conseguira encetar uma resposta objetiva, um posicionamento contundente acerca da decadência desses tributos nas hipóteses de práticas fraudulentas. Considere-se:

> "Nada que contenha uma indicação segura ao intérprete para aplicação desse dispositivo à ressalva contemplada no art. 150 § 4º, *in fine*. Consequentemente, nenhuma das propostas de interpretação ofertadas pala doutrina tradicional deve ser acolhida. Resta, então, pesquisar outro caminho que porventura se mostre mais consentâneo com a disciplina da matéria pelo Código Tributário Nacional."

A dúvida persistiu muito por causa da ausência de uma busca macro. De uma busca principiológica e constitucional. De uma busca que rompesse os limites traçados pelo CTN e trouxesse valores constitucionais à definição da questão. Verifica-se por fim que não há efetivamente tantas opções interpretativas quanto faz crer *Souto Maior Borges*. As opções interpretativas se restringem na medida em que uma lei, sob uma concepção jusnaturalista mesmo, só é válida, só pode ser concebida, se for justa e, pelos argumentos supra, não parece justo proteger o fraudador, o criminoso, em detrimento do interesse público.

---

(278) *Op. cit.*, p. 407.

Capítulo 7

A Decadência das Contribuições Sociais Executadas na Justiça do Trabalho

Foram abordados os meandros da decadência dos tributos lançados por homologação, especificamente, daqueles cujos fatos geradores foram mascarados, camuflados por intermédio de fraude, dolo, ou simulação. A linha de argumentação despendida leva à conclusão da fluência do prazo decadencial a que alude o § 4º do art. 150 do CTN a partir da ciência por parte do fisco da ocorrência do fato gerador. Tal *start* argumentativo faz toda a diferença em meio à *práxis* desenvolvida atualmente entre as mais diversas varas do trabalho espalhadas pelo país.

Os critérios têm sido desordeiramente fixados pelos juízos. Há quem considere o prazo de dez, outros o de cinco anos. Há ainda os que consideram o marco para retroação, ou seja, o termo inicial para fluência do prazo decadencial a ocorrência do fato gerador, outros ainda, a data do trânsito em julgado da decisão que esgota a fase de conhecimento ou, ainda, a sentença de liquidação. A fazenda pública, por sua vez, tem liquidado frequentemente as contribuições que lhe são devidas sem qualquer consideração acerca da decadência. O que espanta de forma mais latente é mesmo a ausência de qualquer discussão a respeito do assunto à quase totalidade dos feitos. Isso é muito ruim, pois dívidas atingidas pela decadência, caso pagas, são repetíveis e tal termina criando dificuldades desnecessárias ao contribuinte e, mais ainda, desprestígio para as instituições como Judiciário e Executivo federal. Realmente, a impressão que fica é de que, por vezes, os operadores do direito não conhecem bem os assuntos que se propõem a tratar. Isso é lamentável.

Nesse sentido, necessário se fez toda a abordagem teórico-tributária constante do presente estudo. É chegado o momento de adaptar todo o conteúdo tributário à nova forma de constituição e cobrança de créditos tributários instituída pela EC n. 20/98 e mantida pela EC n. 45/04 ao texto do art. 114 da CF.

Fixar algumas premissas resta essencial ao processo de adaptação.

O fato gerador não muda em razão da metodologia de constituição do crédito tributário. Levantado eventual crédito tributário por auditor federal ou por um juiz do trabalho[279], o fato gerador é sempre aquele ditado pelo art. 28 da Lei n. 8.212/91, dispositivo esse em consonância com o art. 195 da CF. Nesse sentido, já apontara o STJ por intermédio do Ministro Luiz Fux[280]. Considere-se:

> Ementa: CONTRIBUIÇÃO PREVIDENCIÁRIA SOBRE O PAGAMENTO DE SALÁRIOS. FATO GERADOR. DATA DO RECOLHIMENTO. 1. O FATO GERADOR DA CONTRIBUIÇÃO PREVIDENCIÁRIA DO EMPREGADO NÃO É O EFETIVO PAGAMENTO DA REMUNERAÇÃO, MAS A RELAÇÃO LABORAL EXISTENTE ENTRE O EMPREGADOR E O OBREIRO. 2. O alargamento do prazo conferido ao empregador pelo art. 459 da CLT para pagar a folha de salários até o dia cinco (05) do mês subsequente ao laborado não influi na data do recolhimento da contribuição previdenciária, porquanto ambas as leis versam relações jurídicas distintas; a saber: a relação tributária e a relação trabalhista. 3. AS NORMAS DE NATUREZA TRABALHISTA E PREVIDENCIÁRIA REVELAM NÍTIDA COMPATIBILIDADE, DEVENDO O RECOLHIMENTO DA CONTRIBUIÇÃO PREVIDENCIÁRIA SER EFETUADO A CADA MÊS, APÓS VENCIDA A ATIVIDADE LABORAL DO PERÍODO, INDEPENDENTEMENTE DA DATA DO PAGAMENTO DO SALÁRIO DO EMPREGADO. 4. Em sede tributária, os eventuais favores fiscais devem estar expressos na norma de instituição da exação, em nome do princípio da legalidade. 5. RACIOCÍNIO INVERSO CONDUZIRIA A UMA LIBERAÇÃO TRIBUTÁRIA NÃO PREVISTA EM LEI, TODA VEZ QUE O EMPREGADOR NÃO ADIMPLISSE COM AS SUAS OBRIGAÇÕES TRABALHISTAS, O QUE SE REVELA DESARRAZOADO À LUZ DA LÓGICA JURÍDICA. 6. Recurso desprovido. (RESP 419667 / RS; Fonte DJ DATA:10.03.2003 PG:00097; Relator Min. Luiz Fux).

Ainda no mesmo sentido apontara o Ministro José Delgado[281] também do STJ. Considere-se:

> Ementa: TRIBUTÁRIO. PREVIDENCIÁRIO. CONTRIBUIÇÃO SOCIAL. FATO GERADOR. SALÁRIO. EMPREGADO. 1. Não se conhece de recurso especial por violação ao art. 535, II, do CPC, quando a prestação jurisdicional discutida foi entregue, com exame das questões essenciais postas para discussão, no corpo do acórdão recorrido. 2. Ausência de prequestionamento, na espécie, do art. 459, § 1º, da CLT. 3. Recurso conhecido em parte para discutir e decidir sobre a matéria jurídica enfrentada pelo acórdão e impugnada: efetivo momento do fato gerador da contribuição previdenciária paga pelo empregado. 4. IMPROVIMENTO DO RECURSO. HOMENAGEM PRESTADA AO ACÓRDÃO RECORRIDO QUE ENTENDEU MATERIALIZAR-SE O FATO GERADOR DA CONTRIBUIÇÃO DO EMPREGADO COM A PRESTAÇÃO DO SERVIÇO DECORRENTE DA RELAÇÃO DE EMPREGO E O DIREITO, NO FINAL DO PERÍODO MENSAL AJUSTADO, A RECEBER O SALÁRIO DEVIDO. 5. INCONSISTÊNCIA DA TESE DE QUE O FATO GERADOR, NA ESPÉCIE, SÓ OCORRE

(279) Observe-se que qualquer ilegalidade, qualquer afronta ao CTN existe no fato de um juiz do trabalho constituir o crédito tributário a ser cobrado. Não existe, pois, o juiz do trabalho ao proceder a constituição do crédito tributário exerce função atípica, equivalente àquela desempenhada no momento em que fixa as taxas judiciárias. Afinal, taxas constituem tributos da mesma forma que as contribuições sociais. O juiz do trabalho exerce função atípica de prover o lançamento ou revisão de lançamento tributário.

(280) Disponível em: <www.stj.gov.br> Acesso em: 5 abr. 2006.

(281) *Idem.*

COM O EFETIVO PAGAMENTO. 6. Recurso improvido na parte em que foi conhecido. (RESP n. 221.362/RS; Fonte: DJ Data: 17.12.1999 PG: 00332; Relator: Min. José Delgado)

De se considerar ainda acórdão extremamente elucidativo da lavra do Juiz do TRF da 4ª Região, Leandro Paulsen[(282)]:

> Ementa: TRIBUTÁRIO. CONTRIBUIÇÃO PREVIDENCIÁRIA DO EMPREGADOR. FATO GERADOR. PRAZO PARA PAGAMENTO. PAGAMENTOS ANTECIPADOS. REPETIÇÃO OU COMPENSAÇÃO DE DIFERENÇAS DE CORREÇÃO MONETÁRIA E JUROS. PRESCRIÇÃO.
>
> – A Constituição Federal, em seu art. 195, prevê as bases econômicas sobre as quais podem incidir contribuições para custeio da Seguridade Social, mediante instituição por lei ordinária.
>
> – À legislação ordinária é que cabia definir os elementos da hipótese de incidência tributária.
>
> – Seja sob a égide da Lei n. 7.787/89 como da Lei n. 8.212/91, considera-se ocorrido o fato gerador da contribuição sobre a folha de salários por ocasião do pagamento ou creditamento dos salários e, *na hipótese de não ter sido efetuado o pagamento ou creditamento no prazo estabelecido pela legislação trabalhista, segundo interpretação da redação atual da Lei n. 8.212/91, de qualquer forma será considerado ocorrido o fato gerador na data em que o empregador deveria ter efetuado o pagamento ou creditamento. Este é o sentido possível da expressão "devido", que deve ser interpretada em harmonia com as demais. A realização dos recolhimentos, pois, deve dar-se no mês subsequente àquele em que foi ou deveria ter sido efetuado o pagamento ou recolhimento.*
>
> – Os recolhimentos efetuados antecipadamente pelo contribuinte, mas relativos a tributos efetivamente devidos, não lhe geram nenhum direito à repetição ou compensação de correção monetária e juros.
>
> – O prazo do art. 168, I, do CTN, seja decadencial ou prescricional, conta-se, em se tratando de tributo sujeito a lançamento por homologação, do decurso do prazo para homologação, de maneira que, na prática, é de dez anos a contar da ocorrência do fato gerador. Precedentes do STJ.
>
> – Apelação parcialmente provida. (TRF-4ª REGIÃO; Processo: 200072010060140/SC; Órgão Julgador: 1ª TURMA.
>
> Data da decisão: 8.11.2001 Relator(a) Juiz Leandro Paulsen)" (grifo nosso)

Não se poderia abordar o tema sem considerar posicionamento exarado por alguns dos Tribunais Regionais do Trabalho acerca do tema. Considere-se TRT da 15ª Região, por meio de aresto relatado por Fany Fajerstein[(283)]:

> TRIBUNAL REGIONAL DO TRABALHO DA 15ª REGIÃO 6ª TURMA 11ª CÂMARA EDITAL N. 18/2005 — INTIMAÇÃO DE ACÓRDÃOS Secretaria da Sexta Turma 68 — 11ª CÂMARA — 00990-1996-005-15-86-2 AP — AGRAVO DE PETIÇÃO da VARA

(282) Disponível em: <www.trf4.gov.br> Acesso em: 5 abr. 2006.

(283) *Idem.*

DO TRABALHO DE BAURU 1A (990/1996), Acórdão n. 8858/2005 — PATR Julgado em 22.2.2005, Relator: FANY FAJERSTEIN, Agravante: Instituto Nacional do Seguro Social — INSS — Adv./Procurador: Renato Cestari (Procurador), Agravado: Perfilados e Estruturas Bandeirantes Ltda. (Massa Falida — Adv./Procurador: Ariovaldo de Paula Campos Neto (92169-SP-D), Agravado: Reinaldo Belo - Adv./Procurador: Reinaldo Belo Júnior (133211-SP-D), Agravado: Montal Prestadora de Serviços Ltda. — Adv./ Procurador: Luiz Toledo Martins (42076-SP-D) conhecer do presente agravo de petição e *dar-lhe provimento, para estabelecer que o fato gerador das contribuições previdenciárias decorrentes das verbas salariais reconhecidas na fase de conhecimento é a prestação dos serviços pelo reclamante, momento a partir do qual são devidos os acréscimos de juros e multa, nos termos da legislação previdenciária de regência*, conforme pretendido pelo agravante, consoante fundamentação. Por maioria de votos, vencida a Exma. Sra. Juíza Keila Nogueira Silva, que nega provimento ao agravo.

Outro detalhe a ser lembrado é o fato de que as sentenças proferidas pela Justiça laboral podem apresentar natureza declaratória, constitutiva ou condenatória. Pois bem. Em verdade, todas as sentenças possuem essência declaratória; contudo, faz-se referência à natureza preponderante. Preponderantemente, as sentenças reconhecem e declaram direito preexistente e condenam as reclamadas ao pagamento desses direitos. Observe-se, por exemplo, que a sentença prolatada pelos órgãos da Justiça do Trabalho, como regra, não constituem o direito de um empregado perceber horas extras cuja execução foi provada. Ela reconhece a existência destas, declara o fato e condena a reclamada a pagar. A dívida existe, não apenas após o trânsito em julgado, mas desde o 5º dia útil do mês subsequente à prestação de serviço. Tanto assim é que a condenação sofre a incidência de correção monetária[(284)]. Portanto, restando devida a rubrica laboral desde a prestação do trabalho, nada mais razoável que, nos termos do art. 28 I, fixar-se no mesmo momento a ocorrência do fato gerador tributário[(285)]. Exatamente nesse sentido, *Sérgio Pinto Martins*[(286)] leciona: "A sentença declaratória retroage à data dos fatos (*ex tunc*), como ocorre no que diz respeito ao reconhecimento da existência da relação de emprego."

Em linhas gerais, é de se esclarecer ainda que o regime tributário aplicado às contribuições sociais é o chamado regime de competência, não o de caixa, o que torna despiciendo, por exemplo, o momento do efetivo pagamento. Nesse sentido, considere-se *Sérgio Pinto Martins*[(287)]:

---

(284) Nesse sentido, considere-se Súmula n. 381 do TST: *Correção monetária*. Salário. Art. 459 da CLT. (Conversão da Orientação Jurisprudencial n. 124 da SDI-1) — Res. 129/2005 — DJ 20.04.05 O pagamento dos salários até o 5º dia útil do mês subsequente ao vencido não está sujeito à *correção monetária*. Se essa data limite for ultrapassada, incidirá o índice da *correção monetária* do mês subsequente ao da prestação dos serviços, a partir do dia 1º. (ex-OJ n. 124 - Inserida em 20.4.1998).

(285) As contribuições inclusive vencem antes que o salário, exatamente no segundo dia útil de cada mês. (Ver § 1º do art. 459 da CLT c/c 30 I da Lei n. 8.212/91)

(286) MARTINS, Sérgio Pinto. *Direito processual do trabalho*. 23. ed. São Paulo: Atlas, 2005. p. 374.

(287) MARTINS, Sérgio Pinto. *Execução da contribuição previdenciária na justiça do trabalho*. São Paulo: Atlas, 2001. p. 70.

"O fato gerador não pode ser o pagamento, pois o regime é de competência. O fato gerador já ocorreu porque é a remuneração paga, devida ou creditada ao empregado (art. 28 I da Lei n. 8.212/91)."

Judicando exatamente no sentido de suas lições, recente precedente da lavra de *Sérgio Pinto Martins*(288):

> EMENTA: Contribuição previdenciária. Fato gerador. O inciso VIII do art. 114 da Constituição mostra que o fato gerador da contribuição previdenciária é a competência e não o pagamento, pois faz referência a acréscimos legais, que só existem se for observado o critério de competência. Do contrário, não haverá acréscimos legais quando do pagamento das verbas salariais devidas ao empregado no regime de caixa. O inciso I do art. 22 da Lei n. 8.212 mostra que a contribuição incide sobre a remuneração para, devida ou creditada. No mesmo sentido o inciso I do art. 28 da Lei n. 8.212, que define o que é salário de contribuição. A sentença apenas reconhece que a verba era devida e indiretamente que o fato gerador da contribuição previdenciária já ocorreu, que era o fato de a remuneração ser devida. São devidos juros e correção monetária. (TIPO: AGRAVO DE PETIÇÃO. DATA DE JULGAMENTO: 14.04.2005 RELATOR(A): SÉRGIO PINTO MARTINS REVISOR(A): ROSA MARIA VILLA ACÓRDÃO N.: 20050224861 PROCESSO N.: 03137-1998-002-02-00-0 ANO: 2005 TURMA: 2ª DATA DE PUBLICAÇÃO: 3.5.2005 PARTES: AGRAVANTE(S): BANCO AMÉRICA DO SUL S/A AGRAVADO(S): MANOEL ORNELES DE ALCÂNTARA).

Fixada a questão do fato gerador, necessário se faz salientar que, tecnicamente, exercendo atípica função administrativa, nem sempre o juiz do trabalho lança quando homologa as contas eventualmente juntadas pela autarquia, ou com as quais esta concorda. Por vezes, o juiz do trabalho, ainda tecnicamente, revê lançamento dantes efetuado pela reclamada. Considere-se, *v. g.* que, apenas horas extras tenham sido impagas e, consequentemente, não inseridas à folha de pagamento. A reclamada, formalmente constituída, enfim, tendo levado seu contrato social a registro ao órgão competente, deve manter escrituração regular e recolher contribuições sociais sobre a folha de salários(289), cujos valores faz constar da GEFIP(290). Em procedendo de forma minimamente regular a reclamada, não resta razoável sustentar que o Juiz do Trabalho pratica um lançamento tributário, pois o lançamento é um só. Eventuais fatos geradores que se descobrem posteriormente, não rendem ensejo a novo lançamento, mas à revisão daquele anteriormente efetuado. O juiz do trabalho, então, revê o lançamento pela reclamada efetuado e insere as contribuições sobre as rubricas que ele reconheceu restavam devidas àquela competência. Rememore-se que, dentre as hipóteses de revisão de lançamento, estão nos termos do art. 149 do CTN:(291)

(288) Disponível em: <http://www.trt2.gov.br> Acesso em: 5 abr. 2006.

(289) Ver art. 30 da Lei n. 8.212/91.

(290) Guia que serve ao recolhimento do FGTS e também de fonte de informações à seguridade social. Todas as informações necessárias para bem compreender o conteúdo e a utilização da referida guia podem ser encontradas em: <http://intraprev/inssdirar/gfip/gfipmenu.html>, vinculado ao *site* do Ministério da Previdência Social.

(291) Evidente que se faz referência aqui às reclamadas que se submetem às regras pertinentes à Lei n. 8.212/91, devendo ser realizada ponderação específica para empresas que se submetem, por exemplo, ao SIMPLES, também o empregador doméstico etc.

VI – quando se comprove ação ou omissão do sujeito passivo, ou de terceiro legalmente obrigado, que dê lugar à aplicação de penalidade pecuniária;

VII – quando se comprove que o sujeito passivo, ou terceiro em benefício daquele, agiu com dolo, fraude ou simulação;

VIII – quando deva ser apreciado fato não conhecido ou não provado por ocasião do lançamento anterior;

IX – quando se comprove que, no lançamento anterior, ocorreu fraude ou falta funcional da autoridade que o efetuou, ou omissão, pela mesma autoridade, de ato ou formalidade especial. (grifo nosso)

A reclamada pode ter agido com dolo, fraude ou simulação mas, ainda que não o tenha realizado, a revisão resta possível também em razão da existência de fatos não conhecidos no momento do lançamento originário. Contudo, afastada a hipótese de dolo, fraude ou simulação, restará aplicável a regra do § 4º do art. 150, que aponta para o ocorrência do fato gerador como termo inicial da fluência do prazo decadencial. Essa hipótese não importa ao presente estudo.

Interessa ao presente estudo apenas os lançamentos eivados de fraude/dolo/simulação, pois apenas este desloca o termo inicial da decadência conforme sustentado. Com o intuito de deixar efetivamente claro o que se pretende, necessário se faz esclarecer que constituiria fraude tributária(292), *verbi gratia,* prover o pagamento de salários "por fora", ocultar valores pagos em razão do contrato de trabalho da folha de salário, a manutenção de vínculos de emprego informais, sem registro na CTPS, dentre outras fraudes conhecidas. É curioso observar que o fato de a rubrica não haver sido paga ao reclamante, por exemplo, de determinado número de horas extras não haver tomado parte no recibo de pagamento é irrelevante do ponto de vista tributário previdenciário. Em sendo devida a rubrica, nos termos do art. 28 da Lei n. 8.212/91, devida resta a contribuição social. E nem se venha sustentar que determinadas rubricas quitadas em juízo restavam controversas até o trânsito em julgado da decisão que pôs fim à fase de conhecimento, pois a sentença apenas declara e condena, não constitui o direito à percepção do valor. O valor já era devido desde o momento em que o labor foi prestado. Pois bem.

Casos há em que a atividade do juiz não encerra efetiva revisão do lançamento tributário, principalmente pelo fato de que lançamento algum foi realizado de forma originária. É o caso das empresas informais, que lançaram absolutamente nada à competência da prestação de serviço por exemplo.

Vista a questão do fato gerador e da possibilidade de revisão diante de eventuais fraudes, de rigor ponderar a questão da fluência do prazo decadencial, exatamente de seu termo inicial partindo da sistemática adstrita ao processo do trabalho e das típicas fraudes perpetradas pelas reclamadas ao deixar de pagar os valores que correspondem a direitos dos trabalhadores e, com isso, omitir valores e dados que interessariam ao fisco.

(292) Conceito de dolo, fraude e simulação serão ponderados de forma detida em tópico que segue.

Conforme visto, dois momentos restam previstos na CLT para ciência da autarquia previdenciária[293]. Em primeiro momento, diante de eventuais acordos aperfeiçoados (art. 831 e 832 da CLT). Um segundo momento, à fase de liquidação, caso acordo não tenha se realizado.

Exatamente nesses momentos o sujeito ativo do tributo tem ciência quanto à ocorrência do fato gerador tributário[294]. Aplicando-se a teoria desenvolvida neste livro sustenta-se que o prazo decadencial seja de dez ou cinco anos, flui exatamente a partir dessa ciência.

Observe-se que o art. 879 da CLT prevê *prazo preclusivo de 10 dias para que o fisco manifeste-se*. É de todo extremamente curioso como tem sido aplicado esse dispositivo. Não são raros os juízo em que, diante da ausência de manifestação do fisco nos termos do § 3º do art. 879, as contribuições sociais não sejam cobradas ou, ainda, sejam cobradas por valor qualquer apresentado pelas partes independente dos parâmetros ditados pela Lei n. 8.212/91.

O procedimento citado afronta a Constituição Federal, especificamente o inciso VIII do art. 114, constitui improbidade administrativa[295] e tem potencial para responsabilização pessoal do magistrado por deixar de cumprir ato que deveria observar de ofício nos termos do art. 49 da LC 35/79[296].

Independente do equivocado procedimento citado, curial mesmo resta ponderar caminho útil, sadio e dogmaticamente sustentável para a resolução da problemática.

É de se questionar a forma de compatibilizar eventual prazo preclusivo de dez dias com os dez ou cinco anos de decadência e, principalmente, com o inciso VIII do art. 114 da CF.

Pondere-se a questão da preclusão e os institutos da prescrição e decadência. Acerca do tema, artigo nosso[297] confere a solução senão ideal, ao menos suficiente a viabilizar uma opção para solução da problemática no curto prazo. Sustentou-se, em linhas gerais, a possibilidade de, após decorridos os dez dias a que faz alusão o § 3º do

---

(293) Mais especificamente, a ciência é conferida ao Órgão de Arrecadação da Procuradoria Geral Federal. Nesse sentido, observe MP n. 2.249-43.

(294) No caso do acordo, pode ser que qualquer fato gerador seja apurado diante, por exemplo, do pagamento apenas de rubricas indenizatórias.

(295) Considere-se o inciso X do art. 10 da Lei n. 8.429/92. Art. 10. Constitui ato de improbidade administrativa que causa lesão ao erário qualquer ação ou omissão, dolosa ou culposa, que enseje perda patrimonial, desvio, apropriação, malbaratamento ou dilapidação dos bens ou haveres das entidades referidas no art. 1º desta lei, e notadamente: (...) X – agir negligentemente na arrecadação de tributo ou renda, bem como no que diz respeito à conservação do patrimônio público.

(296) Art. 49 – Responderá por perdas e danos o magistrado, quando: I – no exercício de suas funções, proceder com dolo ou fraude; II – recusar, omitir ou retardar, sem justo motivo, providência que deva ordenar o ofício, ou a requerimento das partes. Parágrafo único – Reputar-se-ão verificadas as hipóteses previstas no inciso II somente depois que a parte, por intermédio do Escrivão, requerer ao magistrado que determine a providência, e este não lhe atender o pedido dentro de dez dias.

(297) Cf. OLIVEIRA, Fabrício Lopes. O INSS e o instituto da preclusão contido ao § 3º do art. 879 da CLT. In: *Revista da Procuradoria Geral do INSS*, Brasília, v. 8, n. 3, p. 83-88, 2001.

art. 879 da CLT, ser constituído o crédito tributário por auditor fiscal e proceder-se à notificação do sujeito passivo conforme o trâmite ditado pelos art. 37 e seguintes da Lei n. 8.212/91. *A referida tese implicaria certa competência concorrente entre a Justiça Federal comum e a especializada do trabalho.* Com o intuito de sustentar tal ilação, duas ideias básicas foram desenvolvidas. O conceito de preclusão encerrou a primeira — instituto de natureza endoprocessual que, se considerado a ponto de inviabilizar a constituição do crédito de forma absoluta, equivaleria a nova forma de decadência, que só poderia ser tratada por lei complementar(298). O segundo aponta para o aspecto teleológico da norma. É de se perquirir, portanto, qual teria sido o objetivo do legislador ao editar a EC n. 20 e a Lei n. 10.035/00. A princípio, duas respostas possíveis podem surgir. Otimizar a arrecadação e viabilizar mais uma forma de cobrança das contribuições sociais devidas ou, ainda, dificultar tal cobrança, transformando prazo que a princípio era de cinco ou dez anos para dez dias. Não parece haver dúvida. De qualquer forma, a competência não foi deslocada na Justiça do trabalho com qualquer complemento literal no sentido de que fosse absoluta. Nada exclui, de plano, a tese da competência concorrente. Mas, aprofundar tal tema, transborda o objeto deste livro. Que fique a fluência do prazo decadencial a partir da ciência ao fisco, que se dá diante de acordos e, em meio à fase de liquidação e que mantém-se a possibilidade da constituição de créditos tributários referentes a todas as rubricas salariais objeto de condenação, pelo prazo decadencial de dez ou cindo anos, em dez dias, em meio ao processo do trabalho. *Tem-se, então, dez dias, para constituir e cobrar todas as contribuições devidas em meio ao processo do trabalho e mais cinco ou dez anos para aperfeiçoar a constituição desses créditos administrativamente e, executá-los na Justiça Federal Comum, contados da notificação enviada ao fisco.*

Contudo, repensando um tanto mais o tema e verificando a evolução da Execução Fiscal Trabalhista novas luzes deitaram-se sobre o tema e novas ideias surgiram.

A competência concorrente já parece não encerrar uma solução adequada, mormente em termos de economia processual, celeridade e, principalmente, da razoável duração do processo.

Resta mais adequada uma solução que valorize um tanto mais a tendência constitucional hodierna no sentido de se otimizar a competência material da Justiça do Trabalho. Sob a perspectiva constitucional, compete à Justiça do Trabalho a execução de ofício, portanto a atribuição de constituição e cobrança dos créditos tributário-previdenciários decorrentes de suas próprias decisões. Nesses termos, a previsão de manifestação por parte do fisco (§ 3º do art. 879 da CLT) encerra mera fiscalização da atividade administrativa exercida pelo magistrado. O fisco atuaria como mero fiscal da Lei no que diz respeito aos tributos devidos.

---

(298) Nesse sentido, restaria ilegal a princípio, restando ainda inconstitucional, a interpretação no sentido de que a preclusão da CLT implicaria impossibilidade absoluta de cobrança das contribuições sociais. Para os que venham a entender impossível, sob a perspectiva constitucional, a leitura no sentido da competência concorrente, alternativa que se apresenta, segue na exequibilidade de eventual constituição de posterior título executivo extrajudicial pela União, e execução na própria Justiça do Trabalho.

Não havendo manifestação tempestiva por parte do fisco, a rigor, nada obsta prossiga o juízo trabalhista à execução dos valores apurados pelas partes ou auxiliar do juízo nos termos do art. 879, § 3º. A atuação do fisco não encerra condição para constituição e cobrança dos créditos.

É sempre interessante lembrar que o magistrado, ao proceder o lançamento ou revisão do lançamento tributário, exerce atividade administrativa atípica. Portanto, a ideia de que inexistindo a manifestação do art. 879, § 3º, restaria inviabilizada a impugnação da fase do art. 884 da CLT não procede. À fase do art. 884 da CLT a atuação do magistrado é jurisdicional.

A hipótese é diferente daquela já tratada em inúmeras oportunidade pela doutrina no que diz respeito às partes. A rigor, para as partes, viabilizado o contraditório na fase de liquidação, caso não haja impugnação por qualquer delas, não se lhes permite o levantamento de questões pertinentes ao cálculo da fase do art. 884. Nessa hipótese, a atividade do magistrado na decisão da fase de liquidação é típica, é jurisdicional. Eis a diferença.

Portanto, qualquer vício de inconstitucionalidade subsiste no § 3º do art. 879 da CLT no que se refere ao prazo preclusivo de 10 dias. Inexistido manifestação do órgão competente da União Federal, nos termos da Constituição Federal, deve o juízo seguir com a liquidação regular dos valores devidos e cientificar o fisco quando da fase do art. 884 da CLT para eventuais impugnações. Diante de eventuais apontamentos por parte do fisco quanto a equívocos cometidos na liquidação das contribuições sociais, exsurge a atividade jurisdicional no sentido de dirimir a crise de certeza existente. Inconformado o fisco com a decisão, o caminho é a interposição do agravo de petição.

Eis uma forma de compatibilizar o sistema com os termos utilizados pelo texto constitucional. É sempre curial ter em conta que eventuais soluções devem partir do texto constitucional — diferente de tendência manifestada por alguns, no sentido de restringir forçosamente o texto da Constituição em razão de eventuais interpretações a legislação infraconstitucional pertinente.

Capítulo 8

Considerações sobre o Dolo, a Fraude e a Simulação

O presente tópico colabora, sem dúvida, para a percepção de que a ciência do direito resta cada vez mais tomada pela integração de seus pseudorramos. Em verdade, os ramos se interpenetram e completam formando um todo adequado a prover a regulação das relações entre pessoas e entre estas e o Estado.

O presente livro revela que os conceitos de dolo, fraude e simulação encerram implicações concretas tanto ao direito no trabalho, como Direito Tributário e Previdenciário. Está-se diante de um evidente ponto de contato firme entre os ramos da ciência do direito mencionados, fato que evidencia a noção de que o Direito, em última análise, termina encerrando ciência una, ciência composta por um todo harmônico, ou harmonizável com algum labor intelectual.

O contrato de trabalho, nos estritos termos do art. 443 da CLT, pode estabelecer-se de forma tácita ou expressa. Como regra, o contrato de trabalho é considerado consensual, não exigindo formalidades para sua validade, existência e eficácia. Nesse sentido, um conjunto de fatos termina conferindo ensejo à formação de uma relação de emprego.

Assim, a uma dada relação de trabalho, somados os clássicos requisitos caracterizadores do vínculo de emprego, tem-se a resultante de uma relação de emprego[(299)]. Formada a relação de emprego, tem-se a indubitável incidência do *princípio da filiação obrigatória ou automática* ao Regime Geral de Previdência Social — RGPS.

O referido princípio pode ser abstraído do *caput* do art. 201 da CF. Considere-se:

> Art. 201. A previdência social será organizada sob a forma de regime geral, de caráter contributivo e de filiação obrigatória, observados critérios que preservem o equilíbrio financeiro e atuarial, e atenderá, nos termos da lei, a: (Redação dada pela Emenda Constitucional n. 20, de 1998)

Do ideal constitucional de filiação obrigatória tem-se que, verificados fatos concretos que identifiquem dado trabalhador a uma das hipóteses de segurados obrigatórios, automaticamente encontra-se este vinculado ao Regime Geral de Previdência Social — RGPS.

(299) Nesse sentido, considerar os arts. 2º e 3º da CLT.

A Previdência Social, embora tenha suas linhas gerais traçadas pelos arts. 201 e seguintes da Constituição Federal, foi regulamentada pelas Leis ns. 8.212/91 e 8.213/91. Os referidos textos legislativos ,por sua vez, foram regulamentados pelo Decreto n. 3.048/99. Este diploma trouxe sensível esclarecimento acerca do procedimento de filiação do segurado empregado ao RGPS. Considere-se seu art. 20:

> Art. 20. Filiação é o vínculo que se estabelece entre pessoas que contribuem para a previdência social e esta, do qual decorrem direitos e obrigações.
>
> Parágrafo único. A filiação à previdência social decorre automaticamente do exercício de atividade remunerada para os segurados obrigatórios e da inscrição formalizada com o pagamento da primeira contribuição para o segurado facultativo.

Sobre filiação e inscrição, alguns esclarecimentos. *Sérgio Pinto Martins*[(300)] aduz que:

"Filiação não se confunde com inscrição. *Russomano* (1979:107) considera que 'a filiação é o momento em que o segurado passa a integrar como beneficiário o sistema de previdência: a inscrição é o ato de natureza administrativa pelo qual se opera no âmbito interno do INSS, o registro do segurado'."

Acerca da filiação obrigatória, aduz *Simone Barbisan Fortes*[(301)] o quanto segue:

"A natureza da filiação é obrigatória (segurados obrigatórios) ou facultativa, nos termos da lei. Assim, como regra geral, a filiação do segurado obrigatório é automática, dependendo apenas do exercício da atividade laborativa legalmente prevista, conforme explicita o art. 20, parágrafo único, do Decreto n. 3.048/99. Já para os segurados facultativos, a filiação ocorre com a inscrição e pagamento da primeira contribuição."

Em relação ao empregado, de forma específica, vale considerar estudo desenvolvido por *Mauricio Godinho Delgado*[(302)]. O autor procede análise morfológica do contrato de trabalho e distingue elementos fático jurídico dos elementos jurídico formais. Enquanto estes dizem respeito à formação do negócio jurídico partindo da perspectiva civilista, os elementos jurídico formais apontam para aqueles elementos responsáveis pela formação do "fenômeno sociojurídico da relação de emprego".

Em relação aos referidos elementos fático jurídicos, aponta o referido autor[(303)]:

"a) prestação de trabalho por pessoa física a um tomador qualquer; b) prestação efetuada com pessoalidade com pessoalidade pelo trabalhador; c) também efetuada com não eventualidade; d) efetuada ainda sob subordinação ao tomador de serviços; e) prestação de trabalho efetuada com onerosidade."

---

(300) MARTINS, Sérgio Pinto. *Direito da seguridade social.* 21. ed. São Paulo: Atlas, 2002. p. 139.

(301) FORTES, Simone Barbisan. *Direito da seguridade social:* prestações e custeio da previdência, assistência e saúde. Porto Alegre: Livraria do Advogado, 2005. p. 85.

(302) Cf. DELGADO, Mauricio Godinho. *Curso de direito do trabalho.* 3. ed. São Paulo: LTr, 2004. p. 290.

(303) *Idem.*

Verificada a prestação de trabalho acrescida das características supra elencadas, tem-se de forma automática a filiação do segurado, na condição de empregado, nos termos do inciso I do art. 12 da Lei n. 8.212/91. A inscrição encerra ato formal, enquanto a filiação deriva apenas do fato "relação de emprego" no que se refere ao segurado empregado[(304)].

A inscrição dos segurados vinculados ao RGPS restou regulada pelo art. 18 do Decreto n. 3.048/99. Considere-se:

> Art. 18. – Considera-se inscrição de segurado para os efeitos da previdência social o ato pelo qual o segurado é cadastrado no RGPS, mediante comprovação dos dados pessoais e de outros elementos necessários e úteis a sua caracterização, observado o disposto no art. 330 e seu parágrafo único, na seguinte forma: (Redação dada ao *caput* pelo Decreto n. 3.265, de 29.11.1999, DOU 30.11.1999)
>
> I – **empregado e trabalhador avulso** — pelo preenchimento dos documentos que os habilitem ao exercício da atividade, formalizado pelo contrato de trabalho, no caso de empregado, e pelo cadastramento e registro no sindicato ou órgão gestor de mão de obra, no caso de trabalhador avulso;
>
> II – **empregado doméstico** — pela apresentação de documento que comprove a existência de contrato de trabalho;
>
> III – **contribuinte individual** — pela apresentação de documento que caracterize a sua condição ou o exercício de atividade profissional, liberal ou não; (Redação dada ao inciso pelo Decreto n. 3.265, de 29.11.1999, DOU 30.11.1999)
>
> IV – **segurado especial** — pela apresentação de documento que comprove o exercício de atividade rural; e (Redação dada ao inciso pelo Decreto n. 3.265);
>
> V – **facultativo** — pela apresentação de documento de identidade e declaração expressa de que não exerce atividade que o enquadre na categoria de segurado obrigatório. (Redação dada ao inciso pelo Decreto n. 3.265).

Inserido o trabalhador no RGPS resta de rigor rememorar que, nos termos também do *caput* do art. 201 da Constituição Federal, o RGPS encerra um *sistema de caráter contributivo*. O subsídio ao sistema resta delineado em suas linhas gerais pelo art. 195 da CF. Entre outras, somam-se no custeio da seguridade, contribuições sociais advindas dos trabalhadores e empregadores ou empresas.

As contribuições mencionadas, de acordo com o entendimento do Supremo Tribunal Federal[(305)] e de majoritária doutrina, detêm inequívoca natureza tributária.

---

(304) Como regra, concentra-se a análise no segurado empregado, haja vista que constitui este a regra encontrada nos feitos trabalhistas. Não há dúvida que preponderam hipóteses em que ou o reconhecimento do vínculo é pleiteado ou o vínculo de emprego é incontroverso. Mas, em linhas gerais, segurados obrigatórios sequer necessitam de ato formal para sua filiação, bastando o exercício de atividade remunerada. Diferente do segurado facultativo, segurado cuja manifestação volitiva é necessária para filiação.

(305) "A contribuição de seguridade social possui destinação constitucional específica. A contribuição de seguridade social não só se qualifica como modalidade autônoma de tributo (*RTJ* 143/684), como também representa espécie tributária essencialmente vinculada ao financiamento da Seguridade Social, em função de específica destinação constitucional." (ADC 8-MC, Rel. Min. Celso de Mello, julgamento em 13.10.99, DJ de 4.4.03).

Tal fato tem a relevância de atrair a regulação constitucional tributária às referidas contribuições.

Pontuada a natureza jurídica tributária das contribuições destinadas ao custeio da seguridade, termina restando evidente a interligação dos pontos analisados.

O mesmo complexo de fato que termina gerando uma relação de emprego, uma relação jurídica entre empregado e empregador, gera também uma relação tributária e uma relação de índole previdenciária/securitária.

O mesmo complexo fático repercute em diversos âmbitos. Curiosamente, os desdobramentos têm sua origem no âmbito laboral. Nesse sentido, viabilizado um *start* lídimo ao âmbito do trabalho, as relações tendem a se desdobrar de forma regular. Por outro lado, partindo a relação de trabalho de uma fraude ou uma simulação, por exemplo, tal defeito repercutirá na formação das demais relações jurídicas.

Em linhas gerais o defeito no contrato de trabalho, mormente em se tratando de dolo, fraude ou simulação, repercute em âmbito tributário e previdenciário, justamente porque da relação de trabalho advém o fato gerador do tributo que subsidia a seguridade e, mais ainda, da referida relação advém a filiação automática ao sistema.

Em razão dessa proximidade dos âmbitos trabalhista, previdenciário e tributário, razoável se faz uma abordagem dos conceitos de *dolo, fraude e simulação* que considere tanto o que veio ligado ao direito privado, quanto ao público. Necessário, portanto, se considerar a conceituação sob a perspectiva do direito tributário e do direito civil.

8.1. O dolo. Decadência tributária. Execução fiscal trabalhista

Fundamental intentar decifrar o que pretendeu o legislador ao ressalvar da regra do § 4º do art. 150 do CTN, o caos de "dolo, fraude ou simulação".

A palavra "dolo" não encerra conteúdo unívoco. Resta possível a referência ao óbvio defeito dos negócios jurídicos apontado pelo art. 145 e seguintes do CCB; contudo, necessário não se olvidar o aspecto intencional despertado pela noção de dolo, vinculado ao tema da *"responsabilidade civil"* e ao próprio Direito Penal. Nesse sentido, considere-se *Flávio Tartuce*[(306)], que aponta: "De fato, não se pode confundir o dolo-vício do negócio jurídico com o dolo da responsabilidade civil."

Aponta o autor que o dolo na responsabilidade civil não está vinculado à prática de um negócio jurídico, mas ao aspecto intencional vinculado à prática de um ato ilícito. É diferente de defeito dos negócios jurídicos, na modalidade *vício de consentimento*, previsto aos arts. 145 e seguintes do CCB.

O dolo, enquanto defeito do negócio jurídico, objetiva, como regra, lesar uma das partes. Dolo realizado por uma das partes ou por terceiro, ou ainda por uma junção

(306) TARTUCE, Flávio. *Direito civil.* Lei de introdução e parte geral. 2. ed. São Paulo: Método, 2001. p. 298.

de esforços vislumbra, como regra, prejudicar uma das partes contratantes. Nesse sentido, *Luiz Guilherme Loureiro*[(307)] esclarece:

> "Dolo é o artifício ou expediente astucioso empregado para induzir alguém à prática de um ato, que o prejudica, e aproveita ao autor do dolo ou a terceiro. Ao contrário do que ocorre na figura do erro, em que o declarante se engana sozinho, no dolo a falsa percepção da realidade é induzida por outrem."

Na hipótese tratada, as partes contratantes não seriam necessariamente lesadas[(308)], fato que desabilitaria a noção de defeito do negócio jurídico. A intenção do § 4º do art. 150 foi proteger o fisco, Estado, o ente tributante, que não é uma das partes do contrato, mas sofre com seus reflexos. *Em razão de tais fatos, resta mais adequado conceber o dolo mencionado ao dispositivo supra, como a intenção manifesta dos agentes contratantes, no sentido de prejudicar o Estado, de causar prejuízo ao fisco.*

Ainda no sentido de demonstrar a inviabilidade de adotar-se a concepção civilista de dolo como defeito do negócio jurídico na modalidade de vício de consentimento, considerem-se as ilações realizadas por *Orlando Gomes* e *Elson Gottschalk*[(309)] acerca do dolo ao Direito do Trabalho:

> "O dolo é raro na afirmação do contrato de trabalho. Segundo *Almosny*, os casos de dolo resumem-se aos seguintes: a) por parte do empregador, quando, para obter o consentimento de quem quer empregar-se apresenta cifras falsas de seus negócios para induzir o candidato ao emprego a crer em uma remuneração incerta, por meio de participação nos lucros; b) por parte do empregado, quando apresenta credenciais falsas de sua habilitação ou competência profissional, a fim de, por esse modo, conseguir o emprego."

Intentando trabalhar a ideia de dolo sob a perspectiva tributária, *Maíra Braga Oltra*[(310)] ponderou:

> "*O dolo é a vontade consciente do agente em contrariar o ordenamento jurídico*, ou seja, o sujeito intenciona produzir o resulta lesivo, praticando conduta proibida ou omitindo-se quando houver obrigatoriedade de cumprimento de uma ação.
>
> O dolo consubstancia-se em manobra maliciosa, manipulada por uma parte, que visa obter uma declaração de vontade ou resultado que lhe trará benefício ou a terceiro.
>
> O CC de 2002, em seu art. 145 trata do dolo como erro de vontade, passível de ensejar a anulabilidade dos negócios jurídicos.

---

(307) LOUREIRO, Luiz Guilherme. *Curso completo de direito civil.* São Paulo: Método, 2007. p. 188.

(308) É possível que seja o reclamante lesado, mormente diante do fato de que pode haver sido prejudicada uma vinculação ao RGPS por eventual intenção dolosa da reclamada.

(309) GOMES, Orlando; GOTTSCHALK, Elson. *Curso de direito do trabalho.* v. I. Rio de Janeiro: Forense, 1981. p. 109.

(310) OLTRA, Maíra Braga. Decadência do fisco nos casos de dolo, fraude ou simulação. In: CARVALHO, Aurora Tomazini (Coord.). *Decadência e prescrição em direito tributário.* São Paulo: MP, 2007. p. 102.

Trata-se de vício de vontade do agente que produz a norma individual e concreta. É defeito detectado no momento da enunciação, da produção da norma, mas que acaba por viciar seu produto (desde que devidamente relatada em linguagem).

No que tange ao direito tributário, entendemos que o dolo do contribuinte (ou terceiro obrigado a prestar informações ao fisco, por exemplo) somente pode ser configurado quando presente a intenção do contribuinte em ludibriar o Fisco, seja o prestar uma informação falsa (a despeito de esta conduta resultar ou não em falta ou diminuição do crédito tributário constituído), ou efetivamente lesar o erário. A contrapartida a essa ação ou omissão será sempre obter benefício próprio ou de terceiro."

Evidente que essa noção de dolo sob a perspectiva tributária deve ser contextualizada na Execução Fiscal Trabalhista, na Execução de contribuições sociais na Justiça do Trabalho.

Sem dúvida, o questionamento que se deve elaborar diante de dado processo em fase de execução na Justiça do Trabalho segue, exatamente, no sentido da possibilidade de se reconhecer na conduta do empregador o dolo nos termos propostos pela autora supra.

Conforme apontado alhures, o dolo termina sendo o aspecto intencional, volitivo da inobservância da legislação tributária.

Do art. 3º da LICC tem-se a regra *"ignorantia legis neminem excusat"*. A rigor, ignorância não dispensa a ninguém do cumprimento da Lei. Algumas teorias surgiram no sentido de embasar a ilação supra.

1) Teoria da presunção legal ⇨ efetivamente se presume que publicada a Lei passa a ser conhecida por todos;

2) Teoria da ficção ⇨ de forma fictícia, parte da premissa de que todos conheçam as leis a partir de sua publicação;

3) *Teoria da necessidade social* ⇨ teoria abraçada pela maior parte dos doutrinadores. Não presume de forma efetiva ou fictícia o conhecimento da norma antes; parte-se de razões de interesse público no sentido de garantia a convivência social, para se afirmar que as lei são conhecidas por todos a partir de sua publicação.

Da teoria da necessidade social poder-se-ia concluir que, a rigor, os empregadores detêm ciência acerca das obrigações trabalhistas que devem observar. Caso não o tenham feito, razoável se faz partir da existência do dolo na conduta comissiva ou omissiva, deixando como matéria defesa arguição da ausência de tal elemento intencional[(311)].

---

(311) *Resta esclarecedor considerar o pedido de horas extras, talvez o mais comum dos pedidos ao processo do trabalho.* Realizada a jornada em período superior ao módulo diária e semanal, não haveria qualquer dúvida quanto à necessidade de se prover o pagamento ao empregado da jornada correspondente ao excedente. Como não haveria dúvida no sentido de que, devidas as horas extras mencionadas, devidas também estariam as contribuições sociais incidentes nos termos do inciso I do art. 28 da Lei n. 8.212/91. Portanto, há dolo no inadimplemento dos direitos do empregado, bem como no recolhimento dos tributos. Caso, eventualmente, uma situação excepcional afasta o dolo, o empregador poderá trazer aos autos a questão na fase dos embargos.

De forma bem concreta e voltada aos feitos trabalhistas, partir-se-ia do dolo diante do inadimplemento de obrigações trabalhistas e tributárias, atraindo-se o termo inicial da fluência da decadência ao momento da ciência da União quanto à ocorrência do fato gerador (art. 879 da CLT). Na fase do art. 884 da CLT, portanto em meio aos embargos, teria o empregador oportunidade de em sua defesa provar que agira de boa-fé e que, portanto, justificável sob a perspectiva jurídica a conduta realizada.

O dolo, portanto, como regra, está presente diante dos descumprimentos de obrigações trabalhistas e tributárias por parte do empregador, a menos que traga aos autos prova de que agira de boa-fé.

A referida boa-fé poderia advir, por exemplo, de hipóteses em que socorro ao Judiciário se justificasse diante de eventual dúvida quanto à existência de um direito. Nesses casos, exatamente casos em que se vislumbre razoabilidade na ausência de cumprimento tempestivo por parte do empregador de dada obrigação, nada obsta que o juízo considere inexistente o dolo e, portanto, aplique a regra constante do § 4º do art. 150 do CTN. Nesses termos, o termo inicial do prazo de decadência seria a própria ocorrência do fato gerador das contribuições sociais(312) e, salvo raras hipóteses de trâmite absolutamente célere do feitos, restaria prejudicado o lançamento de quaisquer valores a título de contribuição social.

Era o que havia a ponderar acerca do dolo.

8.2. A fraude. Decadência tributária. Execução fiscal trabalhista

Necessário organizar alguns conceitos que terminam caminhando muito juntos.

Com o intuito, invariavelmente, de recolher o tanto menos tributos quanto possíveis, os mais diversos métodos têm sido utilizados pelos sujeitos passivos. Alguns desses métodos encerram condutas absolutamente lícitas, implicando apenas reorganização tributária, enquanto outros realmente ultrapassam os limites do lícito e, por vezes, adentram por inteiro até mesmo em tipos penais.

Segue nesse sentido, a necessidade de se diferenciar *evasão* de *elisão fiscal*.

Marcelo Huck(313) leciona no sentido dos conceitos mencionados:

"Se a *evasão* implica sempre um comportamento ilegal, pois através dela o contribuinte procura fugir ao pagamento de imposto que deve ao fisco, de outro lado, *a elisão fiscal* caracteriza-se pelas amplas possibilidades que tem o indivíduo de subtrair-se do ônus tributário, organizando sua atividade e seus empreendimentos de forma a evitar a hipótese de incidência sobre o negócio que pretenda realizar."

---

(312) É de se rememorar que há na Justiça do Trabalho flagrante discenso no que concerne ao momento da ocorrência do fato gerador das contribuições sociais. No TST já houve quem apontasse a sentença ou acórdão que esgotou a fase de conhecimento; outros apontaram o pagamento, e o fisco vem sustentando a prestação de serviços com base no inciso I do art. 28 da Lei n. 8.212/91. Ao STJ tal crise não existe, tendo sido assimilada a ideia da prestação de serviços como fato gerador das contribuições sociais.

(313) HUCK, Marcelo. *Evasão e elisão, rotas nacionais e internacionais do planejamento tributário*. São Paulo: Saraiva, 1997. p. 3.

Dória(314) reforça ainda as lições já traçadas:

"Os termos de fraude e evasão para exprimir a ação tendente a eliminar, reduzir ou retardar o pagamento de tributo devido. E os de elisão ou economia fiscal (o termo economia ou poupança fiscal é preferido pelos doutrinadores de língua alemã, o de elisão particularmente pelos de língua espanhola) para a ação tendente a evitar, minimizar ou adiar a ocorrência do próprio fato gerador."

Tratando do tema, *Marcus Vinícius Lima Franco*(315), advogado da União, diferenciou a *fraude tributária* da *fraude à lei tributária* e, em razão da relação com o tema sob análise, vale considerar. Segue:

"Ressalte-se, nesse ponto, que a 'fraude à lei tributária' não tem qualquer semelhança com a 'fraude tributária' tal como tratada em diversos artigos do Código Tributário Nacional (149, VII; 150, § 4º, 154, parágrafo único), e na própria legislação criminal (art. 1º, II e art. 2º, I da Lei n. 8.137/91). A fraude ou defraudação tributária implica necessariamente violação grave e frontal de deveres tributários principais e acessórios, como falsificar documentos livros fiscais, 'fazer caixa dois' etc. Nesse sentido, a fraude tributária ou defraudação são típicos fenômenos da evasão de tributos por meio, quase sempre de comportamentos criminosos. Muito diferente é a 'fraude à lei tributária' (*fraus legis*) que a rigor não se configura uma violação frontal ao ordenamento tributário, mas um procedimento sofisticado pelo qual se busca evitar a ocorrência do fato gerador da obrigação tributária."

Interessa ao presente estudo a fraude tributária ou a evasão fiscal em função da ilicitude da conduta.

Fraude tributária, portanto, implica "... violação grave e frontal de deveres tributários principais e acessórios, como falsificar documentos livros fiscais, 'fazer caixa dois' etc.". A fraude tributária implica descumprimento de deveres tributários principais e acessórios.

É de se reconhecer que, em termos de contribuições destinadas ao custeio da seguridade, especificamente aquela que incide sobre a folha de salários, a carga de nocividade termina sendo sensivelmente otimizada com o descumprimento das obrigações de índole acessória. Perceba-se que a nocividade tem relação apenas indireta com a arrecadação propriamente dita. Exemplo de tal fato é a reação do ordenamento jurídico. Observe-se que há crime tributário-previdenciário(316) na conduta vinculada, basicamente, à sonegação de informações, informações estas que o empregador, nos termos do art. 30 e seguintes da Lei n. 8.212/91, tem o dever de prestar.

O crime do art. 337-A do CP, por exemplo, não tem em meio às elementares do tipo, qualquer relação com o recolhimento propriamente dito. Pune-se o descumprimento

(314) DÓRIA, A. R. S. *Elisão e evasão fiscal.* 2. ed. São Paulo: J. Bushatsky, 1977.

(315) FRANCO, Marcus Vinícius Lima Franco. *Fraude à lei em matéria tributária.* Disponível em: <http://www.escola.agu.gov.br/revista/Ano_VII_outubro_2007/FraudeaLei_MarcusVinicius.pdf> Acesso em: 17 nov. 2008.

(316) Ver art. 337-A do CP.

de obrigação acessória de informar. Eis uma omissão fraudulenta, uma omissão que leva o empregador a recolher tributo em montante sensivelmente menor.

A fraude fica evidente diante da informalidade. Tanto da informalidade do próprio contrato de trabalho, quanto da informalidade do pagamento de determinadas rubricas. É o caso, por exemplo, do "salário por fora". É crime. A conduta apresenta consunção evidente com o art. 337 A do CP. Suprime-se informação do fisco, que levaria a empresa a recolher valores sensivelmente maiores que os recolhidos.

Definindo a fraude como infração à lei que leva a recolhimento à menor, necessário se faz ponderar acerca da afronta à Lei trabalhista. É de se observar que, em razão da interligação dos âmbitos trabalhista e previdenciário-tributário, a fraude à legislação do trabalho repercute a ponto de viabilizar um recolhimento de tributos à menor.

É fundamental se atentar para o fato de que o combate à fraude trabalhista, ao descumprimento das normas de ordem pública que visam a tutela do hipossuficientes, de forma indireta, otimiza o combate às fraudes tributárias. Daí ser tão positiva a atuação dos Auditores do Ministério do Trabalho e Emprego e, mais ainda, da própria Justiça do Trabalho pós-EC n. 20/1998.

Não há dúvida que o descumprimento contumaz da legislação do trabalho afeta o sujeito com a menor capacidade para absorção de impactos da relação previdenciária--tributária. A ausência do pagamento tempestivo de rubricas trabalhistas impacta de forma veemente a vida dos trabalhadores e, sem, dúvida, pode ser considerada uma fraude.

Deixar de considerar jornada extraordinária arduamente laborada constitui fraude. Submeter o empregado a condições nocivas de trabalho sem o devido adicional constitui fraude. Enfim, a fraude pode ser considerada como a afronta direta de normas de ordem pública, normas inderrogáveis pela vontade do particular.

Aos que vislumbram algum exagero na amplitude conferida à palavra "fraude", é fundamental que se contextualize o objetivo e os sujeitos afetados. O objetivo do alargamento do conceito é justamente proteger os trabalhadores de forma direta e, de forma indireta, a arrecadação tributária.

O sujeito, em tese, prejudicado pelo alargamento é o empresário, nos termos do art. 966 e seguintes do CCB. O empresário que se propõe a tomar o benefício da mão de obra dos hipossuficientes e deixar de observar as obrigações trabalhistas decorrentes, conforme dito, de normas de ordem pública. É esse o empresário que sentirá o impacto do alargamento no conceito de fraude.

O CTN não fez qualquer restrição acerca da amplitude do conceito, logo, abarca fraudes tributárias diretas e indiretas. As indiretas encerrariam as fraudes tributárias que decorreriam de fraudes trabalhistas. O CTN só mencionou fraudes e, de qualquer forma, a própria concepção de fraude indireta pode ser superada, pois se a rubrica devida ao empregado não surgiu na folha de salários, a fraude tributária existe.

A fraude não existe para aqueles que sustentam estranhamente que, uma vez não pagas as horas extras devidas ao empregado em virtude de seu labor, também não restariam devidas as contribuições. Tal linha de raciocínio seria perfeita para beneficiar o torpe em razão da própria torpeza e perpetuar a prática.

Assim sendo, a melhor interpretação aponta para a expansão do termo "fraude" abrangendo toda e qualquer prática ilícita que, direta ou indiretamente, leve o sujeito passivo a recolher tributo à menor. Inclusive a exploração do trabalhador.

8.3. A simulação. Decadência tributária. Execução fiscal trabalhista

Especificamente no que diz respeito à simulação, não se vislumbra relevante desacerto, desacordo, entre o conteúdo do instituto em termos civilistas e tributários. A princípio, não há qualquer óbice em se partir da abordagem conferida pelo ramo civilista da ciência do direito.

Em linhas gerais, a simulação implica um defeito dos negócios jurídicos; na modalidade vício social, caracteriza-se pelo desencontro entre a vontade efetiva das partes e a vontade declarada em dado negócio jurídico em sentido estrito.

É simulado o negócio em que, na definição de *Manuel A. Domingues Andrade*, ocorre "a divergência intencional entre a vontade e a declaração, procedente do acordo entre o declarante o declaratário e determinada pelo intuito de enganar terceiro.[(317)]

Caio Mário[(318)] esclarece acerca do vício social representado pela simulação:

> "Consiste a simulação em celebrar-se um ato que tem aparência normal, mas que, na verdade, não visa ao efeito que juridicamente devia produzir."

A simulação tem como *pressupostos fáticos* o desacerto entre a vontade manifestada e a vontade interna; *o consilium fraudis*, ou a combinação entre as partes no sentido de simular dado negócio; o aspecto subjetivo, manifestado pela vontade deliberada no sentido de causar prejuízo a terceiro.

A simulação pode apresentar-se de forma relativa ou absoluta. Dá-se a simulação absoluta nas hipóteses em que as partes não pretendem abstrair qualquer efeito do negócio aperfeiçoado. Na simulação relativa, por sua vez, a simulação serve para encobrir o negócio jurídico que em verdade se pretendia, em prejuízo de terceiro.

A simulação difere da dissimulação nos seguintes aspectos: a primeira procura gerar a falsa impressão de existência daquilo que na realidade não existe; a segunda, por sua vez, encobre oculta aquilo que, na realidade, existe.

O CCB alterou sensivelmente o trato conferido ao instituto da simulação. Lecionam *Pablo Stolze* e *Rodolfo Pamplona* que a simulação foi realocada em meio ao CCB de 2002. Enquanto o CC 1916[(319)] a elencava em meio às hipóteses de defeito do negócio

(317) ANDRADE, Manuel A. Domingues *apud* DUARTE, Nestor. In: PELUSO, César. *Código Civil comentado.* Barueri: Manole, 2007. p. 115.

(318) PEREIRA, Caio Mario. *Instituições de direito civil*. v. I, 20. ed. Rio de Janeiro: Forense, 2004. p. 636.

(319) Art. 102. Haverá simulação nos atos jurídicos em geral: I – quando aparentarem conferir ou transmitir direitos a pessoas diversas das a quem realmente se conferem, ou transmitem; II – quando contiverem

jurídico na modalidade vício de consentimento e, portanto, como causa de anulabilidade do negócio jurídico, a tendência sofreu guinada relevante. A simulação passou a ser considerada vício social, responsável por si só pela nulidade do negócio jurídico[320].

Lembram ainda os autores que sequer subsiste a classificação de simulação em maliciosa e inocente. Nesse sentido apontam o Enunciado n. 152 aprovado pela III Jornada de Direito Civil como demonstração da amplitude do entendimento. Considere-se:

> 152 – Art. 167: Toda simulação, inclusive a inocente, é invalidante.

Com o novo CCB, nada obsta permaneça a simulação classificada como defeito do negócio jurídico, em que pese a realocação.

A simulação, enquanto defeito dos negócios jurídicos, não encerra novidade no ramo laboral da ciência do direito. São, aliás, variadas as hipóteses de simulação de diversos negócios com o objetivo de, nos termos do art. 9º da CLT, *desvirtuar, impedir ou fraudar* a aplicação dos dispositivos pertinentes à legislação do trabalho.

É o caso, *verbi gratia*, dos contratos genericamente considerados de atividade, aperfeiçoados com o objetivo de dissimular, de encobrir eventual relação de emprego. Simula-se um contrato qualquer como o de empreitada, de prestação de serviços, de parceria dentre outros, com o objetivo de dissimular a relação de emprego existente. Realmente não é possível sustentar que tal encerre novidade para a realidade do Direito Laboral pátrio.

Ocorre que, conforme sustentado alhures, de tão amalgamados os ramos trabalhista, previdenciário e tributário, a simulação/dissimulação operada nos termos exemplificados termina gerando consequências automáticas. E diz-se automáticas em razão de alguns fundamentos:

1. Verificada na realidade a relação de emprego, independente da formalização operada e baseado no princípio da primazia da realidade, o ordenamento dispara alguns gatilhos. De forma imediata, a manutenção da relação de emprego insere, ou deveria inserir o empregado no Regime Geral de Seguro Social.

2. Contribuição Social detém inequívoca natureza tributária, e a obrigação tributária encerra obrigação *ex lege*, obrigação que exsurge em função da Lei.

Daí se sustentar as consequências automáticas e, portanto, independente da forma que foi utilizada para dissimular a relação de emprego.

Havida, portanto, a relação de emprego, resta disparado o gatilho pertinente à filiação do segurado e, mais ainda, o gatilho referente ao surgimento da obrigação tributário-previdenciária.

---

declaração, confissão, condição, ou cláusula não verdadeira; III – quando os instrumentos particulares forem antedatados, ou pós-datados. Art. 103. A simulação não se considerará defeito em qualquer dos casos do art. antecedente, quando não houver intenção de prejudicar a terceiros, ou de violar disposição de lei.

(320) Considere-se o tratamento conferido pelo CCB vigente à simulação: *Art. 167. É nulo o negócio jurídico simulado*, mas subsistirá o que se dissimulou, se válido for na substância e na forma.

Subsiste, portanto, relação trabalhista de emprego e tributária desde o momento em que efetivamente se formaram.

Reconhecida, portanto, a nulidade de dado contrato de atividade em razão da existência de verdadeira relação de emprego, resta de rigor ao magistrado considerar havida hipótese de simulação tributária e, como consequência, aplicar a exceção constante do § 4º do art. 150 do CTN.

O referido dispositivo, com a interpretação sustentada neste livro, inviabilizaria a consideração do prazo decadencial até a ciência do fisco quanto à ocorrência do fato gerador, permitindo ao Judiciário ou à autoridade administrativa competente lançar as contribuições sociais devidas em virtude do vínculo declarado.

Jorge Luiz Souto Maior(321) trabalha abordagem diversa da simulação pertinente ao direito do trabalho que, de tão rica, merece ser considerada. O autor parte da ideia de que fato são responsáveis pela formação da relação de emprego, restando irrelevante a manifestação de vontade lançada em eventuais negócios jurídicos. Havidos os fatos, haverá relação de emprego e, ausentes estes, tal relação restaria prejudicada. Pondere-se:

> "A simulação produz a nulidade do negócio jurídico porque, na verdade, trata-se de manifestação de vontade que tem apenas aparência. Não se dá tal fenômeno no direito do trabalho porque a relação jurídica básica, a relação de emprego, só se forma se os fatos que a caracterizam existirem de forma objetiva. Ou seja, não é mera declaração de vontade que dá origem ao vínculo jurídico trabalhista. Assim, não há nulidade em, por exemplo, um contrato de trabalho que simula a existência de uma relação de emprego. O trato, por si só, simplesmente não tem nenhum valor jurídico para efeito trabalhista, não desafiando, pois, a via da declaração de nulidade a não ser no que tange a efeitos produzidos a terceiros (especialmente, o INSS)."

(321) MAIOR, Jorge Luiz Souto. *Curso de direito do trabalho*. v. II. São Paulo: LTr, 2008. p. 95.

Capítulo 9

Precedente do TST Acerca da Decadência do Direito de Constituir e Cobrar Contribuições Sociais na Justiça do Trabalho

Levando em conta que a jurisprudência constitui, aos autores que a concebem de forma mais modesta, fonte mediata de direito, resta de rigor ponderar precedente recente do Tribunal Superior do Trabalho acerca do tema.

No texto do acórdão que segue, serão inseridos pontuais comentários com o objetivo de se estabelecer os contrapontos necessários.

> Número do Processo: RR - 870/2004-022-24-00
>
> Publicação: DJ - 21/09/2007
>
> PROC. N. TST-RR-870/2004-022-24-00.7
>
> 6ª Turma
>
> RECURSO DE REVISTA DO *INSS*. CONTRIBUIÇÃO PREVIDENCIÁRIA. DECADÊNCIA. TERMO INICIAL. PROVIMENTO. *O prazo decadencial para a constituição do crédito previdenciário é aquele de dez anos previsto na Lei n. 8.212/91*, uma vez que não se cogita como norma geral de legislação tributária, reservada à lei complementar (art. 146, inciso III, alínea *b*, da Constituição Federal) o lapso temporal concernente à prescrição e à decadência, *sendo o fato gerador das contribuições previdenciárias*, relativas aos salários advindos do contrato de emprego, *a sentença mediante a qual se reconheceu o vínculo empregatício com a determinação de anotação na CTPS, pois somente com esta decisão judicial houve a materialização da hipótese de incidência ao crédito, quando surgiu a obrigação previdenciária e se iniciou o prazo para o INSS apurar, constituir e cobrar o crédito previdenciário*. Recurso de revista conhecido e provido. Vistos, relatados e discutidos estes autos de Recurso de Revista n. TST-RR-870/2004-022-24-00.7, em que é Recorrente INSTITUTO NACIONAL DO SEGURO SOCIAL — INSS e são Recorridos GERSON PAULO e EMAC — EMPRESA AGRÍCOLA CENTRAL LTDA. O eg. Tribunal Regional do Trabalho da 24ª Região, por meio do v. acórdão de fls. 82/91, ao apreciar recurso ordinário interposto pela reclamada (EMAC Empresa Agrícola Central Ltda.), concluiu que *as contribuições previdenciárias são espécies de tributo e que as normas de decadência*

devem ser veiculadas apenas por lei complementar e não através da lei ordinária, e, não sendo a Lei n. 8.212/91, lei complementar, o prazo decadencial das contribuições continua a ser regido pelo art. 173 do CTN, ou seja, de cinco anos.

Inconformado, o Instituto Nacional do Seguro Social interpõe recurso de revista, fls. 97/109, sustentando que o v. acórdão regional violou o disposto no art. 45 da Lei n. 8.212/91 que fixa o prazo decadencial de dez anos, afastando a aplicabilidade da norma geral do CTN, de cinco anos. Sustenta também a inocorrência de decadência das contribuições previdenciárias devidas em razão de decisões declaratórias de vínculo de emprego (com anotação em CTPS) proferidas pela Justiça do Trabalho. Aponta ofensa ao art. 173, inciso I, c/c § 4º, parte final, do art. 150 do CTN. O recurso de revista foi admitido diante de possível ofensa ao art. 45 da Lei n. 8.112/90, conforme o r. despacho de fls. 110/111.

Contrarrazões não foram apresentadas, conforme certidão de fl. 114. A douta Procuradoria--Geral do Ministério Público do Trabalho, em parecer exarado às fls. 117/120, opinou pelo não conhecimento do recurso de revista.

É o relatório.

VOTO

CONTRIBUIÇÃO PREVIDENCIÁRIA. DECADÊNCIA.

1. CONHECIMENTO

O eg. Tribunal Regional, ao analisar o recurso ordinário da reclamada, EMAC Empresa Agrícola Central Ltda., declarou a decadência do direito do INSS de cobrar o crédito previdenciário desde a data da propositura da ação (22.6.2004).

Eis o teor do v. acórdão regional:

"Dessa forma, sendo o crédito previdenciário de natureza tributária, resta-nos esclarecer qual o prazo decadencial a ser aplicado. Após a promulgação da Constituição Federal de 1988, o STF firmou posição no sentido de que as contribuições sociais, da qual a contribuição previdenciária é espécie, teriam natureza tributária, aplicando-se o CTN, inclusive, no que se refere aos prazos de prescrição e decadência (cinco anos).

O assunto estava pacificado até que surgiu a Lei n. 8.212/91, determinando que o prazo decadencial seria de dez anos. Com efeito, o art. 45 da referida lei estabelece que: "O direito da Seguridade Social apurar e constituir seus créditos extingue-se após 10 (dez) anos contados: I – do primeiro dia do exercício seguinte àquele em que o crédito poderia ter sido constituído;"

As contribuições previdenciárias são tributos e, nos termos do art. 149 da CF, devem observar o disposto no art. 146, III, *b*, do mesmo Diploma Magno.

O art. 146 da CF estabelece que cabe à lei complementar três funções:

1) dispor sobre conflitos de *competências* entre as entidades tributantes; 2) regular as limitações constitucionais ao poder de tributar; e 3) estabelecer normas gerais em matéria tributária.

O constituinte nas três alíneas do inciso III, proclama que, além das normas gerais propriamente ditas, somente lei complementar estaria habilitada a reger, com especificidade: a) a definição de tributos e de suas espécies, bem como, em relação aos impostos discriminados na Constituição, a dos respectivos fatos geradores, base de cálculo e contribuintes; e *b) obrigação, crédito, prescrição e decadência tributários.* (g. n.)

Desse modo, estabelecendo o art. 146, III, *b*, da CF que "cabe à lei complementar estabelecer normas gerais em matéria de legislação tributária, especialmente sobre (...) prescrição e decadência", não poderia uma lei ordinária dispor acerca de tal matéria.

Assim, se as contribuições previdenciárias são espécies de tributo, as normas de decadência devem ser veiculadas apenas por lei complementar e não através de lei ordinária. Logo, não sendo a Lei n. 8.212/91, lei complementar, o prazo decadencial das contribuições continua a ser regido pelo art. 173, do CTN, ou seja, o prazo é de cinco anos.

A jurisprudência do Colendo STJ, também já se posicionou no mesmo sentido, conforme aresto *in verbis*:

PROCESSUAL CIVIL. EXECUÇÃO FISCAL. EMBARGOS DO DEVEDOR. CONTRIBUIÇÃO PREVIDENCIÁRIA. DECADÊNCIA. OCORRÊNCIA. SÚMULA N. 83/STJ — PRECEDENTES. Os créditos previdenciários se constituem mediante o lançamento por homologação (CTN, art. 150) que deve efetivar-se no prazo de cinco anos contados do primeiro dia do ano seguinte ao do fato gerador. Não constituído o crédito no lapso temporal de cinco anos, esgota-se o prazo ocorrendo a decadência do direito de revisão por parte do Fisco. Incidência da Súmula n. 83/STJ. Recurso especial não conhecido (REsp 289181, Ac. 200001231138, 2ª T., Rel. Min. Francisco Peçanha Martins, DJ de 30.6.2003, p. 00171).

Estabelecido o prazo decadencial a ser aplicado, resta-nos esclarecer qual o termo inicial para a sua contagem, para isso, há de se evidenciar a partir de quando o crédito previdenciário passou a ser exigível. (grifo nosso)

E exatamente a esse trecho do voto tem início a abordagem que importa ao presente estudo.

Com efeito, *o fato jurídico tributável ocorre a partir do pagamento do salário, quando, então, o crédito tributário pode ser constituído através do lançamento*, procedimento este que pode ocorrer através do lançamento por homologação ou pela efetiva fiscalização da autarquia previdenciária.

Não existindo lançamento não há que se falar em crédito tributário constituído e, nesse caso, o prazo decadencial passa a ser contado no primeiro dia do ano subsequente ao que o procedimento supra deveria ter sido levado a cabo.

Nesse sentido, é a redação do art. 173, inciso, I, do CTN, que dispõe:

"O direito de a Fazenda Pública constituir o crédito tributário extingue-se após 5 (cinco) anos, contados:

I – do primeiro dia do exercício seguinte àquele em que o lançamento poderia ter sido efetuado;"

No caso em tela, a sentença, em 8.11.2004, declarou a existência de vínculo no período de 20.6.95 a 4.08.95; 15.10.96 a 30.11.96; 11.4.98 a 5.6.98 e 13.6.98 a 8.8.98 (f. 28). *Considerando-se que o fato jurídico tributável ocorreu com o pagamento dos salários*, quando, então, o crédito tributário passou a ser exigível, e que o lançamento deveria ter sido efetivado no prazo de cinco anos contados do primeiro dia do ano seguinte à ocorrência do fato gerador, verifico que decaiu o direito do *INSS* em relação às contribuições previdenciárias referentes ao aludido pacto laboral.

Com efeito, o marco inicial do prazo decadencial das contribuições previdenciárias relativas ao ano de 1995 começou a fluir a partir de 1º.1.1996, o de 1996 começou a fluir em 1º.1.1997 e o de 1998 começou a fluir a partir de 1º.1.1999, já tendo, da data da sentença (8.11.2004), sido ultrapassados os cinco anos previstos no art. 173, inciso I, do CTN, decaindo o direito do *INSS* em relação às supracitadas contribuições previdenciárias.

Saliento, ainda, que desde a data da propositura da ação (22.6.2004) já havia se consumado a decadência do crédito tributário susomencionado.

Destarte, dou provimento ao recurso para reformar a sentença de origem, no particular, expungindo da condenação os recolhimentos previdenciários relativos ao período de vigência do vínculo empregatício reconhecido pelo Juízo *a quo*.

Conheço do recurso e das contrarrazões e, no mérito, dou-lhe parcial provimento para incidir a prescrição bienal em relação aos depósitos fundiários, bem como para *declarar de ofício a inconstitucionalidade formal do art. 45 da Lei n. 8.212/91 e a decadência do direito do INSS em relação às contribuições previdenciárias, nos termos dos arts. 210 do CC c/c 173, I, do CTN*; expungindo, portanto, da condenação os recolhimentos do FGTS e as contribuições previdenciárias relativos ao período de vigência do vínculo empregatício. (Fls. 87/91)

O *INSS* aponta ofensa aos art.s 45 da Leis ns. 8.212/91 e 173, inciso I, do CTN e, à parte final do § 4º do art. 150, também do CTN. Invoca a alínea b do inciso III do art. 146 da Constituição Federal. Sustenta que no caso das contribuições previdenciárias, o prazo é estabelecido pelo art. 45 da Lei n. 8.212/91, que dispõe ser de 10(dez) anos, o que afasta a aplicabilidade da norma geral do CTN, cujo lapso é de 5 (cinco) anos.

Sustenta que, se o prazo decadencial fosse realmente matéria reservada à lei complementar, não poderia o próprio CTN atribuir à lei a possibilidade de dispor em contrário, de maneira que se mostra equivocada a tese da inconstitucionalidade do art. 45 da Lei n. 8.212/91. Invoca também o disposto nos arts. 20, 22, 30, inciso I, e 32 da Lei n. 8.212/91 e o § 2º do art. 348 do Decreto n. 3.048/99.

O art. 173 do Código Tributário Nacional dispõe sobre o prazo decadencial de a Fazenda Pública constituir o crédito tributário, ao estabelecer:

Art. 173. O direito de a Fazenda Pública constituir o crédito tributário extingue-se após 5 (cinco) anos, contados:

I – do primeiro dia do exercício seguinte àquele em que o lançamento poderia ter sido efetuado;

II – da data em que se tornar definitiva a decisão que houver anulado, por vício formal, o lançamento anteriormente efetuado.

Parágrafo único. O direito a que se refere este art. extingue-se definitivamente com o decurso do prazo nele previsto, contado da data em que tenha sido iniciada a constituição do crédito tributário pela notificação, ao sujeito passivo, de qualquer medida preparatória indispensável ao lançamento.

Por sua vez, a Lei da Seguridade Social, afora o prazo diferenciado, mais alargado de dez anos, repete o mesmo comando contido no Código Tributário Nacional relativo ao termo inicial da decadência para a constituição do crédito previdenciário:

Art. 45. O direito da Seguridade Social apurar e constituir seus créditos extingue-se após 10 (dez) anos contados:

I – do primeiro dia do exercício seguinte àquele em que o crédito poderia ter sido constituído;

> II – da data em que se tornar definitiva a decisão que houver anulado, por vício formal, a constituição de crédito anteriormente efetuada.
>
> § 1º Para comprovar o exercício de atividade remunerada, com vistas à concessão de benefícios, será exigido do contribuinte individual, a qualquer tempo, o recolhimento das correspondentes contribuições. (Redação dada pela Lei n. 9.876, de 26.11.99)
>
> *A discussão se assenta em saber qual dos prazos deve ser observado em se tratando do direito de o INSS constituir o crédito previdenciário e, posteriormente, quando ocorre o fato gerador correspondente.*

Até este ponto vinha bem o julgador. Identificara com precisão os pontos centrais de crise e tal constitui verdadeiro pressuposto para a solução adequada do conflito.

> O art. 146, inciso III, alínea b, da Constituição Federal dispõe serem matérias reservadas à lei complementar as normas gerais de legislação tributária, especialmente sobre obrigação, lançamento, crédito, prescrição e decadência tributários. As normas gerais podem ser compreendidas como aquelas concernentes a termo inicial de prescrição e decadência, lançamento por homologação e causas interruptivas e suspensivas da prescrição.
>
> *Desse modo, excluído está da caracterização como norma geral o lapso temporal concernente à prescrição e à decadência, não havendo vedação para a estipulação de um prazo mais ampliado mediante legislação ordinária, como aquele previsto na Lei n. 8.212/91, relativo às contribuições sociais.* Essa proposição mais se reforça quando se constata a sujeição das contribuições sociais às normas gerais tributárias (art. 149 da Constituição Federal), considerada sua natureza de tributo, dada sua inclusão no Capítulo relativo ao Sistema Tributário Nacional da Constituição da República, sem embargo de um regime jurídico próprio, estabelecido em lei ordinária, como se depreende do art. 195 da Constituição Federal.
>
> É nesse sentido que preleciona o ínclito Fábio Zambitte Ibrahim ao defender o prazo decenal de decadência para a constituição do crédito previdenciário, já que a previsão do lapso temporal decadencial ou prescricional não configura norma geral, e, portanto, a norma do CTN a respeito não tem o *status* de lei complementar, permitindo-se sua modificação por lei ordinária (*Curso de Direito Previdenciário*. 9. ed. Rio de Janeiro: Impetus, 2007. p. 366).
>
> *Logo, estabelecido o prazo de dez anos decadencial para a constituição do crédito previdenciário, nos termos da legislação específica, resta saber o termo inicial da decadência.* (grifo nosso)

Como se pôde notar ao deslinde do presente estudo, a dúvida quanto à extensão do prazo decadencial não lhe toma a essência. O estudo se ocupa menos da extensão do prazo do que de seu termo inicial.

De qualquer forma, sob a perspectiva acadêmica, resta ponderar o posicionamento exarado pelo julgador.

Realmente a alínea *b* do inciso III do art. 146 da CF elenca, dentre outros itens, a decadência e a prescrição como elementos a serem regulados por Lei complementar. Contudo, interpretar o dispositivo exige algum debruçar intelectual um tanto mais acurado do que a mera avaliação da literalidade.

Diversas são as exações impostas pelo fisco em meio ao sistema tributário pátrio. Tais imposições encerram as mais diversas hipóteses de incidência. Alguns conjuntos são facilmente apuráveis, vislumbráveis, de forma que a atividade fiscal se torna menos complexa, não se justificando prazo elastecido para que o Estado cumpra sua função arrecadatória. Contudo, nem sempre é assim. Situações existem em que os fatos necessários à caracterização da hipótese de incidência restam complexos, restam intrincados e, mais ainda, envoltos em circunstâncias fáticas duvidosas, que dificultam sensivelmente a apuração tributária.

Deixar de reconhecer que tributos diversos têm, como regra, hipóteses materiais de incidência diversas, com dificuldades para apuração diversas é ignorar os fatos.

A decadência e a prescrição, em última análise, correspondem a uma resposta, a uma retaliação do ordenamento ao Estado inerte. Ocorre que as atividades arrecadatórias desenvolvidas pelo Estado não detêm complexidade equivalente, equânime. Definitivamente, umas são mais complexas que outras. Justifica-se, portanto, que prazo decadencial e prescricional sejam regulados de forma específica, levando em conta, exatamente, as circunstâncias, a complexidade arrecadatória.

Deixar de atender a tais peculiaridades implicaria, como consequência de uma uniformização de prazos por exemplo, permitir que a máquina estatal permanecesse ociosa à arrecadação de tributos de baixa complexidade e fosse atingida pela decadência em outras. Tal não é razoável.

Mais interessante para o atingimento do interesse público primário e secundário seria a regulação particular, peculiar de prazos, levando-se em conta, exatamente, as peculiaridades de cada tributo.

A redação do inciso III do art. 146 da Constituição permite interpretação no sentido de abarcar os decadenciais e prescricionais estabelecidos de forma peculiar para determinados tributos.

Um dos caminhos aponta para a recepção da primeira parte do § 4º do art. 150 do CTN. Nesse sentido, não dispondo lei ordinária em sentido contrário, vigoraria a regra do art. 150 para os tributos submetidos a lançamento por homologação.

> O lançamento é o momento a partir do qual é constituído o crédito tributário, quando lhe é definido o valor. Elucidativo é o conceito do insigne *Hugo de Brito Machado*, ao tratar do teor contido no art. 142 do Código Tributário Nacional, *in verbis*:
>
> "Lançamento tributário, portanto, é o procedimento administrativo tendente a verificar a ocorrência do fato gerador da obrigação correspondente, identificar o seu sujeito passivo, determinar a matéria tributável e calcular ou por outra forma definir o montante do crédito tributário, aplicando, se for o caso, a penalidade cabível". (*Curso de direito tributário*. 27. ed. São Paulo: Malheiros, 2006 p. 191)
>
> O crédito previdenciário é lançado por homologação, que consiste no pagamento antecipado pelo sujeito passivo, sem a necessidade de análise prévia da autoridade administrativa, nos termos da literalidade do art. 150 do Código Tributário Nacional, que assim dispõe:

Art. 150. O lançamento por homologação, que ocorre quanto aos tributos cuja legislação atribua ao sujeito passivo o dever de antecipar o pagamento sem prévio exame da autoridade administrativa, opera-se pelo ato em que a referida autoridade, tomando conhecimento da atividade assim exercida pelo obrigado, expressamente a homologa.

§ 1º O pagamento antecipado pelo obrigado nos termos deste artigo extingue o crédito, sob condição resolutória da ulterior homologação ao lançamento.

§ 2º Não influem sobre a obrigação tributária quaisquer atos anteriores à homologação, praticados pelo sujeito passivo ou por terceiro, visando à extinção total ou parcial do crédito.

§ 3º Os atos a que se refere o parágrafo anterior serão, porém, considerados a apuração do saldo porventura devido e, sendo o caso, na imposição de penalidade, ou sua graduação.

§ 4º Se a lei não fixar prazo a homologação, será ele de cinco anos, a contar da ocorrência do fato gerador; expirado esse prazo sem que a Fazenda Pública se tenha pronunciado, considera-se homologado o lançamento e definitivamente extinto o crédito, salvo se comprovada a ocorrência de dolo, fraude ou simulação.

Faz-se necessário registrar a *inteira aplicabilidade do preceito legal citado acima às contribuições previdenciárias, norma geral em matéria de decadência e prescrição tributária constante do Código Tributário Nacional (início do fato gerador)*, seguindo a mesma sistemática a legislação especial concernente à Seguridade Social.

Nos casos de lançamento por homologação e em se tratando de contribuição previdenciária devida pelo empregado e pelo trabalhador avulso, cuja responsabilidade pelo recolhimento é do empregador, existe previsão legal de presunção absoluta de terem sido os valores devidos descontados a tempo e modo correto.

Com o objetivo de esclarecer um tanto acerca da obrigação acessória de efetivar o recolhimento das contribuições sociais devidas por empregados e contribuintes individuais, de rigor sejam considerados os art. 30 e seguintes da Lei n. 8.212/91 e Lei n. 10.666 — de 8 de maio de 2003 — DOU de 9.5.2003.

É de se notar que o § 4º do art. 150 do CTN estabelece uma forma de homologação tácita no prazo de cinco anos, a contar do fato gerador, se não fixado outro prazo por lei, a fim de se preservar a segurança jurídica, quando prestadas as informações e realizado o pagamento antecipado pelo sujeito passivo, *salvo comprovado dolo, fraude ou simulação.*

Assim, a homologação tácita, para efeito de extinção do crédito tributário, pressupõe, necessariamente, a realização de pagamento antecipado pelo sujeito passivo. A inexistência de qualquer pagamento, por sua vez, recai na regra geral prevista no art. 173, inciso I, do Código Tributário Nacional, em que *se considera o termo inicial da decadência o primeiro dia do exercício seguinte ao que deveria ter sido feito o lançamento, tal como se pode depreender da lição do eminente João Marcelo Rocha*, quando assinala:

'Ou seja, nos tributos lançados por homologação, tendo o sujeito passivo obrado de má-fé nos procedimentos que lhe cabem, o prazo decadencial será de cinco anos, mas só se iniciará a partir do primeiro dia do exercício seguinte ao que *o lançamento poderia ter sido efetuado*. Tal entendimento encontra-se fortemente assentado na doutrina e na jurisprudência, bem como algumas legislações específicas, como a do IPI, por exemplo (RIPI/98, art. 116), que o consagra explicitamente'.

O relator deixou de aprofundar o tema de maior relevo para o deslinde da questão posta. É fundamental se perscrutar, exatamente, quando, diante de fraude, dolo ou simulação, o lançamento poderia ter sido efetuado. Conforme se verifica no estudo que ora se desenvolve, sustenta-se que o lançamento só poderia ser efetuado diante da ciência do fisco quanto à ocorrência do fato gerador.

E tal se sustenta em função de toda a série de argumentos já delineados, restando interessante que o leitor recapitule-os.

> Outra hipótese excluída da regra especial. Existe também uma outra situação cujo entendimento doutrinário e jurisprudencial coloca à margem da regra especial, muito embora o CTN não a mencione explicitamente. Sustentamos anteriormente que a justificativa para o prazo decadencial já fluir desde a data do fato gerador é a de que, nos tributos sujeitos ao lançamento por homologação, o sujeito passivo, realizando o recolhimento antecipado, *faz com que se presuma que a Fazenda, precocemente, toma conhecimento do fato gerador*. Pois bem, partindo dessa premissa, construiu-se na doutrina e na jurisprudência o entendimento de que, não havendo qualquer pagamento (nenhum recolhimento), *tal presunção não prevalece*, de modo que a regra especial deve ser afastada do caso, eis que ausente o pressuposto que justifica sua aplicabilidade. Sendo assim, *não havendo pagamento algum (total omissão por parte do sujeito passivo), o prazo decadencial também é computado segundo a regra geral do art. 173, I.*
>
> O entendimento jurisprudencial ficou, há muito, cristalizado na Súmula n. 219 do extinto Tribunal Federal de Recursos: não havendo antecipação de pagamento, o direito de constituir o crédito previdenciário extingue-se decorridos *5 anos do primeiro dia do exercício seguinte àquele em que ocorreu o fato gerador*. Podemos dizer ainda que algumas legislações específicas, como é o caso do IPI (RIPI/98, art. 116), consagram explicitamente esse entendimento. (*Direito tributário*. Rio de Janeiro: R. J. Ferreira, 2002, p. 302)
>
> Esse dispositivo do Código Tributário Nacional (art. 173, inciso I), afora o lapso do prazo decadencial, foi reiterado no regramento próprio da Seguridade Social (art. 45 da Lei n. 8.212/91), mantendo, pois, o termo inicial da decadência.
>
> Na situação em apreço, a sentença, em 8.11.2004, declarou a existência de vínculo no período de 20.6.95 a 4.8.95; 15.10.96 a 30.11.96, 11.04.98 a 5.6.98 e 13.6.98 a 8.8.98 *momento a partir do qual tomou conhecimento a autoridade administrativa tributária da existência de obrigações previdenciárias não satisfeitas, dada a conotação de uma relação de fato à margem da lei anterior à decisão judicial, o que inviabiliza a ocorrência de homologação tácita, apenas cogitada quando há efetivo pagamento antecipado.*
>
> *Sendo assim, é indene de dúvidas que o fato gerador das contribuições previdenciárias, relativas aos salários advindos do contrato de emprego, é a sentença mediante a qual se reconheceu o vínculo empregatício* com a determinação de anotação na CTPS, pois somente com esta decisão judicial houve a materialização da hipótese de incidência ao crédito, quando surgiu a obrigação previdenciária e se iniciou o prazo para o *INSS* apurar, constituir e cobrar o crédito previdenciário.

A linha adotada pelo relator termina apontando para o afastamento da decadência das contribuições sociais, fato este que, em última análise, atenderia aos anseios do presente estudo, pautando-se pela justiça tributária e isonomia tributária em concreto. Contudo, embora a conclusão seja similar à apontada pelo presente estudo, fato é que o caminho trilhado, o *iter* racional percorrido sofreu alguns percalços.

O relator, repise-se, considerou que a sentença prolatada pela Justiça do Trabalho e que julgou procedente pedido de reconhecimento de vínculo constituiu a relação jurídica de emprego. Contudo, tal encerra veemente equívoco. A sentença que julga procedente pedido de reconhecimento de vínculo de emprego declara os fatos que constituem o contrato tácito de trabalho e condena a reclamada a anotar o contrato na CTPS e pagar os consectários legais. Aliás, a doutrina costuma apontar como exemplo de reclamação trabalhista meramente declaratória, exatamente aquela em que se busca apenas a declaração do vínculo de emprego. Nesse sentido, considere-se *Wagner Giglio*(322):

> "Reserva-se o nome de declaratórias às sentenças que se restringem a declarar, não contendo condenação ou constituição de direito. É o caso, por exemplo, da sentença que apenas reconhece a existência da relação de emprego."

Exatamente no mesmo sentido *Carlos Henrique Bezerra Leite*(323) leciona:

> "No processo do trabalho, são declaratórias as sentenças que reconhecem a existência da relação empregatícia entre autor e réu. Na prática, porém, o pedido não se limita à declaração de reconhecimento do vínculo de emprego, pois o autor também formula pedidos condenatórios correspondentes às verbas trabalhistas contratuais ou rescisórias de que alega ser credor."

Resta curial rememorar ainda que o contrato de trabalho tem entre suas características básicas a consensualidade. O contrato de trabalho é, como regra, consensual, ou seja, não tem forma definida previamente. De acordo com o art. 443 da CLT, o contrato de trabalho é o pacto tácito ou expresso, verbal ou por escrito, correspondente à relação de emprego. O fato de poder se aperfeiçoar de forma tácita evidencia que não é a sentença declaratória do vínculo que o constitui, antes, são os fatos reconhecidos como havidos pela sentença.

Curioso, no entanto, que a conclusão do acórdão termina se apresentando muito próxima à que surgiria da aplicação do entendimento exposto no presente estudo.

Embora a conclusão do acórdão seja adequada, a fundamentação, *concessa venia*, merece alguma adaptação.

É possível chegar a conclusão similar, utilizando-se a linha argumentativa desenvolvida neste livro. E tal se sustenta pois a legislação pertinente, os dispositivos, tanto da Lei de custeio da seguridade como do próprio CTN conferem algum espectro interpretativo e, exatamente em meio a esse espaço, a essa margem, guarida pode ser conferida à conclusão do acórdão e do presente estudo.

> Esse também é o entendimento do já citado *Fábio Zambitte Ibrahim*, a propósito do fato gerador das contribuições incidentes sobre as remunerações de empregados e avulsos, ao pronunciar:

---

(322) GIGLIO, Wagner. *Direito processual do trabalho.* 11. ed., rev. e atual. São Paulo: Saraiva, 2000. p. 243.

(323) BEZERRA LEITE, Carlos Henrique. *Curso de direito processual do trabalho.* 5. ed. São Paulo: LTr, 2007. p. 586.

A partir do momento em que há a prestação do serviço, tendo-se remuneração devida, há o fato gerador. O que interessa é o crédito jurídico, não o efetivo pagamento.

(...)

O modo da remuneração pode ser qualquer um, inclusive as gorjetas, os ganhos habituais sob a forma de utilidades e os adiantamentos decorrentes de reajuste salarial, quer pelos serviços efetivamente prestados, quer pelo tempo à disposição do empregador ou tomador de serviços, nos termos da lei ou do contrato ou, ainda, de convenção ou acordo coletivo de trabalho ou sentença normativa.

Os valores decorrentes de remuneração obtida em reclamatória trabalhista, acordo ou sentença, também compõem o fato gerador desta contribuição. Nessas situações, a obrigação previdenciária surge com a decisão judicial, contando-se a partir daí o prazo decadencial para a cobrança do crédito. (*Curso de direito previdenciário*. 9. ed. Rio de Janeiro: Impetus, 2007. p. 193)

Prolatada a r. sentença pelo MM. Juízo de 1º grau em 8.11.2004, não houve o transcurso do prazo decadencial (dez anos) para o *INSS* constituir seu crédito previdenciário, conforme a disposição contida no art. 45 da Lei n. 8.212/91.

Note-se que, ainda que se considere o lapso temporal decadencial mais restrito contido no Código Tributário Nacional (cinco anos), não há a caducidade do direito de constituição do crédito previdenciário, *em razão de o fato gerador consistir no momento da prolação da sentença judicial, quando se iniciou o prazo para o INSS apurá-lo, constituí-lo e cobrá-lo.*

Dessa forma, de qualquer ângulo que se examine a questão, seja aplicado o prazo decadencial previsto no CTN seja aquele constante da Lei n. 8.212/91, não há decadência do crédito previdenciário a ser declarada, porque o termo inicial da decadência ocorreu com a prolação da r. sentença e consequente intimação do *INSS*.

O eg. Tribunal Regional, ao proferir entendimento no sentido de se considerar o prazo de cinco anos de decadência previsto no Código Tributário Nacional, assim como o fato gerador diverso do momento da prolação da sentença, acabou por incorrer em violação do art. 45 da Lei n. 8.212/91, regramento próprio da Seguridade Social, que dispõe ser esse lapso temporal de dez anos contados a partir do primeiro dia do exercício seguinte ao que poderia ter sido feito o lançamento, ou seja, da decisão judicial.

Conheço, com base na alínea *c* do art. 896 da CLT.

2. MÉRITO

Ante todo o exposto, como corolário lógico do conhecimento do recurso de revista por violação do art. 45 da Lei n. 8.212/91, dou provimento ao recurso de revista do *INSS* para afastar a decadência declarada e determinar a incidência das contribuições previdenciárias.

ISTO POSTO

ACORDAM os Ministros da Sexta Turma do Tribunal Superior do Trabalho, por unanimidade, conhecer do recurso de revista por violação do art. 45 da Lei n. 8.212/91 e, no mérito, dar-lhe provimento para afastar a decadência declarada e determinar a incidência das contribuições previdenciárias.

Brasília, 15 de agosto de 2007.

ALOYSIO CORRÊA DA VEIGA

Ministro Relator

Em suma, alguns pontos devem ser considerados do precedente transcrito:

a) importa pouco o prazo decadencial em termos de execução fiscal trabalhista;

b) de qualquer forma, a linha adotada pelo voto, no sentido de considerar constitucional o art. 45 da Lei n. 8.212/91, se sustenta sob a perspectiva constitucional, conforme argumentado;

c) a sentença não constitui o fato gerador das contribuições sociais executadas na Justiça do trabalho. A sentença que julga procedente pedido de vínculo declara o vínculo em razão dos fatos provados e condena o empregador a anotar o contrato na CTPS do obreiro, bem como a pagar os consectários legais;

d) a conclusão no sentido de afastar a decadência em virtude de o prazo não fluir a partir da ocorrência do fato gerador é acertada. Foi bem o relator. Contudo, o marco para fluência é a ciência do fisco quanto à ocorrência do fato gerador, e não a prolação da sentença trabalhista.

Capítulo 10

Acerca da Posição Institucional Adotada pelo Fisco

Com o intuito de prover o exato posicionamento institucional, posicionamento do Fisco a respeito do tema, fundamental resta levar em consideração o texto do § 2º do art. 348 do Decreto n. 3.048/99 e do art. 566 da Instrução Normativa n. 3 da Secretaria da Receita Previdenciária, hoje fundida à Secretaria da Receita Federal, formando a atual Secretaria da Receita Federal do Brasil. Considerem-se, respectivamente, os dispositivos mencionados:

> § 2º Na hipótese de ocorrência de dolo, fraude ou simulação, a seguridade social pode, a qualquer tempo, apurar e constituir seus créditos.
>
> Art. 566. Na constatação da ocorrência de dolo, fraude ou simulação, a SRP pode, a qualquer tempo, apurar e constituir os créditos da previdência social.

Resta evidente que, isolados, o dispositivos supra restam atacáveis, mormente em razão da necessidade de pacificação das situações de conflito e de respeito ao princípio da segurança jurídica. Contudo, a questão deve ser contextualizada, partindo-se do bojo de argumentos desenvolvidos no presente estudo.

Urge o repensar da questão e a busca da solução tanto mais justa quanto possível.

É o que havia a ser ponderado por enquanto.

Conclusões

1. Resta inviável dogmatizar de forma plena o processo de interpretação das normas.

2. Contribuições sociais constituem espécie do gênero tributo após a promulgação da CF/88.

3. As contribuições sociais submetem-se ao lançamento dito por homologação, e lançamento constitui típico ato administrativo.

4. Diante de eventuais fraudes ou de fatos não conhecidos à época do lançamento originário, resta possível a revisão do ato de lançamento.

5. O art. 45 da Lei n. 8.212/91 mostra-se contrário ao texto constitucional na medida em que inobserva o conteúdo preceituado no inciso III do art. 146 da CF, atraído às contribuições sociais por força do *caput* do art. 149 da CF. Como consequência, aplicáveis, a princípio, os regramentos atinentes à decadência constantes dos art. 150 § 4º do CTN.

6. O § 4º do art. 150 possui duas ressalvas, a saber: uma que o afasta diante de lei específica e outra que o afasta diante de dolo, fraude ou simulação. Em se considerando recepcionada a primeira, constitucional passa a ser o art. 45 da Lei n. 8.212/91. Em não sendo considerada recepcionada, mantém-se a inconstitucionalidade do dispositivo e continua aplicável a regra decadencial que toma a essência do parágrafo. Quanto à segunda ressalva, traz essa o maior dos problemas à ponderação nodal do presente estudo. Afasta o § 4º diante da fraude, mas não aponta conteúdo que o substitua. Diante de diversas opções, entende-se mais razoável a aplicação da regra contida ao inciso I do art. 173 do CTN.

7. Curiosamente, no entanto, mais de uma interpretação pode ser conferida ao inciso I do art. 173 do CTN. Necessário se faz buscar a solução mais justa.

8. Adentrando o tema afeito à justiça observou-se que o conceito de justo variou no tempo e no espaço, variando ainda em razão das culturas em que é concebido. Contudo, apontou-se no texto que *a noção de justiça se encontra intimamente ligada às noções de isonomia e bem comum. A solução, portanto, deveria ser a que resguardasse em maior intensidade a isonomia e, exatamente, o bem comum.*

9. Das possíveis interpretações do inciso I do art. 173, necessário que se busque aquela que atenda da melhor forma os ideais de isonomia, de busca pelo bem

comum, do interesse público. Pois bem. Duas possíveis interpretações, a princípio, podem ser abstraídas do texto do dispositivo apontado. Duas possíveis respostas podem ser conferidas à indagação que toma a essência do presente estudo: a partir de quando o lançamento poderia ter sido efetuado? Pode-se optar pelo lugar comum, pelo descompromisso com o interesse público e com a isonomia e sustentar que poderia o crédito ser constituído a partir do fato gerador[324], pois o fisco tem obrigação de fiscalizar, ou, ainda, porque o direito não socorre a quem dorme. Por outro lado, há ainda a opção sustentada no presente estudo: a opção que considera o dano trazido pela sonegação. O dano produzido ao mercado, o dano produzido ao trabalhador que se vê alijado de proteção. O dano aos cofres da Seguridade Social, que custeiam saúde, assistência e previdência social. O dano à moral e à ética. O dano ao interesse público, enfim, o dano produzido à coletividade, deixando em segundo plano interesses meramente individuais, e interesses de fraudadores, de criminosos, que, frise-se, não se identificam em hipótese alguma com os meros inadimplentes. Há a opção pela interpretação que sustenta que o tributo só poderia ser lançado a partir da ciência da administração pública quanto à ocorrência do fato gerador do tributo. Pensar diferente implica salvaguardar a segurança jurídica de forma absoluta, em detrimento da justiça na tributação. Implica premiar o criminoso, premiar aquele que é mais competente no ardil de escamotear suas atividades. Implica incentivar o crime, a fraude. Implica perder a oportunidade de corrigir-se o desvio de conduta verificado. Enfim, encerra tendência terrível para o interesse da coletividade. Ganham apenas os fraudadores.

10. Flui, portanto, o prazo decadencial (que não importa ao presente estudo de quanto anos será apontado) para constituição das contribuições sociais à Justiça obreira, a partir do momento em que o erário é notificado (arts. 832 e 879 da CLT), podendo retroagir seus cálculos irrestritamente em razão das rubricas salariais devidas em virtude da declaração contida às sentenças. Observe-se que não se sustenta a ausência de prazo decadencial em momento algum. Flui sim tal prazo. Contudo, flui a partir da ciência. A autarquia deteria cinco ou dez anos para constituir seu crédito a partir da ciência da ocorrência do fato gerador.

---

(324) E, com isso, a decadência fluiria a partir do primeiro dia, do exercício seguinte àquele em que ocorreu o fato gerador.

Referências Bibliográficas

AMARO, Luciano. *Direito tributário brasileiro*. 10. ed. São Paulo: Saraiva, 2004.

AMORIM FILHO, Agnelo. Critério científico para distinguir a prescrição da decadência e para identificar as ações imprescritíveis. In: *Revista dos Tribunais*, São Paulo: RT, 1960.

ANDRADE, Manuel A. Domingues *apud* DUARTE, Nestor. In: PELUSO, César. *Código Civil comentado*. Barueri: Manole, 2007.

ARANHA, Hélio Graça. *Decadência e prescrição*. v. 2. São Paulo: Resenha Tributária, 1976.

ATALIBA, Geraldo. *Hipótese de incidência tributária*. 6. ed. São Paulo: Malheiros, 2004.

BALERA, Wagner. *Sistema de seguridade social*. São Paulo: LTr, 2000.

BALEEIRO, Aliomar. *Direito tributário brasileiro*. 8. ed. Rio de Janeiro: Forense, 1976.

BARROSO, Luiz Roberto. *Interpretação e aplicação da Constituição*. 6. ed. São Paulo: Saraiva, 2004.

BORGES, José Souto Maior. *Lançamento tributário*. 2. ed. São Paulo: Malheiros, 1999.

BRITO, Edvaldo Pereira de. *Decadência e prescrição tributárias no direito brasileiro*. 1997. Tese (Mestrado em direito). Universidade de São Paulo, São Paulo.

CANOTILHO, J. J. Gomes. *Direito constitucional e teoria da constituição*. Coimbra: Almedina, 1998.

CARRAZZA, Roque Antonio. *Curso de direito constitucional tributário* 19. ed. São Paulo: Malheiros, 2003.

CARVALHO, José Augusto Moreira de. Aspectos gerais e controvertidos das contribuições especiais. *Revista Tributária de Finanças Públicas*, ano 13, jan./fev. 2005.

CARVALHO, Paulo de Barros. *Curso de direito tributário*. 7. ed. São Paulo: Saraiva, 1995.

CASSONE, Vittorio. *Direito tributário*. 9. ed. São Paulo: Atlas, 1996.

CASTRO, Carlos A. Pereira; LAZZARI, João Batista. *Manual de direito previdenciário*. 4. ed. São Paulo: LTr, 2003.

CINTRA, Antonio Carlos Araújo *et alii*. *Teoria geral do processo*. 15. ed. São Paulo: Malheiros, 1999.

COELHO, Sacha Calmon Navarro. *Curso de direito tributário*. 8. ed. Rio de Janeiro: Forense, 2005.

CORREIA, Marcus Orione Gonçalves; CORREIA, Érica Paula Barcha. *Curso de direito da seguridade social*. 2. ed. São Paulo: Saraiva, 2002.

COSTA, Alcides Jorge. Obrigação tributária. In: MARTINS, Ives Gandra da Silva (Coord.). *Curso de direito tributário*. 8. ed. São Paulo: Saraiva, 2001.

DELGADO, Mauricio Godinho. *Curso de direito do trabalho*. 3. ed. São Paulo: LTr, 2004.

DENARI, Zelmo. *Decadência e prescrição tributária*. Rio de Janeiro: Forense, 1984.

DESCARTES, René. *Discurso sobre o método*. Trad. Maria Ermantina Galvão. 2. ed. São Paulo: Martins Fontes, 2001.

DINIZ, Maria Helena. *Lei de introdução ao Código Civil interpretada*. 6. ed. São Paulo: Saraiva, 2001.

DÓRIA, A. R. S. *Elisão e evasão fiscal*. 2. ed. São Paulo: J. Bushatsky, 1977.

ESPÍNDOLA, Rui Samuel. *Conceito de princípios constitucionais*. 1. ed., 2. tir. São Paulo: RT, 1999.

FANUCCHI, Fábio. *A decadência e a prescrição em direito tributário*. Tese apresentada no curso de especialização em Direito Tributário, da Faculdade de Direito da Universidade de São Paulo. 1969.

__________. A decadência e prescrição no imposto de renda. In: *Decadência e prescrição*. São Paulo: Resenha Tributária, 1976.

FELICIANO, Guilherme Guimarães. *Execuções de contribuições sociais na justiça do trabalho*. São Paulo: LTr, 2002.

FERRAZ JR., Tércio Sampaio. *Introdução ao estudo do direito*. 3. ed. São Paulo: Atlas, 2001.

FORTES, Simone Barbisan. *Direito da seguridade social:* prestações e custeio da previdência, assistência e Saúde. Porto Alegre: Livraria do Advogado, 2005.

FRANÇA, Limongi. *Irretroatividade das leis e o direito adquirido*. São Paulo: Saraiva, 1998.

FRANCO, José Alexandre. *A justiça de Rawls e o pospositivismo*. Disponível em: <http://www.viannajr.edu.br/revista/dir/doc/art_20001.pdf> Acesso em: 1º mar. 2006.

FRANCO, Marcus Vinícius Lima Franco. *Fraude à lei em matéria tributária*. Disponível em: <http://www.escola.agu.gov.br/revista/Ano_VII_outubro_2007/FraudeaLei_MarcusVinicius.pdf > Acesso em: 17 nov. 2008.

GOMES, Orlando; GOTTSCHALK, Elson. *Curso de direito do trabalho*. v. I. Rio de Janeiro: Forense, 1978.

GRAU, Eros Roberto. *Ensaio e discurso sobre a interpretação/aplicação do direito*. 2. ed. São Paulo: Malheiros, 2003.

GRECO FILHO, Vicente. *Direito processual civil brasileiro*. São Paulo: Saraiva, 1999.

HARADA, Kiyoshi. *Direito financeiro e tributário*. 11. ed. São Paulo: Atlas, 2003.

HART, Herbert L. A. *O conceito de direito*. Trad. A. Ribeiro Mendes. Fundação Calouste Gulbenkian. 3. ed. 2001.

HORVATH JR., Miguel. *Direito previdenciário*. 5. ed. São Paulo: Quartier Latim, 2005.

HUCK, Marcelo. *Evasão e elisão, rotas nacionais e internacionais do planejamento tributário*. São Paulo: Saraiva, 1997.

Instituto Brasileiro de Ética Concorrencial. *Impacto da ilegalidade na sociedade*. Disponível em: <http://www.etco.org.br/texto.php?SiglaMenu=ILG> Acesso em: 30 mar. 2006.

JARDIM, Eduardo Marcial Ferreira. *Manual de direito financeiro e tributário.* 5. ed. São Paulo: Saraiva, 2000.

JENIÊR, Carlos Augusto. O lançamento tributário e a decadência. In: MACHADO, Hugo de Brito (Coord.). *Lançamento tributário e decadência.* São Paulo: Dialética; Fortaleza: Instituto Cearense de Estudos Tributários, 2002.

KELSEN, Hans. *Teoria pura do direito.* 6. ed. Coimbra: Armênio Amado Editora, 1984.

KONKEL JR., Nicolau. *Contribuições sociais.* Doutrina e jurisprudência. São Paulo: Quartier Latim, 2005.

LACERDA, Bruno Amaro. *O pensamento de Aristóteles e as reflexões jusfilosóficas atuais.* Disponível em: <http://jus2.uol.com.br/doutrina/texto.asp?id=2046> Acesso em: 30 mar. 2006.

LACOMBE, Americo Masset. Lançamento. In: MARTINS, Ives Gandra da Silva (Coord.). *Curso de direito tributário.* São Paulo: Saraiva, 2001.

LAFER, Celso. Prefácio à obra *Introdução ao estudo do direito,* de Tércio Sampaio Ferraz Jr. 3. ed. São Paulo: Atlas, 2001.

LEAL, Antonio Luiz Câmara. *Da prescrição e da decadência — teoria geral do direito civil.* 3. ed. Rio de Janeiro: Forense, 1978.

LOUREIRO, Luiz Guilherme. *Curso completo de direito civil.* São Paulo: Método, 2007.

MACHADO, Hugo de Brito. *Curso de direito tributário.* 20. ed. São Paulo: Saraiva, 2002.

____________. Lançamento tributário e decadência. In: MACHADO, Hugo de Brito (Coord.). *Lançamento tributário e decadência.* São Paulo: Dialética; Fortaleza: Instituto Cearense de Estudos Tributários, 2002.

____________. Prerrogativa jurídica de impor a outrem, unilateralmente, a sujeição ao seu exercício. Disponível em: <http://www.dji.com.br/dicionario/direito> Acesso em: 12 out. 2005.

MAIOR, Jorge Luiz Souto. *Curso de direito do trabalho.* v. II. São Paulo: LTr, 2008.

MARTINEZ, Wladimir Novaes. *Noções de direito previdenciário.* Tomo I. São Paulo: LTr, 1997.

MARTINS, Sergio Pinto. *Direito da seguridade social.* 21. ed. São Paulo: Atlas, 2004.

____________. *Execução da contribuição previdenciária na justiça do trabalho.* São Paulo: Atlas, 2001.

____________. *Direito processual do trabalho.* 23. ed. São Paulo: Atlas, 2005.

MEIRELES, Edilton. *Inovações da execução trabalhista previdenciária.* São Paulo: LTr, 2000.

MELLO, Antonio Carlos Martins. Lançamento Tributário e Decadência. In: MACHADO, Hugo de Brito (Coord.). *Lançamento tributário e decadência.* São Paulo: Dialética; Fortaleza: Instituto Cearense de Estudos Tributários, 2002.

MELLO, Celso Antonio Bandeira de. *Curso de direito administrativo.* 15. ed. São Paulo: Malheiros, 2003.

MORAES, Bernardo Ribeiro de. *Compêndio de direito tributário.* v. 2., 2. ed. Rio de Janeiro: Forense, 1994.

MORAES, Germana de Oliveira. *Controle jurisdicional da administração pública.* São Paulo: Dialética, 1999.

MOREIRA, Felipe Kern. *A ciência do direito em Hans Kelsen:* abordagem filosófico-crítica. Disponível em: <http://www.ambito-juridico.com.br/aj/fil0006.htm> Acesso em: 29 mar. 2006.

NOGUEIRA, Rui Barbosa. *Curso de direito tributário.* São Paulo: Saraiva, 1989.

OLIVEIRA, Fabrício Lopes. O INSS e o instituto da preclusão contido ao § 3º do art 879 da CLT. *Revista da Procuradoria Geral do INSS*, Brasília, 2001, v. 8, n. 3.

OLTRA, Maíra Braga. Decadência do fisco nos casos de dolo, fraude ou simulação. In: CARVALHO, Autora Tomazini de (Coord.). *Decadência e prescrição em direito tributário.* São Paulo: MP Editora, 2007.

PEREIRA, Caio Maria da Silva. *Instituições de direito civil.* v. I, 21. ed. Rio de Janeiro: Forense, 2005.

PAULSEN, Leandro. *Direito tributário.* 6. ed., rev. e atual. Porto Alegre: Livraria do Advogado; ESMAFE, 2004.

RODRIGUES, Flávio Marcondes Soares. *O princípio da isonomia e sua incidência nas isenções extrafiscais.* Disponível em: <http://jus2.uol.com.br/doutrina/texto.asp?id=4574> Acesso em: 30 mar. 2006.

RUPRECHT, Alfredo J. *Direito da seguridade social.* São Paulo: LTr, 1996.

SANTI, Eurico Marcos Diniz de. *Decadência e prescrição no direito tributário.* 3. ed. São Paulo: Max Limonad, 2004.

SEIXAS FILHO, Aurélio Pitanga. O lançamento tributário e a decadência. In: MACHADO, Hugo de Brito (Coord.). *Lançamento tributário e decadência.* São Paulo: Dialética; Fortaleza: Instituto Cearense de Estudos Tributários, 2002.

TARTUCE, Flávio. *Direito Civil.* Lei de introdução e parte geral. 2. ed. São Paulo: Método, 2001.

TRIBUNAL REGIONAL DO TRABALHO DA 2ª REGIÃO. <www.trt2.gov.br>.